Schirin Rajabi
2010

V&R

Alt- und Mittelhochdeutsch

Arbeitsbuch zur Grammatik
der älteren deutschen Sprachstufen und
zur deutschen Sprachgeschichte

Von

Rolf Bergmann, Peter Pauly und Claudine Moulin

Bearbeitet von Claudine Moulin

7., überarbeitete Auflage

Vandenhoeck & Ruprecht

Bibliografische Information der Deutschen Nationalbibliothek

Die Deutsche Nationalbibliothek verzeichnet diese Publikation in der
Deutschen Nationalbibliografie; detaillierte bibliografische Daten sind
im Internet über <http://dnb.d-nb.de> abrufbar.

ISBN: 978-3-525-20836-6

© 2007, 2004 Vandenhoeck & Ruprecht GmbH & Co.KG, Göttingen / www.v-r.de
Alle Rechte vorbehalten. Das Werk und seine Teile sind urheberrechtlich geschützt. Jede Verwertung in anderen als den gesetzlich zugelassenen Fällen bedarf der vorherigen schriftlichen Einwilligung des Verlages. Hinweis zu § 52a UrhG: Weder das Werk noch seine Teile dürfen ohne vorherige schriftliche Einwilligung des Verlages öffentlich zugänglich gemacht werden. Dies gilt auch bei einer entsprechenden Nutzung für Lehr- und Unterrichtszwecke. Printed in Germany.

Druck und Bindung: ⊕ Hubert & Co., Göttingen

Gedruckt auf alterungsbeständigem Papier.

Inhalt

Abkürzungsverzeichnis 9

Einleitung 11

I. Einführung in die althochdeutsche Flexionsmorphologie 17

    1. Das Verb 17
        a) Starke Verben 17
        b) Schwache Verben 27
        c) Präterito-Präsentien 33
        d) Besondere Verben 38

    2. Die Nomina 39
        a) Substantive 39
        b) Pronomen 51
        c) Adjektive 54

II. Einführung in die mittelhochdeutsche Flexionsmorphologie 59

    1. Das Verb 59
        a) Starke Verben 59
        b) Schwache Verben 69
        c) Präterito-Präsentien 75
        d) Besondere Verben 81

    2. Die Nomina 82
        a) Substantive 82
        b) Pronomen 89
        c) Adjektive 91

III. Einführung in die historische Phonologie 97

    1. Konsonantismus 97
        a) 1. Lautverschiebung und grammatischer Wechsel 97
        b) Germanische Entwicklungen 103
        c) 2. Lautverschiebung 108
        d) Vom Althochdeutschen zum Mittelhochdeutschen 114

    2. Vokalismus 115
        a) Vom Indogermanischen zum Germanischen 115
        b) Vom Germanischen zum Althochdeutschen 117
        c) Vom Althochdeutschen zum Mittelhochdeutschen 120
        d) Die Struktur der Ablautreihen 122

IV. Sprachgeschichtliche Grundlagen 125

   1. Deutsch – Germanisch – Indogermanisch 125
      a) Die Sprachstufen des Deutschen.. 125
      b) Germanisch.. 126
      c) Die altgermanischen Dialekte 127
      d) Gemeingermanisch – Urgermanisch 128
      e) Indogermanische Sprachverwandtschaft 129
      f) Die indogermanischen Sprachen im Überblick 130
      g) Die Sprachen Europas im Überblick 131

   2. Erbwort – Lehnwort 132
      a) Etymologie eines Erbwortes 132
      b) Lehnwort und Fremdwort 132
      c) Etymologie eines Lehnwortes 134
      d) Historische Lehnwortschichten 134

   3. Vielfalt des Althochdeutschen 135
      a) Grenzen und Gliederung des Althochdeutschen 135
      b) Ostfränkisch und Südrheinfränkisch um die Mitte des 9. Jahrhunderts .. 135
      c) Hochdeutsch und Niederdeutsch um die Mitte des 9. Jahrhunderts 137
      d) Alemannisches Spätalthochdeutsch 137

V. Einführung in die Textphilologie 139

   1. Althochdeutsche Schriftlichkeit und ihre Überlieferung 139
      a) Schreibung und Aussprache 139
      b) Schriftlichkeit im frühen Mittelalter 142
      c) Althochdeutsche Schriftlichkeit. Überlieferungsformen und
      Überlieferungsinhalte 144

   2. Erschließung althochdeutscher Texte mit Grammatik und Wörterbuch 150
      a) Grammatische Problemfälle im Text 150
      b) Zum Nachschlagen in althochdeutschen Wörterbüchern 150
      c) Lexikalische Problemfälle im Text 151

   3. Mittelhochdeutsche Schriftlichkeit und ihre Überlieferung 155
      a) Schreibung und Aussprache 155
      b) Überlieferungsformen und Überlieferungsinhalte 156
      c) Schreibformen und Schreibnormen 157

   4. Erschließung mittelhochdeutscher Texte mit Grammatik und Wörterbuch. 158
      a) Grammatische Problemfälle im Text 158
      b) Lexikalische Problemfälle im Text 159

VI. Textauswahl 164

    1. Althochdeutsche und altsächsische Texte 164

    2. Mittelhochdeutsche Texte 184

VII. Tabellen und Übersichten 194

    1. Althochdeutsche Grammatik 194

    2. Mittelhochdeutsche Grammatik 208

    3. Historische Phonologie 219

    4. Sprachgeschichtliche Grundlagen 223

Literaturverzeichnis 225

Register 230

Abbildung 236

Abkürzungsverzeichnis

Adj.	Adjektiv	PBE	Primärer Berührungseffekt
Adv.	Adverb		
ae.	altenglisch	P./Pers.	Person
ahd.	althochdeutsch	Plur.	Plural
Akk.	Akkusativ	Präs.	Präsens
altind.	altindisch	Prät.	Präteritum
an.	altnordisch	Prät.-Präs.	Präterito-Präsens
Art.	Artikel	rhfrk.	rheinfränkisch
as.	altsächsisch	rib.	ribuarisch
best.	bestimmt	Sing.	Singular
Dat.	Dativ	st.	stark.
Dem.-Pron.	Demonstrativ-Pronomen	Subst.	Substantiv
		sw.	schwach
engl.	englisch	V.	Verb
F./Fem.	Femininum	ø-Endung	Nullendung
franz.	französisch	*	erschlossene Form
gall.	gallisch		
Gen.	Genitiv		
germ.	germanisch		
got.	gotisch		
gr./griech.	griechisch		
hd.	hochdeutsch		
idg.	indogermanisch		
Imp.	Imperativ		
Ind.	Indikativ		
ital.	italienisch		
Konj.	Konjunktiv		
lat.	lateinisch		
M./Mask.	Maskulinum		
md.	mitteldeutsch		
mfrk.	mittelfränkisch		
mhd.	mittelhochdeutsch		
moselfrk.	moselfränkisch		
mnd.	mittelniederdeutsch		
N./Neutr.	Neutrum		
nd.	niederdeutsch		
nhd.	neuhochdeutsch		
Nom.	Nominativ		
obd.	oberdeutsch		
Part.	Partizip		

Einleitung

Zur Geschichtlichkeit der Sprache

„Je mehr wir von der Zukunft der deutschen Sprache vorherwissen wollen, umso intensiver müssen wir ihre Geschichte studieren."

In diesem Zitat von Harald Weinrich[1] ist die Geschichtlichkeit der deutschen Sprache angesprochen. So wie die deutsche Sprache der Gegenwart erscheint, ist sie geschichtlich geworden. Und aus den historischen Entwicklungslinien bis zur Gegenwart lässt sich in einem gewissen Maße absehen, wie die künftige Entwicklung weitergehen wird. Die Beschäftigung mit der deutschen Sprachgeschichte ergibt sich somit bereits aus der Beschäftigung mit der Gegenwartssprache und ihrer historischen Einordnung. Sprachgeschichtliche Betrachtung setzt voraus, dass verschiedene historische Zustände der Sprache erkennbar und beschreibbar sind, aus deren Vergleich Veränderungen abgelesen werden können. Als ältere Stufen der deutschen Sprache werden Althochdeutsch, Mittelhochdeutsch und Frühneuhochdeutsch unterschieden, die sich in Schreibung und Aussprache, Flexion, Wortbildung und Syntax voneinander und vom Neuhochdeutschen unterscheiden. Solche Unterschiede werden im Vergleich derselben Textstelle aus verschiedenen Zeiten sichtbar:

Fater unser, thu in himilom bist, giuuihit si namo thin. quaeme richi thin.
uuerdhe uuilleo thin, sama so in himile endi in erthu.

(Weißenburger Katechismus, 9. Jahrhundert)[2]

Fater unser dû in himile bist. (...) Dîn namo uuerde geheîligot. (...) Dîn rîche chome. (...) Dîn uuillo gescéhe in erdo fone menniscon, also in himile fone angelis.

(Notker der Deutsche, †1022)[3]

vater, du dir in den himelen bist,
geheiligit werde der name din.
(...)
herre, zuo chome din riche,
(...)

---

1 Die Zukunft der deutschen Sprache, in: Die deutsche Sprache der Gegenwart. Vorträge gehalten auf der Tagung der Joachim-Jungius-Gesellschaft der Wissenschaften Hamburg am 4. und 5. November 1983, Göttingen 1984, S. 83-108, S. 108.
2 E. von Steinmeyer, Die kleineren althochdeutschen Sprachdenkmäler, 1916, Nachdruck 1971, S. 29.
3 Notker der Deutsche, Der Psalter. Psalm 101-150, die Cantica und die katechetischen Texte. Herausgegeben von Petrus W. Tax, Die Werke Notkers des Deutschen. Neue Ausgabe 10, Tübingen 1983, S. 563f.

din wille hie in erde
sam da in himile werde

('Auslegung des Vaterunsers', Mitte des 12. Jahrhunderts)[4]

VNser Vater in dem Himel. Dein Name werde geheiliget. Dein Reich kome. Dein Wille geschehe/ auff Erden/ wie im Himel.

(Martin Luther, 1545)[5]

Die Textzitate können zugleich veranschaulichen, dass in den verschiedenen Stufen der deutschen Sprache eine schriftliche Überlieferung existiert, zu deren Erschließung Grammatiken und Wörterbücher der historischen Sprachstufen erforderlich sind. Die Sprachgeschichtsforschung steht so auch im Dienst der auf historische Überlieferung gestützten Disziplinen wie vor allem der (älteren) deutschen Literaturwissenschaft und der Geschichtswissenschaft.

Zielsetzung und Anlage des Buches

'Alt- und Mittelhochdeutsch' ist als einführendes Arbeitsbuch zur Grammatik des Althochdeutschen und des Mittelhochdeutschen und zur deutschen Sprachgeschichte konzipiert. Das Buch ist keine althochdeutsche und mittelhochdeutsche Grammatik und es will die entsprechenden Grammatiken auch nicht ersetzen. Aufgabe des Arbeitsbuches ist es, die wichtigsten phonologischen und morphologischen Strukturen des Alt- und Mittelhochdeutschen vorzuführen, im Zusammenhang damit die Grundlagen für ein historisches Verständnis der deutschen Gegenwartssprache zu bieten und die notwendigen Voraussetzungen für das Übersetzen alt- und mittelhochdeutscher Texte zu schaffen.

Die Anlage des Arbeitsbuches und der Aufbau der einzelnen Kapitel sind von der didaktisch-methodischen Zielsetzung bestimmt, von Anfang an in einer Verbindung von Übersetzung und Erarbeitung sprachlicher Strukturen vorzugehen. Das kann im Selbststudium geschehen. Das Arbeitsbuch ist aber vor allem für die Verwendung in Seminarveranstaltungen gedacht. Hier können von Anfang an die grammatischen Erscheinungen in ihrem tatsächlichen Gebrauch in den Texten berücksichtigt werden.

Diese Zielsetzung stellt konkrete Anforderungen an die Reihenfolge und an den Inhalt der Einzelkapitel. Andererseits kann das Arbeitsbuch nicht das Vorgehen in den Seminarsitzungen abbilden, insbesondere nicht die Verzahnung von Flexionsmorphologie und historischer Phonologie (sieh dazu auch den nächsten Abschnitt). Vielmehr folgt die Gliederung des Arbeitsbuches mehr systematischen Gesichts-

---

[4] Kleinere deutsche Gedichte des 11. und 12. Jahrhunderts. Nach der Auswahl von Albert Waag neu herausgegeben von Werner Schröder, I, Altdeutsche Textbibliothek 71, Tübingen 1972, S. 77-79.

[5] Martin Luther, Die gantze Heilige Schrifft Deutsch. Wittenberg 1545. Letzte zu Luthers Lebzeiten erschienene Ausgabe. Herausgegeben von Hans Volz unter Mitarbeit von Heinz Blanke. Textredaktion Friedrich Kur, II, Darmstadt 1972, S. 1976.

punkten. Dabei muss die Flexionsmorphologie am Anfang stehen, da die Fähigkeit, die Formen eines Textes grammatisch zu bestimmen, wichtigste Voraussetzung für das Übersetzen ist. Innerhalb der Morphologie müssen zuerst die Formen behandelt werden, die für die syntaktische und semantische Analyse eines Satzes erste Vorbedingungen sind. Aus diesem Grund wird mit der Erarbeitung der Verbalflexion begonnen. Die praktische Notwendigkeit, die Verbformen unter ihrer Infinitivform im Wörterbuch nachschlagen zu können, führt dazu, mit der Behandlung der ablautenden Verben zu beginnen. Darauf folgen schwache Verben, Präterito-Präsentien und besondere Verben. Im Anschluss an die Verbalflexion wird die Nominalflexion in der Reihenfolge Substantiv, Pronomen, Adjektiv dargestellt. Auf die so gegliederte althochdeutsche Flexionsmorphologie (Kapitel I) folgt die mittelhochdeutsche (Kapitel II).

Zum Verständnis morphologischer Erscheinungen, wie etwa des Nebeneinanders verschiedener Vokale in zusammengehörigen Verbformen (z.B. *brennen – brannte*), ist die Einbeziehung der Phonologie verschiedener Sprachstufen notwendig. Die phonologischen Einzelerscheinungen werden, soweit es erforderlich ist, bei der Erarbeitung der morphologischen Strukturen bereits angesprochen. Das Vokalsystem und das Konsonantensystem erfordern jedoch auch eine systematische eigene Betrachtung (Kapitel III). Kapitel IV bietet eine knappe Einführung in die sprachgeschichtlichen Grundlagen des Deutschen im Germanischen und Indogermanischen. Auf der Basis der historischen Phonologie können ferner historische Erscheinungen des Wortschatzes erklärt und die sprachgeographische Vielfalt des Althochdeutschen veranschaulicht werden. Eine von Textstellen ausgehende Einführung in die Benutzung der Grammatiken und Wörterbücher bildet das letzte darstellende Kapitel (V). Die benutzten Texte sind in Kapitel VI zusammengestellt. Kapitel VII bietet eine Zusammenfassung aller Flexionen, Lautentwicklungen und weiterer Daten in Tabellen- und Listenform. Eine Auswahlbibliographie führt zu den Grundlagenwerken der historischen Sprachwissenschaft. Das Register erschließt die Darstellung insbesondere von der Terminologie her und macht die Querverbindungen innerhalb der Kapitel deutlich.

Zur Arbeitsweise mit dem Buch

Die Zielsetzung der Einführung in die Grammatik des Althochdeutschen und Mittelhochdeutschen, in die deutsche Sprachgeschichte und in das Übersetzen alt- und mittelhochdeutscher Texte umfasst die Vermittlung von Kenntnissen der entsprechenden Hilfsmittel und von Grundzügen der Grammatik, die Vermittlung von Einsichten in sprachgeschichtliche Probleme und die Vermittlung von Fähigkeiten zur Formenbestimmung, Grammatik- und Wörterbuchbenutzung und Übersetzung. Diesen Zielen dienen die Anlage des Buches insgesamt und der Aufbau der Kapitel im Einzelnen. Den Ausgangspunkt der Erarbeitung bilden in der Regel Belege aus den Texten im Anhang. Die jeweiligen grammatischen Verhältnisse werden in möglichst klaren tabellarischen Übersichten dargeboten, wobei Einzelprobleme, Besonderheiten und Ausnahmen nur in Auswahl Berücksichtigung finden können. Die althochdeutschen Textausschnitte sind so ausgewählt, dass sie jeweils eine passende Grundlage für die Erarbeitung der verschiedenen grammatischen Bereiche bilden. Sie enthalten die erforderlichen Beispiele für das jeweils behandelte sprachliche Phänomen, sodass sich eine Veränderung der Zuordnung von Textausschnitten und grammatischen Phänomenen nicht empfiehlt.

Die Reihenfolge der althochdeutschen Texte entspricht in etwa auch dem Schwierigkeitsgrad beim Übersetzen. Es handelt sich aber zugleich um in sich abgeschlossene Einheiten, die teilweise denselben Inhalt haben, sodass über die hier behandelten Fragen hinaus vergleichende Betrachtungen etwa zu Wortwahl, Syntax oder Stil ermöglicht werden. Die althochdeutschen Texte vermitteln zusammen mit dem kontrastierenden altsächsischen Textabschnitt einen Einblick in die sprachgeographische Vielfalt des mittelalterlichen Deutsch. Für das Mittelhochdeutsche wird eine Sammlung von Ausschnitten geboten, in denen alle wichtigen sprachlichen Phänomene vorkommen. Diese Ausschnitte repräsentieren bedeutende Autoren und Werke, jedoch natürlich nicht die mittelhochdeutsche Literatur in ihrer ganzen Vielfalt.

Mit der Bezeichnung als Arbeitsbuch wird das erarbeitende Vorgehen bewusst herausgestellt. Die Bezeichnung soll aber auch den erforderlichen Anteil eigener Arbeit des Benutzers kennzeichnen. Er sollte jeweils den Erarbeitungsgang nachvollziehen, um die sprachlichen Verhältnisse zu verstehen. Ablautreihen und Flexionsformen müssen auswendig gelernt werden, wenn eine rasche und fehlerfreie Arbeit bei der Formenbestimmung möglich sein soll. Jedem Abschnitt der Flexionsmorphologie sind Übungsaufgaben mit Musterlösungen beigegeben. Zum Erlernen und zur Selbstkontrolle des Erlernten und als Hilfe beim Nachschlagen sind nunmehr besonders die Tabellen in Kapitel VII gedacht. Genaue Übersetzung mit ausgiebiger Wörterbuchbenutzung und gegebenenfalls phonologischer wie morphologischer Erklärung einzelner Fälle ist die wirksamste Form der Übung und Wiederholung. Der Dreischritt von Verstehen – Lernen – Anwenden setzt Interesse am Verständnis sowie Fleiß und Disziplin beim Lernen und beim übenden Anwenden voraus. Eine hinreichende Kenntnis der sprachhistorischen Grundlagen der deutschen Sprache entsteht nicht von alleine. Sie ist aber für ein gründliches germanistisches Studium Voraussetzung und führt erst zum historischen Verständnis der deutschen Gegenwartssprache.

Dem einführenden Charakter des Arbeitsbuches entsprechend werden beim Benutzer keine besonderen, über den schulischen Grammatikunterricht hinausgehenden Kenntnisse vorausgesetzt. Die erforderlichen sprachwissenschaftlichen Grundbegriffe werden an Ort und Stelle knapp erklärt oder finden in der Anwendung selbst ihre Erläuterung, sodass eine Arbeit mit diesem Buch ohne entsprechende Vorkenntnisse möglich ist. Derartige Grundbegriffe können hier nicht ausführlich behandelt werden; für ihre Erarbeitung und einführende Darstellung sei verwiesen auf:

Rolf Bergmann – Peter Pauly – Stefanie Stricker, Einführung in die deutsche Sprachwissenschaft. Vierte, überarbeitete und erweiterte Auflage von Rolf Bergmann und Stefanie Stricker. Mit Beiträgen von U. Götz, A. Klosa, C. Moulin, M. Schlaefer, C. Wich-Reif, Heidelberg 2005.

In der darin enthaltenen Auswahlbibliographie ist weitere Literatur zu allen Bereichen der Sprachwissenschaft genannt.

Die Weiterentwicklung vom Alt- und Mittelhochdeutschen zum Neuhochdeutschen wird in dem vorliegenden Buch an verschiedenen Stellen einbezogen. Zur Ergänzung sei hier auch auf die entsprechenden Abschnitte unseres Arbeitsbuches 'Neuhochdeutsch' hingewiesen:

Rolf Bergmann – Peter Pauly – Claudine Moulin-Fankhänel, Neuhochdeutsch. Arbeitsbuch zur Grammatik der deutschen Gegenwartssprache, 4.A. Göttingen 1992, S. 29-35 (Phonologie und Orthographie), S. 74-76 (Flexion des Pronomens und Adjektivs), S. 82-87 (Flexion des Substantivs), S. 104-106 (Konjunktiv), S. 116-117 (Modalverben), S. 129 (Kausativbildungen).

Die Benutzung des vorliegenden Arbeitsbuches ist demnach nicht an eine bestimmte Reihenfolge sprachwissenschaftlicher Einführungsveranstaltungen gebunden. Das Arbeitsbuch kann auch für auf das Alt- oder Mittelhochdeutsche beschränkte Einführungen benutzt werden. Dementsprechend sind die Flexionskapitel jetzt für das Althochdeutsche und für das Mittelhochdeutsche völlig getrennt und für sich benutzbar. Dafür wurden auch gewisse Wiederholungen in Kauf genommen.

Andererseits kann mit dem Buch nach wie vor in kombinierter Form in das Althochdeutsche und in das Mittelhochdeutsche eingeführt werden. Dafür wird im Folgenden ein Vorschlag für ein Semesterprogramm von 12 Sitzungen mit Verweis auf die in den Sitzungen zu behandelnden Kapitel und Abschnitte gegeben.

1.:	I.1.a.	7.:	II.1.b.
2.:	I.1.b.	8.:	II.2.a.
3.:	I.1.c.	9.:	III.1.a und b.
4.:	I.2.a.	10.:	III.1.c.
5.:	I.2.c.	11.:	III.2.a, b und c.
6.:	II.1.a. und c.	12.:	Wiederholung

In den Sitzungen 1 – 8 ist jeweils an entsprechender Stelle das zum Verständnis Notwendige aus der Phonologie anzusprechen, so beispielsweise in Sitzung 2 zu den schwachen Verben die Konsonantengemination (sieh Kapitel III.1.b) und der Umlaut (sieh Kapitel III.2.b). Deshalb genügen später die drei Sitzungen 9 – 11 für die systematische Behandlung der Phonologie.

Wenn ein solches Seminar nicht durch eine sprachhistorische Vorlesung ergänzt wird, kann von den Teilnehmern wenigstens die begleitende Lektüre der Einleitung und der Kapitel III.2.d, IV und V erwartet werden. Manche Abschnitte des Buches sind ohnehin in erster Linie zum Nachschlagen von Formen gedacht, die im Seminar nicht eigens behandelt werden müssen, wie z.B. I.1.d, I.2.b, II.1.d und II.2.b.

Über die Verwendung in Einführungsseminaren hinaus kann das Buch auch für althochdeutsche Proseminare benutzt werden, in denen die sprachgeographische Analyse der Texte (sieh Kapitel IV.3) oder der Wortschatz (sieh Kapitel IV.2. und V.2.c) breiter behandelt werden.

Grundlagen

Die Darstellung der sprachlichen Phänomene beruht auf den einschlägigen wissenschaftlichen Grammatiken und berücksichtigt, soweit möglich und angebracht, die neuere Forschung zur Phonologie und Morphologie der älteren Sprachstufen des Deutschen. Dem Charakter des einführenden Arbeitsbuches entsprechend können keine Einzelnachweise in Anmerkungen gegeben werden. Auch eine Diskussion problematischer Einzelfälle und eine Auseinandersetzung mit neueren Ansichten kann hier nicht geführt werden. Dazu ist auf die neuesten Auflagen der Handbücher und Grammatiken zu verweisen, die die entsprechenden Titel enthalten.

Dank

Das Konzept des vorliegenden, zuerst im Jahre 1973 erschienenen Arbeitsbuches haben Rolf Bergmann und Peter Pauly während ihrer gemeinsamen Arbeit an der Universität Münster entwickelt und über die zweite und dritte Auflage (1978 und 1985) von Bamberg und Freiburg beziehungsweise Stuttgart aus betreut.

Nach der stärkeren Erweiterung und Überarbeitung in der vierten und fünften Auflage (1993 und 1999) an der Universität Bamberg durch Rolf Bergmann und Claudine Moulin wurden für die sechste Neuauflage an der Universität Trier alle Angaben überprüft und gegebenenfalls ergänzt, Druckfehler beseitigt und Literaturangaben aktualisiert. Die vorliegende siebte Auflage wurde nach ähnlichem Verfahren in Trier überarbeitet. Für Hinweise auf Fehler und Verbesserungsvorschläge danken wir den Mitarbeiterinnen und Mitarbeitern in Bamberg und Trier sowie den Kolleginnen und Kollegen, die das Arbeitsbuch in ihren Seminaren im Inland und Ausland einsetzen. Hannelore Robling sind wir für die Herstellung der Druckvorlage dankbar, Natalia Filatkina, Falko Klaes, Jost Nickel und nicht zuletzt Nikolaus Ruge für eine sorgfältige Korrektur und unschätzbare technische Hilfe. Ferner möchten wir Martin Rethmeier für die engagierte Betreuung im Verlag danken sowie der Stiftsbibliothek St. Gallen für die Genehmigung zum Abdruck der Abbildung aus Codex 56.

Trier, im September 2007   Claudine Moulin

I. Einführung in die althochdeutsche Flexionsmorphologie

1. Das Verb

a) Starke Verben

(→ Übersichten: Kapitel VII, Nr. 1-3)

Flektierte Verbform und Wörterbuchansatz

Voraussetzung für das Verständnis eines alt- oder mittelhochdeutschen Satzes ist das Erkennen der Beziehungen zwischen den Wörtern und das Ermitteln der Wortbedeutungen. Für beides ist die Zurückführung der belegten Wortform auf eine Grundform nötig. In zahlreichen Fällen bereitet dies keine besonderen Schwierigkeiten, wie einige Beispiele zeigen können.

> *Ther kneht uuārlīcho vvuohs inti strangēta fol spāhidu, inti gotes geba uuas in imo, inti fuorun sīne eldiron giiāro in Hierusalem in itmālemo tage ōstrōno. Inti mit thiu her uuard giuuortan zuelif iāro, in ūfstīgantēn zi Hierusalem after thero giuuonu thes itmālen tages, gifultēn tagun mit thiu sie heim vvurbun, uuonēta ther kneht Heilant in Hierusalem, inti ni forstuontun thaz sīne eldiron.*

(Aus der althochdeutschen Übersetzung der lateinischen Fassung der Evangelienharmonie Tatians; sieh die Textauswahl Kapitel VI, Nr. 1.)

Manche Wortformen finden sich im 'Althochdeutschen Wörterbuch' von R. Schützeichel in der gleichen Form wie im Text: *kneht, geba, after* usw. In anderen Fällen ist auch schon ohne Kenntnis der althochdeutschen Flexion die Erschließung einer Grundform möglich: *gotes* steht im Wörterbuch unter *got*, *tages*, *tagun* unter *tag* usw.

Aus mehreren Gründen wird die Einführung in die Flexionsmorphologie mit der Wortart Verb begonnen. Das Verb ist als vorgangs- und zustandsbeschreibende Wortart für das Verständnis des Satzes von grundlegender Bedeutung. Der Weg von der flektierten Wortform im Text zur Grundform im Wörterbuch, dem Infinitiv, ist hier schwieriger als bei den anderen Wortarten. Innerhalb der Verben ist aus verschiedenen Gründen der Beginn mit den so genannten starken Verben sinnvoll. Die starken Verben sind historisch betrachtet primär; sie liegen abgeleiteten Wörtern anderer Wortarten, und auch schwachen Verben, zugrunde. Es ist ferner erforderlich, sofort die Regeln zu kennen, nach denen zu einer Form *vvuohs* ein Infinitiv *wahsan* gebildet wird. Bei Formen schwacher Verben wie *strangēta* ist der Infinitiv *strangēn* prinzipiell leichter zu finden.

Die althochdeutschen Ablautreihen

Besonderes Kennzeichen der starken Verben sind die Veränderungen des Vokals im Grundmorphem. Als Grundmorphem bezeichnet man den die lexikalische Bedeutung des Wortes tragenden Bestandteil, der nach Abtrennung der Flexions- und Wortbildungsmorpheme übrig bleibt. Er wird in historischem Zusammenhang vielfach auch Wurzel genannt. Die Flexion der Wörter erscheint im Allgemeinen in den

Flexionsmorphemen, den Endungen: *tag-es, tag-un*. Bei den starken Verben tritt auch eine Veränderung innerhalb des Grundmorphems auf: *wahs-an, wuohs*. Die in der Textprobe vorkommenden Verbformen zeigen verschiedene Vokalverhältnisse:

vvuohs	= *wuohs*	gehört zu	*wahs-an*
-uo-		gehört zu	*-a-*
uuas	= *was*	gehört zu	*wes-an*
-a-		gehört zu	*-e-*
vvurbun	= *wurb-un*	gehört zu	*werb-an*
-u-		gehört zu	*-e-*

Auf der anderen Seite gilt aber nicht für jedes Verb eine eigene Regelung, sondern bestimmte Vokalverhältnisse wiederholen sich bei ganzen Gruppen von Verben:

wuohs	gehört zu	*wahs-an*
fuor-un	gehört zu	*far-an*
for-stuont-un	gehört zu	*for-stant-an*

Allgemein formuliert: Präteritumsformen mit *-uo-* gehören zu Infinitiven mit *-a-*.

Den auf lautliche Verhältnisse des Indogermanischen zurückgehenden regelmäßigen Wechsel des Vokals in Grundmorphemen zusammengehöriger Wortformen nennt man Ablaut. Im Althochdeutschen unterscheidet man aufgrund der regelmäßigen Vokalveränderungen sieben Klassen starker Verben. Die verschiedenen Verbklassen werden Ablautreihen genannt. Sie werden durch fünf Formen des Verbs repräsentiert, aus denen alle anderen Formen ableitbar sind. Zur historischen Struktur der Ablautreihen siehe Kapitel III.2.d).

Die Kennzeichen der Ablautreihen

Reihe I:	a)	*rītan*	*rītu*	*reit*	*ritun*	*giritan*	'reiten, fahren'
	b)	*zīhan*	*zīhu*	*zēh*	*zigun*	*gizigan*	'bezichtigen, zeihen'

Präteritumsformen mit *ei* oder *ē* im Singular und *i* im Plural und im Partizip gehören stets in Reihe I und verweisen auf einen Infinitiv mit *ī*, der für diese Reihe kennzeichnend ist. Der Vokal *ē* statt *ei* in der 1. und 3. Person Singular Indikativ Präteritum tritt nur vor *h* oder *w* auf. Zu dieser Monophthongierung siehe Kapitel III.2.b); zu dem Konsonantenwechsel *h – g* sieh weiter unten: Der grammatische Wechsel.

Reihe II:	a)	*biogan*	*biugu*	*boug*	*bugun*	*gibogan*	'biegen'
	b)	*biotan*	*biutu*	*bōt*	*butun*	*gibotan*	'bieten'

Präteritumsformen mit *ou* oder *ō* im Singular gehören stets in Reihe II und verweisen auf einen Infinitiv mit *io*, der für diese Reihe kennzeichnend ist. Der Vokal *ō* in der 1. und 3. Person Singular Indikativ Präteritum nur vor *h* oder Dentalen (*t, d, z, s*) auf. Zu dieser Monophthongierung sieh Kapitel III.2.b). Die Präteritumsformen mit den Vokalen *u* und *o* verweisen nicht notwendig auf den Infinitiv mit *io*, da diese Vokale auch in den Präteritumsformen der Reihen III und IV auftreten. Es sind also weitere Kriterien zur Unterscheidung der Reihen II, III und IV notwendig.

Reihe III: a) *bintan   bintu   bant   buntun   gibuntan* 'binden'
             b) *werfan   wirfu   warf   wurfun   giworfan* 'werfen'

Für die Kennzeichnung der einzelnen Ablautreihen ist außer den Vokalen selbst auch die konsonantische Umgebung der ablautenden Vokale von Bedeutung. Verben, in denen dem ablautenden Vokal *m, n, r* oder *l* + Konsonant folgen, gehören in Reihe III. *m* und *n* heißen nach ihrer Artikulationsart Nasale, *r* und *l* Liquide. Verben mit Nasal + Konsonant (z.B.: *nt, nd, nn, mm*) gehören in Reihe IIIa, Verben mit Liquid + Konsonant (z.B.: *rf, rd, lf, ll*) in Reihe IIIb.

Reihe IV: *neman   nimu   nam   nāmun   ginoman* 'nehmen'

Nach Reihe IV gehen alle starken Verben, in denen dem ablautenden Vokal *m, n, r* oder *l* allein, also ohne einen weiteren Konsonanten, folgen. Von diesem Befund aus ist auch eine eindeutige Zuordnung von Partizipien wie *gibogan, giworfan* oder *ginoman* möglich. *gibogan* gehört in Reihe II, weil dem ablautenden Vokal *o* kein Nasal oder Liquid folgt. *giworfan* gehört in Reihe IIIb, weil dem Vokal *o* Liquid + Konsonant folgen. *ginoman* gehört in Reihe IV, weil dem Vokal *o* ein Nasal ohne einen weiteren Konsonanten folgt.

Reihe V: *geban   gibu   gab   gābun   gigeban* 'geben'

Die Verben der Reihe V unterscheiden sich aufgrund der Ablautverhältnisse von den Reihen I und II und im Hinblick auf den nachfolgenden Konsonanten von den Reihen III und IV. In Reihe V gehören Verben mit dem Vokal *e* im Infinitiv, in denen dem ablautenden Vokal kein Nasal oder Liquid, sondern ein anderer Konsonant folgt.

Reihe VI: *faran   faru   fuor   fuorun   gifaran* 'fahren'

Die ablautenden Vokale dieser Reihe kommen in den Reihen I bis V nicht in dieser Verteilung vor. In Reihe VI gehören daher Verben mit *a* im Präsens und im Partizip Präteritum und *uo* im Präteritum.

Reihe VII: *rātan   rātu   riet   rietun   girātan* 'raten'

Kennzeichen der Reihe VII ist der Diphthong *ie* in den Präteritumsformen, der auch in den Varianten *ia, io, eo* auftritt. Diese Verbklasse enthält Verben, die ihr Präteritum ursprünglich durch Reduplikation (mit oder ohne Ablaut) bildeten. Reduplikation ist die Verdopplung des Grundmorphemanlauts, zum Beispiel got. *haita* – *haihait* (ahd. *heizu* – *hiez*; 'ich heiße' – 'ich hieß'). Diese Verben sind daher im 'Althochdeutschen Wörterbuch' von R. Schützeichel als 'red. V.' = 'ehemals reduplizierendes Verb' bestimmt (sieh dort S. 68). Sie werden auch in der 'Althochdeutschen Grammatik' von W. Braune – I. Reiffenstein aus historischen Gründen als reduplizierende Verben und nicht als Reihe VII bezeichnet.

Dem einen Präteritumsvokal *ie* können sechs verschiedene Präsensvokale entsprechen. Bei der Ermittlung des im Präsens geltenden Vokals ist die Kenntnis der entsprechenden neuhochdeutschen Formen hilfreich:

ahd. *stiez* → nhd. *stieß* → nhd. *stoßen* → ahd. *stōzan*

Folgende Vokale treten im Präsens und im Partizip Präteritum auf:

ā	:	rātan	'raten'	a	:	haltan	'halten'
ei	:	heizan	'heißen'	ou	:	loufan	'laufen'
uo	:	ruofan	'rufen'	ō	:	stōzan	'stoßen'

Mit Ausnahme des Vokals *a* (= kurzes *a*) kommen diese Vokale in den entsprechenden Formen anderer Ablautreihen nicht vor. Der Vokal *a* tritt in Reihe VII nur vor *l* oder *n* + Konsonant auf (Beispiele: *haltan, gangan*). In Reihe VI steht *a* bis auf geringe Ausnahmen vor einfachem Konsonanten. Wichtigste Ausnahme bildet *stantan* – *stuont* (Reihe VI).

Die Flexionsformen

Die althochdeutsche Verbalflexion ist wie die neuhochdeutsche durch die Kategorien grammatische Person, Numerus, Tempus und Modus bestimmt:

grammatische Personen:	1. Person, 2. Person, 3. Person
Numeri:	Singular, Plural
Tempora:	Präsens, Präteritum
Modi:	Indikativ, Konjunktiv, Imperativ.

Die nach diesen Kategorien flektierten Formen sind die finiten Formen. Daneben existieren die infiniten, das heißt nicht nach Person und Numerus bestimmten Formen des Infinitivs und der Partizipien.

Auch im Althochdeutschen begegnen schon zusammengesetzte Verbformen (finites Hilfsverb + Infinitiv oder Partizip), die wie im Neuhochdeutschen zur Umschreibung des Passivs und zur Bildung weiterer Tempora dienen, zum Beispiel die Passivform *uuas gileitit* (Tatian 15,1).

Die Endungen sind bei allen starken Verben gleich. Die Indikativformen muss man sich einprägen. Dabei ist es hilfreich, die auffälligen, von der Gegenwartssprache besonders abweichenden Formen hervorzuheben. Die Konjunktivformen haben jeweils gemeinsame Merkmale, an denen man sie stets erkennen kann. Hier genügt es also, sich diese Merkmale einzuprägen.

Im Indikativ Präsens lauten die Formen von *werfan*:

ih	*wirf-u*
dū	*wirf-is*
er, siu, iz	*wirf-it*
wir	*werf-emēs, werf-ēn*
ir	*werf-et*
sie, sio, siu	*werf-ent*

Die Schreibweise mit Bindestrich trennt das Grundmorphem (die Wurzel) vom Flexionsmorphem (der Endung).

Besonders zu merken sind: die Form der 1. Person im Singular mit der Endung *-u*, die Form der 1. Person im Plural mit der langen Endung *-emēs*, neben der auch schon eine verkürzte Form auf *-ēn* vorkommt, sowie insbesondere die 3. Person Plural mit der Endung *-nt*.

Im Indikativ Präteritum lauten die Formen:

ih	*warf-Ø*
dū	*wurf-i*
er, siu, iz	*warf-Ø*
wir	*wurf-un*
ir	*wurf-ut*
sie, sio, siu	*wurf-un*

Besonders zu merken ist die Form der 2. Person Singular, die im Wurzelvokal mit dem Plural übereinstimmt. Das Zeichen Ø in der 1. und 3. Person Singular signalisiert das Fehlen einer eigentlichen Endung, die so genannte Nullendung.

Der Imperativ lautet in der 2. Person Singular *wirf* mit Nullendung; die 2. Person Plural ist mit dem Indikativ identisch: *werfet*.

Im Konjunktiv Präsens steht in allen Endungen der Vokal *ē*, im Konjunktiv Präteritum der Vokal *ī*. Diese Langvokale werden im Auslaut gekürzt. Es heißt also im Konjunktiv Präsens *ih werfe, dū werfēs* usw., im Konjunktiv Präteritum *ih wurfi, dū wurfīs* usw.

In den einzelnen Teilbereichen der Flexion treten die verschiedenen Vokale der Ablautreihe in einer charakteristischen Verteilung auf. Aus den Formen der Ablautreihe lassen sich daher sämtliche Flexionsformen ableiten.

werfan: *e* gilt   im Infinitiv: *werfan*
im Partizip Präsens: *werfenti*
im Plural Indikativ Präsens: *wir werfemēs* usw.
im ganzen Konjunktiv Präsens: *ih werfe, dū werfēs* usw.

wirfu: *i* gilt   im Singular Indikativ Präsens: *ih wirfu* usw.
im Imperativ Singular: *wirf*

warf: *a* gilt   in der 1. und 3. Person Singular Indikativ Präteritum: *ih warf* usw.

wurfun: *u* gilt   in der 2. Person Singular Indikativ Präteritum: *dū wurfi*
im Plural Indikativ Präteritum: *wir wurfun* usw.
im ganzen Konjunktiv Präteritum: *ih wurfi, dū wurfīs* usw.

giworfan: *o* gilt   im Partizip Präteritum: *giworfan*

Der Infinitiv und die beiden Partizipien (Präsens und Präteritum) werden selbst als Substantive und Adjektive flektiert; sieh Kapitel I.2.a) und c).

Der grammatische Wechsel

Bei einigen Verben ist außer dem Ablaut noch eine konsonantische Veränderung zu berücksichtigen. Die Form *giuuortan* (Tatian 12,2) ist am Präfix *gi-* und an der Endung *-an* als Partizip Präteritum erkennbar. Der Vokal *o* weist in der Position vor *r* + Konsonant in Reihe IIIb. Der Infinitiv lautet *werdan* mit *d* statt *t*. In den Ablautreihen I – V tritt der Konsonantenwechsel zwischen Infinitiv, Präsens und 1. und 3. Person Singular Indikativ Präteritum einerseits und 2. Person Singular Indikativ Präteritum, Plural Präteritum und Partizip Präteritum andererseits auf. In den Reihen VI und VII erscheint er zwischen Infinitiv und Präsens einerseits, Präteritum und Partizip Präteritum andererseits, was auf Ausgleichserscheinungen im Präteritum beruht. Folgende Konsonanten wechseln miteinander:

h und *g*:   *zīhan*   *zigun*
d und *t*:   *werdan*   *wurtun*
f und *b*:   *heffen*   *huobun*
s und *r*:   *wesan*   *wārun*

Zur Ursache dieses Konsonantenwechsels sieh Kapitel III.1.a).

Besondere Verben der IV. Ablautreihe

Neben den Verben, deren Grundmorphem auf einfachen Nasal oder Liquid ausgeht (*m, n, r, l*), gehören zur IV. Ablautreihe einige Verben, deren Grundmorphem auf *-hh* ausgeht, sowie ein Verb auf *-ff*: *brehhan, sprehhan, stehhan, treffan* sind die wichtigsten Verben dieser Gruppe. Die Ablautreihe lautet also zum Beispiel:

sprehhan   sprihhu   sprah   sprāhhun   gisprohhan

In der 1. und 3. Person Singular Indikativ Präteritum *sprah* ist der Doppelkonsonant im Auslaut vereinfacht.

Die Einordnung dieser Verben kann man sich mit Hilfe der neuhochdeutschen Partizipien *gesprochen, gebrochen* usw. mit *-o-* klar machen.

Die *j*-Präsentien der V. und VI. Ablautreihe

In der V. und VI. Ablautreihe gibt es einige Verben, die zu normalen Formen des Präteritums Präsensformen mit abweichendem Vokal zeigen. In der V. Ablautreihe erscheint *i* statt *e*, in der VI. Ablautreihe *e* statt *a*. So gehören das Partizip Präsens *sizzantan* (Tatian 12,4) und die 3. Person Singular Indikativ Präteritum *saz* (Tatian 87,1) zu dem Infinitiv *sizzen*. Man vergleiche etwa in der V. Ablautreihe:

3. Sing. Ind. Prät.	Infinitiv
er gab	*geban*
er saz	*sizzen*

Die Infinitivendung lautet bei diesen Verben *-en* statt *-an*. Der Wurzelvokal im Infinitiv und im Präsens Plural ist *i* statt *e*. Der Imperativ (2. Pers. Sing.) endet auf *-i*. Ursache für diese Besonderheiten ist die Bildung der Präsensformen im Germanischen mit einem zusätzlichen *j* vor der Flexionsendung, das im Althochdeutschen in den meisten Fällen bereits geschwunden ist. Deshalb werden diese Verben *j*-Präsentien genannt (Singular: das *j*-Präsens). Wegen der geringen Zahl dieser Verben und der Häufigkeit ihres Vorkommens prägt man sich am besten die ganze Gruppe ein:

V. Ablautreihe:

bitten	*bittu*	*bat*	*bātun*	*gibetan*	'bitten'
liggen	*liggu*	*lag*	*lāgun*	*gilegan*	'liegen'
sizzen	*sizzu*	*saz*	*sāzun*	*gisezzan*	'sitzen'

VI. Ablautreihe:

heffen	*heffu*	*huob*	*huobun*	*irhaban*	'heben'
skepfen	*skepfu*	*skuof*	*skuofun*	*giskaffan*	'schaffen'
swerien	*sweriu*	*swuor*	*swuorun*	*gisworan*	'schwören'

(mit *-o-* statt *-a-* im Partizip Präteritum, wohl in Analogie zu Reihe IV).

Infinitiv und Präsens zeigen bei diesen Verben zum Teil Gemination, das heißt Dehnung des Konsonanten im Auslaut des Grundmorphems, die in der Schrift durch Verdopplung wiedergegeben wird: *bitten* gegenüber *bātun*. Zu dieser Konsonantengemination und zu den Auswirkungen im Flexionssystem sieh Kapitel III.1.b).

Umlautende Verben der VI. und VII. Ablautreihe

Verben der Ablautreihen VI (*faran*) und VII (*haltan*) mit kurzem *a* als Wurzelvokal des Infinitivs (also nicht alle Verben der Ablautreihe VII) weisen in der 2. und 3. Person Singular Indikativ Präsens eine Vokalveränderung auf: *a* wird zu *e* umgelautet. Der Umlaut unterbleibt allgemein vor *ht* und *hs* (deshalb heißt es *wahsit* zu *wahsan*) sowie vor Konsonant + *w*, im Oberdeutschen zum Teil auch vor anderen Konsonantenverbindungen.

VI:	*faran*	VII:	*haltan*
	ih faru		*ih haltu*
	dū feris (< **faris*)		*dū heltis* (< **haltis*)
	er ferit (< **farit*)		*er heltit* (< **haltit*)
	wir faremēs		*wir haltemēs*

Die Ursache für diesen Umlaut von *a* zu *e* ist das *i* in der Folgesilbe. Zum *i*-Umlaut sieh Kapitel III.2.b) und III.2.c).

Die Präfigierung des Partizip Präteritum

Einfache Verben bilden das Partizip Präteritum mit dem Präfix *gi-*: *neman – ginoman*. Präfigierte Verben behalten ihr Präfix im Partizip und bilden es ohne das *gi-*Präfix: *firneman – firnoman*. Zusammengesetzte Verben fügen das *gi-*Präfix zwischen dem ersten Bestandteil, dem Bestimmungswort, und dem zweiten Bestandteil, dem Grundwort, ein: *abaneman – abaginoman*. Diese Regelungen entsprechen denen der Gegenwartssprache.

Da das *gi-*Präfix perfektivische Bedeutung hat, also die Abgeschlossenheit einer im Verb bezeichneten Handlung ausdrückt, ist es bei den Verben entbehrlich, die ohnehin schon eine perfektivische Bedeutung besitzen. Deshalb wird das Partizip Präteritum bei folgenden Verben meist ohne *gi-* gebildet:

findan	– *funtan*
queman	– *queman* oder *quoman*
treffan	– *troffan*
werdan	– *wortan*
bringan	– *brāht*

Die Verben *findan* und *werdan* zeigen zusätzlich grammatischen Wechsel. Bei *queman* tritt neben dem regelmäßigen Ablautvokal *o* häufiger *e* im Partizip auf. Zu der mit Ablaut und schwacher Endung gebildeten Form *brāht* und ihrer konsonantischen Besonderheit sieh Kapitel III.1.b).

Grammatische Bestimmung von Formen starker Verben

Um eine in einem althochdeutschen Text vorkommende Form eines starken Verbs bestimmen zu können, sind folgende Kenntnisse erforderlich:

– die Endungen und ihre Verteilung
– die Verteilung der Ablautstufen auf die Flexion
– die Ablautreihen

Die Rückführung der im Text belegten flektierten Form auf den Infinitiv erlaubt die Ermittlung der Bedeutung im Wörterbuch; die Formenbestimmung nach den grammatischen Kategorien und die Berücksichtigung des Kontextes ermöglichen ihre richtige syntaktische Einordnung.

Die Form *fuorun* (Tatian 12,1) ist zunächst aufgrund ihrer Endung *-un* als 1. oder 3. Person Plural Indikativ Präteritum zu bestimmen. Der Diphthong *uo* in dieser Flexionsform weist in die VI. Ablautreihe; der Infinitiv muss daher *faran* lauten. Er ist im 'Althochdeutschen Wörterbuch' von R. Schützeichel unter *f* eingeordnet (man vergleiche zur Anlage des Wörterbuchs und zu den Einordnungsprinzipien Kapitel V.2.b). Für die vorliegende Stelle ist die Bedeutung 'sich begeben' angemessen; aus dem Kontext ergibt sich die Bestimmung als 3. Person: 'sie begaben sich'.

Formenbestimmungen sollten nach folgendem Muster angegeben werden:

fuorun: 3. Pers. Plur. Ind. Prät. des st. V. *faran faru fuor fuorun gifaran*, VI. Ablautreihe wegen des Vokalismus *a – uo*.

☞ **Übungsaufgabe**

Bestimmen Sie die starken Verben im Textabschnitt Tatian 12,1-9!

Musterlösung (12,1-2):
1. *vvuohs*: 3. Pers. Sing. Ind. Prät. des st. V. *wahsan wahsu wuohs wuohsun giwahsan*, VI. Ablautreihe wegen des Vokalismus *a – uo*.

2. *uuas*: 3. Pers. Sing. Ind. Prät. des st. V. *wesan wisu was wārun* (Part. nicht belegt), V. Ablautreihe wegen des Wurzelvokals *a* im Sing. Prät., dem nicht Nasal oder Liquid folgen, mit grammatischem Wechsel *s – r*.
3. *fuorun* sieh oben!
4. *uuard*: 3. Pers. Sing. Ind. Prät. des st. V. *werdan wirdu ward wurtun wortan*, III. Ablautreihe, Unterklasse b, wegen des Wurzelvokals *a*, dem Liquid + Konsonant folgt, mit grammatischem Wechsel *d – t* und meist mit präfixlosem Part. Prät.
5. *giuuortan*: Partizip Präteritum des st. V. *werdan* (sieh unter 4), das hier ausnahmsweise einmal das Präfix hat.
6. *vvurbun*: 3. Pers. Plur. Ind. Prät. des st. V. *werban wirbu warb wurbun giworban*, III. Ablautreihe, Unterklasse b, wegen des Wurzelvokals *e*, dem Liquid + Konsonant folgen.
7. *forstuontun*: 3. Pers. Plur. Ind. Prät. des st. V. *forstantan forstantu forstuont forstuontun forstantan*, VI. Ablautreihe wegen des Vokalismus *a – uo*.

b) Schwache Verben

(→ Übersicht: Kapitel VII, Nr. 4)

Unterschiede zwischen starken und schwachen Verben

In den folgenden Textstellen aus Tatian 15,1-5 stehen sich unterschiedliche Verbformen gegenüber, die jeweils in gleicher Weise zu bestimmen sind:

Her antlingōta thō inti quad (15,3)
'Er antwortete da und sprach.'

ther heilant uuas gileitit in vvuostinna (15,1)
'Der Heiland wurde in die Wüste geführt.'

ouh ist giscriban, thaz thū ni costōs truhtīn (15,4)
'Es ist auch geschrieben, dass du den Herrn nicht versuchen sollst.'

senti thih thanne hera nidar (15,4)
'Dann wirf dich herab!'

far Satanas (15,5)
'Geh weg, Satan!'

Die vergleichbaren Verbformen zeigen Unterschiede in den Endungen:

3. Pers. Sing. Ind. Prät.:	*antlingōta/quad*	-ōta/-Ø
Part. Prät.:	*gileitit/giscriban*	-it/-an
2. Pers. Sing. Imp.:	*senti/far*	-i/-Ø

Den bereits bekannten Endungen starker Verben stehen Formen mit folgenden Kennzeichen gegenüber: *t* in den Endungen des Präteritums (d.h. Dentalsuffix) und auslautender Vokal im Imperativ. Verben mit diesen Kennzeichen heißen schwache Verben. Sie haben im Unterschied zu den starken Verben keinen Ablaut.

Die Einteilung der schwachen Verben

Die Präteritumsformen *antlingōta* (15,3), *fastēta* (15,2), *hungirita* (15,2) und *araugta* (15,5) lassen sich folgendermaßen vergleichend analysieren: Die Flexionsendung lautet in allen Formen *-ta*. Die zum Teil durch Präfixe erweiterten Grundmorpheme lauten *antling-*, *fast-*, *hungir-* und *araug-*. Zwischen dem Grundmorphem und der Flexionsendung steht jeweils ein anderer Vokal beziehungsweise nichts.

Die Bestandteile der Wortformen werden folgendermaßen bezeichnet:

Wurzel (= Grundmorphem, z.T. mit Präfix)	Stammvokal, Bindevokal, Themavokal (= Wortbildungsmorphem)	Flexionsendung (= Flexionsmorphem)
Stamm		
ant-ling-	-ō-	-ta
fast-	-ē-	-ta
hungir-	-i-	-ta
ar-aug-	-Ø-	-ta

Die auf die Grundmorpheme folgenden Vokale sind die Ableitungsmittel (Suffixe) der schwachen Verben. Von dem Substantiv *fasta* ist mithilfe des *ē*-Suffixes das schwache Verb *fastēn* abgeleitet worden. Von dem Substantiv *wuntar* ist mithilfe des *ō*-Suffixes das schwache Verb *wuntarōn* abgeleitet worden. Im Hinblick auf die Infinitivendung spricht man von *ōn*- und *ēn*-Verben. Die Suffixvokale *ō* und *ē*, die auch als Bindevokale, Themavokale oder Stammvokale bezeichnet werden, sind in sämtlichen Flexionsformen dieser Verben enthalten, sodass die Zugehörigkeit dieser Formen zu den *ōn*- und *ēn*-Verben ohne weiteres erkannt werden kann.

Die Infinitivformen zu *hungirita* und *araugta* lauten *hungiren* und *araugen*. Im Hinblick auf diese Endungsgleichheit im Infinitiv (und im ganzen Präsens) werden die Verben mit -*i*- und -Ø- (= Nullelement) im Präteritum einer Klasse zugewiesen. Die Infinitivendung -*en* ist entstanden durch Abschwächung aus voralthochdeutsch -*ja-n*. Nach dieser Gestalt des Suffixes wird diese Klasse der schwachen Verben *jan*-Verben genannt. Das *j* des Suffixes erscheint zwischen Konsonanten als *i* und ist in dieser Form bei einer Gruppe der *jan*-Verben im Präteritum erhalten (*hungirita*), bei einer anderen Gruppe dagegen weggefallen (*araug-ta*). Das Fehlen eines in anderen vergleichbaren Fällen vorhandenen Elements wird durch das Nullzeichen ausgedrückt: *araug-Ø-ta*. Nach diesem unterschiedlichen Verhalten des *i* im Präteritum werden zwei Unterklassen der *jan*-Verben unterschieden. Der Vokal *i* ist normalerweise nach kurzer Wurzelsilbe erhalten, nach langer Wurzelsilbe ausgefallen. Lang sind Wurzelsilben, die einen Langvokal oder einen Diphthong enthalten oder auf mehrfache Konsonanz ausgehen. Als lang gelten auch mehrsilbige Wurzeln. In der mehrsilbigen Form *hungir-i-ta* ist das *i* ausnahmsweise bewahrt. Ferner steht *i* im unflektierten Partizip Präteritum der *jan*-Verben mit langer Wurzelsilbe, zum Beispiel *arougit uuas* (Tatian 224,1).

Es lassen sich also drei schwache Verbklassen unterscheiden, die *jan*-, *ōn*-, *ēn*-Verben. Die *jan*-Verben werden danach unterteilt, ob das *i* im Präteritum erhalten ist oder nicht.

Die Flexionsformen der schwachen Verben

Die Flexion der *jan*-Verben stimmt im Präsens Indikativ und Konjunktiv völlig mit der der starken Verben überein. Es heißt also *ih zellu, dū zelis* usw. wie *ih wirfu, dū wirfis* usw. Die *ōn*- und *ēn*-Verben haben außer in der 1. Person Singular Indikativ

Präsens ebenfalls dieselben Endungen, denen jeweils die charakteristischen Suffixvokale *ō* und *ē* vorausgehen. Es heißt also *dū salbōs*, *habēs* usw. Die 1. Person hat dieselbe Endung wie der Infinitiv, der aber ebenfalls der Suffixvokal vorausgeht: *ih salbōn*, *habēn*. Im Konjunktiv Präsens zeigen alle schwachen Verben den charakteristischen Vokal *ē*, der nach den Suffixvokalen *ē* oder *ō* aber wegfallen kann (*salbōs* statt *salbōēs*, *habēs* statt *habēēs*). Im Auslaut wird der Vokal zu *e* gekürzt.

Im Präteritum lauten im Indikativ wie im Konjunktiv die Endungen der verschiedenen schwachen Verbklassen gleich. Im Indikativ Präteritum heißen sie:

-ta,   *-tōs,*   *-ta,*   *-tun,*   *-tut,*   *-tun.*

Im Konjunktiv Präteritum steht als Moduskennzeichen durchgehend der Endungsvokal *ī*, der im Auslaut zu *i* gekürzt wird:

-ti,   *-tīs,*   *-ti,*   *-tīmēs,*   *-tīt,*   *-tīn.*

Die schwachen Verben als abgeleitete Verben

Da die schwachen Verben nicht ablautende Verben sind, kann das Grundmorphem von jeder Verbform aus isoliert werden:

strangēta (12,1):	*strang-*	*gileitit* (15,1):	*-leit-*
gifultēn (12,2):	*-ful-*	*gicostōt* (15,1):	*-cost-*
uuonēta (12,2):	*won-*	*fastēta* (15,2):	*fast-*
uuāntun (12,3):	*wān-*	*hungirita* (15,2):	*hungir-*
suohtun (12,3):	*suoh-*	*araugta* (15,5):	*-aug-*
frāgēntan (12,4):	*frāg-*	*betōs* (15,5):	*bet-*
vvuntorōtun (12,5):	*wuntor-*	*ambahtitun* (15,6):	*ambaht-*
sērēnte (12,6):	*sēr-*		

Einige dieser Grundmorpheme sind im Althochdeutschen als selbstständige Wörter belegt: *strang* Adj. 'stark', *wān* st.M. 'Glaube', *wuntar* st.N. 'Wunder', *sēr* st.N. 'Schmerz', *sēr* Adj. 'schmerzlich', *hungar* st.M. 'Hunger', *ambaht* st.N. 'Dienst', *ambaht* st.M. 'Diener'.

Andere Grundmorpheme stehen außer im schwachen Verb auch noch in anderen Wörtern: *ful-* in *fulli* st.F. 'Vollendung', *won-* in *wonunga* st.F. 'Wohnung', *suoh-* in *irsuohhunga* st.F. 'Versuchung', *suoh* 1. und 3. Pers. Sing. Ind. Prät. des st. V. *sahhan* 'streiten' (Reihe VI), *leit-* in *firleitare* st.M. 'Verführer', *leito* sw.M. 'Führer', *leid* 1. und 3. Pers. Sing. Ind. Prät. des st. V. *līdan* 'fahren' (Reihe I), *cost-* in *costunga* st.F. 'Versuchung', *fast-* in *fasta* st.sw.F. 'Fasten(zeit)', *aug-* in *auga*, *ouga* st.sw.N. 'Auge', *-bet* in *gibet* st.N. 'Gebet'.

Es wird eine direkte Beziehung zwischen schwachen Verben und Wörtern anderer Wortart sichtbar. Schwache Verben sind im Unterschied zu starken Verben von anderen Wörtern abgeleitet. Es kommen Ableitungen von Wörtern verschiedener

Wortarten vor. Bei der Ableitung von starken Verben wird die Ablautstufe der 1. und 3. Person Singular Indikativ Präteritum zugrunde gelegt:

sahhan – suoh : *suohhen*

Semantische Funktionen der Suffixe *-jan, -ōn, -ēn*

Ein Vergleich der Bedeutungen von schwachen Verben mit den Bedeutungen der Wörter, von denen sie abgeleitet sind, führt zu folgendem Befund:

trenken	'tränken'	–	*trinkan*	'trinken'
leiten	'führen'	–	*līdan*	'fahren'
fuoren	'führen'	–	*faran*	'gehen'
tuomen	'urteilen'	–	*tuom*	'Urteil'
heilen	'heilen'	–	*heil*	'gesund'
salbōn	'salben'	–	*salba*	'Salbe'
lobōn	'loben'	–	*lob*	'Lob'
dankōn	'danken'	–	*dank*	'Dank'
mihhilōn	'preisen'	–	*mihhil*	'groß'
heilēn	'heil werden'	–	*heil*	'gesund'
fūlēn	'faulen'	–	*fūl*	'faul'

Die Wortbildungsparaphrase, das heißt die Umschreibung der Bedeutung der abgeleiteten Wörter unter Verwendung der Bedeutung der zugrundeliegenden Wörter, erbringt folgende Ergebnisse:

Bei den *jan*-Verben ergibt sich in vielen Fällen eine Umschreibung mit 'machen': 'tränken' = 'trinken machen'. Verben mit dieser Bedeutungsfunktion nennt man Faktitiva oder Kausativa.

Die *ōn*-Verben lassen sich vielfach durch 'versehen mit' wiedergeben: 'salben' = 'mit Salbe versehen'. Diese Verben nennt man Ornativa.

Bei den *ēn*-Verben ergibt sich oft die Möglichkeit, mit 'werden' zu umschreiben: 'faulen' = 'faul werden'. Solche Verben nennt man Inchoativa.

Besondere Merkmale der *jan*-Verben: Gemination, Umlaut, Rückumlaut

Wie die Flexionstabelle (Kapitel VII, Nr. 4) zeigt, bereitet es bei den schwachen Verben keine Schwierigkeiten, zu einer Flexionsform den Infinitiv zu bilden. Der Suffixvokal in den Endungen gibt Auskunft über die Flexionsklasse. Bei Formen ohne die charakteristischen Vokale *ō* oder *ē* handelt es sich um ein *jan*-Verb mit der Infinitivendung *-en*. Dennoch zeigen einige *jan*-Verben vokalische und konsonantische Veränderungen innerhalb der Flexion und im Vergleich zu den zugrunde liegenden Wörtern.

Gemination:
Der Infinitiv *zellen* zeigt gegenüber dem Substantiv *zala*, von dem das Verb abgeleitet ist, und gegenüber der Präteritumsform *zelita* Gemination des *l*, das heißt Dehnung des Konsonanten im Auslaut des Grundmorphems. Die Konsonantendehnung wird in der Schrift durch eine Verdopplung wiedergegeben. Diese Gemination wird durch *j* der Folgesilbe bewirkt und steht im Zusammenhang mit der westgermanischen Konsonantengemination, die außer durch *j* auch noch durch andere Folgekonsonanten bewirkt wird. Die Gemination tritt in den *jan*-Verben insgesamt häufig auf, jedoch nur in den Formen, in denen das *jan*-Suffix auch als *j* erschien. Wo es als *i* erschien, konnte keine Gemination eintreten. Deshalb heißt es im Präsens neben *ih zellu* mit Gemination *dū zelis, er zelit* ohne Gemination, deshalb lautet das Präteritum *zelita* ohne Gemination. Zur westgermanischen Konsonantengemination sieh Kapitel III.1.b).

Umlaut:
Die Formen *zellen* und *zelita* zeigen gegenüber dem zugrunde liegenden Substantiv *zala* auch eine Vokalveränderung von *a* zu *e*. Diese Veränderung gehört in den Zusammenhang des Umlauts. Umlaut erscheint im Althochdeutschen als Veränderung von kurzem *a* zu *e* vor folgendem *i* oder *j*. Er tritt deshalb in allen Formen der *jan*-Verben auf, sofern deren Grundmorphem ursprünglich den Vokal *a* enthielt. Zum Umlaut sieh Kapitel III.2.b).

Rückumlaut:
Das Verb *trenken* ist von der Präteritumsform *trank* des starken Verbs *trinkan* abgeleitet und zeigt mit dem Vokal *e* gegenüber *a* in *trank* Umlaut. Das Präteritum zu *trenken* lautet aber *trankta*. *trankta* enthält im Gegensatz zu einer Form wie *zelita* nicht den Bindevokal *i*. Nach langer Wurzelsilbe ist der Bindevokal *i* im Präteritum der *jan*-Verben ausgefallen, ehe er Umlaut bewirken konnte. Das Nichteintreten des Umlauts im Präteritum langwurzliger *jan*-Verben wird Rückumlaut genannt. Rückumlaut kommt im Althochdeutschen in der Regel nur in langwurzligen *jan*-Verben mit dem Wurzelvokal *e* im Infinitiv und im Präsens vor. Rückumlaut hat auch das Präteritum *dāhta* zu *denken*, das darüber hinaus besondere konsonantische Veränderungen zeigt. Zu der Form *dāhta* und den vergleichbaren Formen *dūhta* (zu *dunken*) und *brāhta* (zu *bringan*) vergleiche man Kapitel II.1.b).

Die Einteilung der *jan*-Verben lässt sich folgendermaßen zusammenfassen:

jan-Verben			
Präteritum ohne *-i-* in der Regel nach langer Wurzelsilbe		Präteritum mit *-i-* in der Regel nach kurzer Wurzelsilbe	
Wurzelvokal *a*: mit Umlaut *a > e* im Präs. und Rückumlaut (*a*) im Prät.	andere Wurzelvokale als *a*: ohne Umlaut	Wurzelvokal *a*: mit Umlaut *a > e* im Präs. und im Prät.	andere Wurzelvokale als *a*: ohne Umlaut
trenken – trankta	*suohhen – suohta*	*zellen – zelita*	*frummen – frumita*

Die kurzwurzligen Verben haben *-i*-lose Nebenformen, gegebenenfalls mit Rückumlaut: *zellen – zalta*. Nach langer Wurzelsilbe ist *-i-* gelegentlich ausnahmsweise erhalten: *hungirita*.

☞ **Übungsaufgabe**

Bestimmen Sie die schwachen Verben im Textabschnitt Tatian 12,1-9!

Musterlösung (12,1-3):
1. *strangēta*: 3. Pers. Sing. Ind. Prät. des sw. V. *strangēn, strangēta, gistrangēt* (sw. V. wegen des Dentalsuffixes *-ta*, *ēn*-Klasse wegen des Bindevokals *ē*).
2. *uuonēta*: 3. Pers. Sing. Ind. Prät. des sw. V. *wonēn, wonēta, giwonēt* (*ēn*-Klasse wegen des Bindevokals *ē*).
3. *uuāntun*: 3. Pers. Plur. Ind. Prät. des sw. V. *wānen, wānta, giwānit, jan*-Verb mit langer Wurzelsilbe (wegen des Langvokals), daher ohne Bindevokal, ohne Rückumlaut.
4. *suohtun*: 3. Pers. Plur. Ind. Prät. des sw. V. *suohhen, suohta, gisuohhit, jan*-Verb mit langer Wurzelsilbe (wegen des Diphthongs), daher ohne Bindevokal, ohne Rückumlaut.

c) Präterito-Präsentien

(→ Übersicht: Kapitel VII, Nr. 5)

Der Begriff Präterito-Präsens

Ausgangspunkt ist die Bestimmung der Verbformen in den Versen:

Lesēn vuir, thaz fuori	Wir lesen, dass der Heiland von der Reise
ther heilant fartmuodi.	ermüdet einherzog.
ze untarne, vuizzun thaz,	Gegen Mittag setzte er sich, das wissen wir,
er zeinen brunnon kisaz.	an einen Brunnen.[6]

Die Form *lesēn* ist als 1. Person Plural Indikativ Präsens des starken Verbs *lesan* (Reihe V) zu bestimmen. Die Endung *-ēn* ist Abschwächung aus *-emēs*. Die Form *vuizzun* (= *wizzun*) zeigt mit dem Vokal *u* in der Endung ein charakteristisches Merkmal althochdeutscher Präteritumsformen. Da vor der Endung *-un* kein Dentalsuffix steht, ist die Form als starke Verbform zu bestimmen. Der Wurzelvokal *i* im Präteritum Plural führt auf die I. Ablautreihe. Der Form *wizzun* entspricht die Form *ritun*. Die zu *wizzun* gehörige Singularform muss entsprechend *ih reit* also *ih weiz* lauten. Diese Form ist in demselben Gedicht in Vers 49 belegt: *Vueiz ih, daz dū uār segist*.

Die Übersetzung der Textstellen erbringt folgenden Befund: Die Präteritumsformen *weiz – wizzun* haben präsentische Bedeutung: 'ich weiß' – 'wir wissen'. Ein starkes Verb, dessen Präteritumsform Präsensbedeutung hat, heißt Präterito-Präsens (Plural: die Präterito-Präsentien). Da das Präteritum des Althochdeutschen aus sprachhistorischen Gründen auch als Perfekt bezeichnet wird, werden die Präterito-Präsentien teilweise auch als Perfekto-Präsentien bezeichnet (so im 'Althochdeutschen Wörterbuch' von R. Schützeichel).

Verbklasse	Form	Bedeutung
starke Verben	Präteritum: *reit – ritun*	Präteritum: 'ich ritt – wir ritten'
Präterito-Präsentien	Präteritum: *weiz – wizzun*	Präsens: 'ich weiß – wir wissen'

Die besonderen Bedeutungsverhältnisse dieser Verben können durch einen Vergleich mit lat. *vidēre* 'sehen' verdeutlicht werden, das mit ahd. *weiz* etymologisch verwandt ist. Der Präteritumsform *weiz* hat ursprünglich eine Bedeutung 'ich habe gesehen' entsprochen. Sie bezeichnet einen Vorgang, der vom Standpunkt des Sprechers aus gesehen abgeschlossen ist, dessen Ergebnis aber in seine Gegenwart hineinwirkt. Wird dieses Hineinwirken in die Gegenwart, also das Ergebnis des

---

6 Aus dem Gedicht 'Christus und die Samariterin', V. 1-4; sieh Textauswahl Kapitel VI, Nr. 5.

Gesehenhabens, bezeichnet, so ergibt sich für die Präteritumsform die Präsensbedeutung 'mir ist bekannt, ich kenne, ich weiß'. Der abgeschlossene Vorgang wird dann nicht mehr als Vorgang gesehen, sondern in seinem in der Gegenwart fortdauernden Ergebnis.

Im Althochdeutschen hat die Präteritumsform nur noch präsentische Bedeutung. Im Hinblick auf diese Bedeutung sind die Formen *ih weiz, ih darf* usw. als 1. Person Singular Indikativ Präsens eines Präterito-Präsens zu bestimmen. Da somit die ursprüngliche Präteritumsform Präsensfunktion hat, ergibt sich die Notwendigkeit, die Bedeutung 'Präteritum' durch eine andere Form auszudrücken. Diese Form wird nach Art der schwachen Verben gebildet. Das Dentalsuffix tritt an die Wurzel in der Ablautstufe des Präsens Plural, die – wie gesagt – urspünglich die Präteritum-Plural-Form war:

ih darf – wir durfun: ih *durf+ta > dorfta (mit Senkung des *u* zu *o*; zu dieser Senkung sieh Kapitel III.2.a).

Die Ablautreihen der althochdeutschen Präterito-Präsentien

Da die Präterito-Präsentien in ihren Präsensformen die ehemaligen Präteritumsformen starker Verben bewahren, lassen sie sich den Ablautreihen zuordnen. Dabei zeigen sich allerdings an einzelnen Stellen Abweichungen vom Normalverhalten der starken Verben. Die Formen werden in folgender Reihenfolge gegeben: Infinitiv, 1. und 3. Person Singular Indikativ Präsens, 2. Person Singular Indikativ Präsens, 1. und 3. Person Plural Indikativ Präsens, 1. und 3. Person Singular Indikativ Präteritum. Die Infinitivform ist von der Präsens-Plural-Form gebildet und hat deren Wurzelvokal, der nicht mit dem Infinitiv der starken Verben, sondern mit ihrer Präteritum-Plural-Form übereinstimmt.

Reihe Ia:	*wizzan*	*weiz*	*weist*	*wizzun*	*wissa*	'wissen, kennen'
	–	–	–	*eigun*	–	'haben'

Das Verb *wizzan* entspricht mit dem Vokalwechsel *ei – i* ganz der Reihe Ia. Zum Präteritum *wissa* gibt es Nebenformen mit *e* statt *i*, so zum Beispiel Tatian 87,3 *uuessīs*, und mit *st* statt *ss*, so zum Beispiel Tatian 12,7 *uuestut* (statt *wissut*). Von dem Verb *eigan* ist nur der Plural Indikativ Präsens belegt, der aber den Vokal des Singulars hat, nämlich *ei* anstelle von *i*.

Reihe IIa:	–	*toug*	–	*tugun*	*tohta*	'taugen'

Das im Althochdeutschen nicht vollständig belegte Verb hat den Vokalismus von Reihe IIa.

Reihe IIIa:	*unnan*	*an*	–	*unnun*	*onda*	'gönnen'
	kunnan	*kan*	*kanst*	*kunnun*	*konda*	'können'

Die Vokale *a – u* entsprechen Reihe IIIa. Der doppelte Nasal beider Verben wird im Auslaut vereinfacht.

Reihe IIIb: *durfan*   *darf*   *darft*   *durfun*   *dorfta*   'bedürfen, brauchen'
             –   *gitar* *gitarst* *giturrun* *gitorsta* 'wagen'

Das Verb *durfan* entspricht mit den Vokalen *a – u* ganz der Reihe IIIb und hat das entsprechende Kennzeichen Liquid + Konsonant (*r + f*). Das Verb *giturrun* hat Liquid + Liquid (*r + r*) und gehört deshalb in diese Reihe. Im Singular *gitar* ist *rr* im Auslaut zu *r* vereinfacht. *rr* geht in diesem Verb auf germ. *rs* zurück, das in den Formen *gitarst*, *gitorsta* unter besonderen Bedingungen bewahrt erscheint.

Reihe IV: *sculan*   *scal*   *scalt*   *sculun*   *scolta*   'sollen'
           –   *ginah* –   –   –   'im Überfluss haben'

Das Verb *sculan* hat einfachen wurzelschließenden Liquid und gehört deshalb in Reihe IV, der auch der Singularvokal *a* entspricht. Der Plural zeigt mit dem Vokal *u* eine Abweichung von den starken Verben dieser Reihe (vergleiche *stelan – stal – stālun*). *ginah* wird mit den starken Verben vom Typ *sprah* usw. verglichen und daher auch in Reihe IV gestellt. Es ist nur in der Singularform belegt.

Reihe V: *magan/*   *mag*   *maht*   *magun/*   *mahta/*   'können'
           mugan   *mugun*   *mohta*

Das Verb erscheint im Plural des Präsens in zwei verschiedenen Formen, denen auch zwei verschiedene Infinitive und Präteritumsformen entsprechen. Dem Vokalismus von Reihe V entsprechen beide Formen nicht. Nur der Singular *mag* passt zu den starken Verben vom Typ *geban – gab*. Das Verb gehört wegen des wurzelschließenden Konsonanten, der nicht Nasal oder Liquid ist, in die V. Ablautreihe.

Reihe VI: –   *muoz*   *muost*   *muozun*   *muosa*   'können, dürfen'

Der Diphthong *uo* dieses Verbs entspricht dem *uo* von Reihe VI.

Die Flexionsformen der Präterito-Präsentien im Präsens

Die Präsensformen der Präterito-Präsentien stimmen der Definition der Verbgruppe gemäß mit den Präteritumsformen der starken Verben überein. Deshalb zeigen die 1. und 3. Person Singular Indikativ Ø-Endung: *ih darf, er darf*. Die Pluralformen zeigen je nach Ablautreihe gegenüber dem Singular Ablaut. Die charakteristischen Endungen lauten wie bei den starken Verben -*un*, -*ut*, -*un*: *wir durfun, ir durfut, sie durfun*. Die Form der 2. Person Singular weicht von der der starken Verben ab. Sie hat den Ablautvokal des Singulars und die alte Personalendung -*t*, nicht -*i*: *dū darft* gegenüber *dū wurfi*. Vor dem -*t* dieser Endung erscheint der wurzelschließende Konsonant *g* von *mag* durch primären Berührungseffekt (sieh Kapitel III.1.b) als *h*: *dū maht*. In der Form *dū gitarst* ist der ursprüngliche Auslaut *rs* des Grundmorphems erhalten geblieben, der in anderen Formen zu *rr* entwickelt wurde (*wir giturrun*). In den Formen *dū weist* und *dū muost* hat sich *s* lautgesetzlich durch primären

Berührungseffekt entwickelt. Hier ist *t* sekundär wieder angetreten. Analog zu diesen *s*-haltigen Formen ist bei *dū kanst* das *s* eingefügt worden.

Die Konjunktivformen entsprechen den Konjunktivformen der starken Verben im Präteritum. Sie haben also den Ablautvokal des Indikativ Plural, und sie zeigen durchgehend den Endungsvokal *ī*, der im Auslaut zu *i* verkürzt ist, also *ih durfi, dū durfīs* usw.

Die Flexionsformen der Präterito-Präsentien im Präteritum

Die Präteritumsformen der Präterito-Präsentien sind – was ihre Endungen angeht – regelmäßig schwach gebildet. Die schwache Endung tritt an das Grundmorphem in der Ablautstufe des Plural Präsens an. Auf das charakteristische Dentalsuffix *-t-* folgen also im Indikativ die Endungen *-a, -ōs, -a, -un, -ut, -un*, also *ih dorf-t-a, dū dorf-t-ōs* usw., im Konjunktiv die Endungen *-i, -īs* usw. Das Antreten der schwachen Präteritumsendung hat allerdings bei allen Präterito-Präsentien bestimmte Abweichungen in den Formen verursacht, die im Einzelnen erklärt werden müssen.

Wo das Grundmorphem im Plural Präsens und demnach im Infinitiv den Vokal *u* enthält, erscheint im schwachen Präteritum der Vokal *o*. Zu dieser Senkung sieh Kapitel III.2.a).

tugun   tohta
kunnun konda   *unnun   onda*
durfun dorfta *giturrun gitorsta*
sculun scolta
mugun   mohta

Nach Nasal erscheint das Dentalsuffix nicht als *t*, sondern als *d*:

onda
konda

In einigen Formen ist der Konsonant im Auslaut des Grundmorphems in der Präteritumsform verändert. Die Veränderung hat zum Teil auch das Dentalsuffix selbst erfasst. Anders als bei den schwachen Verben ist das Dentalsuffix ohne einen Bindevokal unmittelbar an das Grundmorphem des Präterito-Präsens angetreten. Dadurch ist hier der primäre Berührungseffekt erfolgt (sieh dazu Kapitel III.1.b):

Velar + Dental > *-ht-*   Dental + Dental > *-ss-*
tohta   *wissa*
mahta, mohta   *muosa* (mit Vereinfachung des *ss*
                               zu *s* nach Diphthong)

Zur Bedeutung der Präterito-Präsentien

Die Präterito-Präsentien sind wegen ihrer Bedeutung und wegen ihres häufigen Vorkommens in den Texten wichtig. Deshalb muss man sich besonders die Fälle einprägen, in denen die heutige Bedeutung der entsprechenden Verben stark von der Bedeutung im Althochdeutschen abweicht. Das ist vor allem bei *darf* 'ich bedarf, brauche' und bei *muoz* 'ich kann, darf' der Fall. Zur Bedeutung und Verwendung der Präterito-Präsentien sieh auch Kapitel II.1.c).

☞ **Übungsaufgabe**

Bestimmen Sie die Präterito-Präsentien im Text 'Christus und die Samariterin'!

Musterlösung (Vers 1-21):
1. *vuizzun* (Vers 3) : 1. Pers. Plur. Ind. Präs. des Präterito-Präsens *wizzan*, Ablautreihe Ia.
2. *vuizze* (Vers 15) : 3. Pers. Sing. Konj. Präs. des Präterito-Präsens *wizzan*, Ablautreihe Ia.
3. *vuissīs* (Vers 17) : 2. Pers. Sing. Konj. Prät. des Präterito-Präsens *wizzan*, Ablautreihe Ia.
4. *unnen* (Vers 21): Infinitiv des Präterito-Präsens *unnan*, Ablautreihe IIIa.

d) Besondere Verben

(→ Übersichten: Kapitel VII, Nr. 6–9)

Neben den starken und schwachen Verben und der Sondergruppe der Präterito-Präsentien existiert im Althochdeutschen eine kleine Gruppe besonderer Verben, die unregelmäßige Flexionsformen besitzen. Dennoch bieten sie bei der Analyse althochdeutscher Texte keine großen Probleme. Eine Form wie *ist* lautet im Neuhochdeutschen noch genauso, und die Form *sint* ist relativ leicht mit nhd. *sind* zu identifizieren. Andere Formen zeigen wenigstens teilweise Übereinstimmungen mit regelmäßigen Formen, zum Beispiel ist die Form (*sie*) *tuont* an der Endung *-nt* als 3. Person Plural Indikativ Präsens erkennbar, die Form (*dū*) *tāti* an der Endung *-i* als 2. Person Singular Indikativ Präteritum usw.

Zu den besonderen Verben rechnet man die Verben *sīn* 'sein', *tuon* 'tun', *wellen* 'wollen' und *gān* 'gehen'. Die Übersichten Nr. 6–9 in Kapitel VII enthalten die entsprechenden Formen. Das Verb *sīn* erscheint nur mit Präsensformen, da als Präteritum wie in der Gegenwartssprache die entsprechenden Formen des starken Verbs *wesan* verwendet werden. Ebenso wird die verkürzte Form *gān* nur im Präsens verwendet. Als Präteritum dient die zum starken Verb *gangan* gehörige Form *gieng*. Nach dem Muster von *gān* geht auch *stān* (mit dem Präteritum *stuont*); zu beiden gibt es Nebenformen mit *ē*: *gēn*, *stēn*. Zu *wellen* gehört ein regelmäßig flektierendes schwaches Präteritum *wolta*.

Unter sprachhistorischem Aspekt bilden die besonderen Verben eine hochinteressante Gruppe. Sie bewahren Reste älterer Flexionsverhältnisse und sind auch etymologisch aufschlussreich. Darauf kann in einer einführenden Darstellung nicht eingegangen werden. Es sei aber doch auf den besonderen sprachhistorischen Aussagewert der Form *ist* (zu *sīn*) hingewiesen, die bis ins Neuhochdeutsche eine deutliche Übereinstimmung mit sehr alten Formen anderer indogermanischer Sprachen bewahrt hat: altindisch *astí*, griechisch *estí*, lateinisch *est*, altslavisch *jestъ*, gotisch *ist*; sieh dazu Kapitel IV.1.

2. Die Nomina

a) Substantive

(→ Übersicht: Kapitel VII, Nr. 10)

Allgemeines

Die althochdeutschen Substantive werden, wie im Neuhochdeutschen, nach den drei Kategorien Genus, Kasus und Numerus flektiert. Es gibt drei Genera (Maskulinum, Neutrum, Femininum), vier Kasus[7] (Nominativ, Genitiv, Dativ und Akkusativ; ein weiterer Kasus, der Instrumental, ist im Althochdeutschen nur in Resten vorhanden) und zwei Numeri (Singular und Plural). Die Substantivflexion (auch Deklination genannt) wird in Klassen eingeteilt, in denen die verschiedenen Genera vertreten sind und die sich durch bestimmte Merkmale unterscheiden. Die genaue Einteilung der Klassen geht auf voralthochdeutsche Verhältnisse zurück.

Die germanischen Stammbildungselemente als Grundlage der althochdeutschen Einteilung der Substantivflexion

Die althochdeutsche Einteilung der Substantivflexion beruht auf germanischen Flexionsverhältnissen, wie sie am Gotischen deutlich beobachtbar sind. Jede flektierte Form eines Substantivs bestand aus drei Elementen, die in der Gegenüberstellung gleicher Flexionsformen erkennbar werden:

Gen. Sing.	Mask.	*han*	*-in*	*-s*	'des Hahnes'
	Neutr.	*hairt*	*-in*	*-s*	'des Herzens'
	Fem.	*tugg*	*-ōn*	*-s*	'der Zunge'
	Fem.	*gib*	*-ō*	*-s*	'der Gabe'
Akk. Plur.	Mask.	*dag*	*-a*	*-ns*	'die Tage'
		gast	*-i*	*-ns*	'die Gäste'
		sun	*-u*	*-ns*	'die Söhne'

An erster Stelle steht in den Beispielen jeweils die Wurzel, das die lexikalische Bedeutung tragende Grundmorphem, zum Beispiel *dag-*. Dieselbe Wurzel *dag-* kann in verschiedenen Wörtern auftreten; im Althochdeutschen steht neben dem Substantiv *tag* zum Beispiel ein schwaches Verb *tagēn* 'Tag werden'.

An letzter Stelle der gotischen Beispiele steht die Flexionsendung: *-s* für den Genitiv Singular, *-ns* für den Akkusativ Plural.

---

7 Als Pluralform mit langem *u* gesprochen.

Zwischen Wurzel und Flexionselement steht jeweils ein wortbildendes Element, das in zahlreichen weiteren Wörtern vorkommt und so klassenbildend wirkt: *dag-a-ns*, *stain-a-ns*, *wulf-a-ns*.

Das an die Wurzel antretende Element heißt Stammbildungselement; die Kombination aus Wurzel und Stammbildungselement wird Stamm genannt. Das germanische Stammbildungselement *a* bildet Substantive mit maskulinem und neutralem Genus, die als *a*-Stämme bezeichnet werden. Schematisch lässt sich die morphologische Struktur von *dagans* wie folgt darstellen:

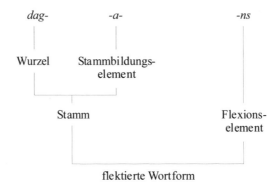

Für die germanische Sprachstufe sind nach den verschiedenen Stammbildungselementen verschiedene Klassen der Substantivflexion zu unterscheiden. Die Stammbildungselemente kennzeichnen dabei die verschiedenen Klassen:

1. *n*-Stämme: Man vergleiche zum Beispiel die gotischen Formen Gen. Sing. *han-in-s*, *hairt-in-s*, *tugg-ōn-s*. Von *n*-Stämmen kann deshalb gesprochen werden, weil das Stammbildungselement auf *n* ausgeht. Die Klasse der *n*-Stämme wird auch als schwache Deklination bezeichnet.
2. *ō*-Stämme: z.B. gotisch Gen. Sing. *gib-* *ō-s*
3. *a*-Stämme: z.B. gotisch Akk. Plur. *dag-* *a-ns*
4. *i*-Stämme: z.B. gotisch Akk. Plur. *gast-* *i-ns*
5. *u*-Stämme: z.B. gotisch Akk. Plur. *sun-* *u-ns*

Die Klassen der *ō*-, *a*-, *i*- und *u*-Stämme gehören der so genannten starken Deklination an.

Daneben gibt es noch eine Gruppe von Substantiven, die das Flexionselement gleich an die Wurzel anschließt, das heißt, die kein Stammbildungselement aufweist. Diese Substantive heißen daher auch Wurzelnomina, zum Beispiel got. Gen. Sing. Mask. *mans*:

    man   -Ø-   *s*
    Wurzel   Flexionselement

Die althochdeutsche Substantivflexion wird nach den verschiedenen oben genannten Klassen eingeteilt.

Veränderungen zum Althochdeutschen

Die germanischen Stammbildungsverhältnisse sind in den althochdeutschen Formen nur noch teilweise erkennbar, da verschiedene lautliche Veränderungen eingetreten sind. Dies ist zum Teil auch schon im Gotischen zu beobachten. Eine Hauptursache ist der Anfangsakzent im Germanischen: Im Indogermanischen konnte der Wortakzent auf den verschiedensten Silben eines Wortes liegen, wie lateinische Beispiele verdeutlichen können: *ámo* 'ich liebe' – *amavísti* 'du hast geliebt'.

Im ältesten Germanischen war der freie Wortakzent zunächst noch erhalten, dann legte sich dieser ursprünglich freie Wortakzent auf den Wortanfang, das heißt in den meisten Fällen auf die Wurzelsilbe, fest. Dieser Anfangsakzent des Germanischen ist Ursache für Abschwächung und Abbau der Endsilben. Bei den Substantiven sind also die Elemente betroffen, die Stammbildung und Flexion kennzeichnen, wie etwa in folgenden Beispielen:

- Der germanische Nominativ Singular **dag-a-z* verliert zunächst das *a* (Stammbildungselement): vgl. got. *dags*. Im Althochdeutschen ist die gesamte Endung *-az* geschwunden: ahd. *tag*. Diese althochdeutsche Form enthält im Vergleich zu den früheren Formen, das heißt unter diachronem Aspekt, kein Stammbildungselement und kein Flexionselement mehr. Unter synchronem Aspekt, das heißt auf der Ebene der Gleichzeitigkeit, zeigt *tag* Nullendung (= Ø-Endung).
- Gegenüber dem gotischen Akkusativ Plural *dagans* gehen im Althochdeutschen die Elemente *-n* und *-s* verloren, sodass die Form ahd. *taga* lautet. Unter diachronem Aspekt ist *-a* der Rest von Stammbildungselement und Flexionselement; unter synchronem Aspekt ist *-a* aber nunmehr Flexionsendung.

Trotz dieser Umgestaltung der einzelnen Flexionsformen ist die Zugehörigkeit zu den germanischen Flexionsklassen noch an vielen Stellen des Flexionssystems erkennbar. Die *n*-Stämme haben in den meisten Kasus noch das *n* des Stammbildungselements: zum Beispiel Genitiv Singular ahd. *hanen, herzen, zungūn*. Die *i*-Stämme zeigen das Stammbildungselement noch im Plural der beiden in dieser Klasse vertretenen Genera Maskulinum und Femininum (z.B. Nominativ Plural ahd. *gesti* 'die Gäste', *krefti* 'die Kräfte') und im Genitiv und Dativ Singular Femininum (z.B. ahd. *krefti*).

Die Hauptklassen der althochdeutschen Substantivflexion

Folgende vier Klassen bilden die Hauptklassen der althochdeutschen Substantivflexion, man vergleiche die Überblickstabelle Kapitel VII, Nr. 10.

1. Klasse: *n*-Stämme   (auch schwache Deklination genannt)
2. Klasse: *ō*-Stämme ⎫
3. Klasse: *a*-Stämme ⎬ (auch starke Deklination genannt)
4. Klasse: *i*-Stämme ⎭

Im Einzelnen lassen sich die Klassen wie folgt charakterisieren, wobei die Reihenfolge der Erläuterungen der verschiedenen Klassen ihrem Erkennbarkeitsgrad entspricht:

a) Die *n*-Stämme

		Maskulinum		Neutrum		Femininum	
Sing.	Nom.	*der*	*boto*	*daz*	*herza*	*diu*	*zunga*
	Gen.	*des*	*boten*	*des*	*herzen*	*dera*	*zungūn*
	Dat.	*demo*	*boten*	*demo*	*herzen*	*deru*	*zungūn*
	Akk.	*den*	*boton*	*daz*	*herza*	*dia*	*zungūn*
Plur.	Nom.	*dia*	*boton*	*diu*	*herzun*	*dio*	*zungūn*
	Gen.	*dero*	*botōno*	*dero*	*herzōno*	*dero*	*zungōno*
	Dat.	*dēm*	*botōm*	*dēm*	*herzōm*	*dēm*	*zungōm*
	Akk.	*dia*	*boton*	*diu*	*herzun*	*dio*	*zungūn*

Die Klasse der *n*-Stämme enthält alle drei Genera. Die Maskulina und Feminina sind relativ zahlreich vertreten. Die Neutra können insofern leicht von den Maskulina unterschieden werden, als es nur wenige von ihnen gibt: *daz herza, ouga, ōra, wanga* und (nur im Plural) *diu hīwun* 'die Ehegatten'.

Die Klasse ist durch die Endung *-n* leicht erkennbar, die außer im Nominativ Singular aller Genera und im Akkusativ Singular Neutrum vorhanden ist. Im Dativ Plural wird die Endung *-m* allmählich aufgegeben, sodass hier ebenfalls eine Endung auf *-n* vorliegt, z.B. *botōn, herzōn, zungōn*. In einigen Kasus unterscheiden sich auch die Genera. Die Endung *-ūn* ist für das Femininum charakteristisch.

In bestimmten Kasus sind vokalische Varianten in den Endungen vorhanden: Der Genitiv Singular Maskulinum und Neutrum zeigt neben der Endung *-en* auch die Endung *-in*; im Akkusativ Singular und Nominativ und Akkusativ Plural Maskulinum erscheint neben *-on* auch eine Variante mit *-un*; im Nominativ und Akkusativ Plural Neutrum kann neben *-un* auch eine (ältere) Variante mit *-on* stehen.

b) Die *i*-Stämme

		Maskulinum		Femininum	
Sing.	Nom.	der	gast	diu	kraft
	Gen.	des	gastes	dera	krefti
	Dat.	demo	gaste	deru	krefti
	Akk.	den	gast	dia	kraft
Plur.	Nom.	dia	gesti	dio	krefti
	Gen.	dero	gestio	dero	kreftio
	Dat.	dēm	gestim	dēm	kreftim
	Akk.	dia	gesti	dio	krefti

Die Klasse der *i*-Stämme enthält Maskulina und Feminina. Charakteristisch ist, dass das Stammbildungselement -*i*- im Plural beider Genera erhalten ist und im Genitiv und Dativ Plural des Femininums sogar noch von der Kasusendung getrennt werden kann. Diejenigen *i*-Stämme, deren Wurzelvokal kurzes *a* ist, sind überall, wo *i* in der Endung steht, am Umlaut des *a* zu *e* erkennbar, also im Plural beider Genera und im Genitiv und Dativ Singular Femininum.

Im Genitiv und Dativ Plural beider Genera sind ferner Endungsvarianten zu verzeichnen: *dero gestio, -eo, -o; dēm gestim, -in, -en; dero kreftio, -eo, -o; dēm kreftim, -in, -en*.

c) Die *a*-Stämme

		Maskulinum		Neutrum	
Sing.	Nom.	der	tag	daz	wort
	Gen.	des	tages	des	wortes
	Dat.	demo	tage	demo	worte
	Akk.	den	tag	daz	wort
Plur.	Nom.	dia	taga	diu	wort
	Gen.	dero	tago	dero	worto
	Dat.	dēm	tagum	dēm	wortum
	Akk.	dia	taga	diu	wort

In dieser Klasse sind Maskulina und Neutra enthalten. Kennzeichnend für die Neutra ist die Nullendung im Nominativ und Akkusativ Singular und Plural, was hier eine Unterscheidung von den *n*-Stämmen erlaubt. Die Maskulina unterscheiden sich nur im Plural von den *i*-Stämmen, ansonsten sind sie mit ihnen identisch.

Auch hier sind Endungsvarianten möglich: Am häufigsten begegnen Varianten im Dativ Plural beider Genera, wo neben der Endung *-um* auch die Varianten *-om*, *-un* bzw. *-on* begegnen.

d) Die ō-Stämme

Femininum

Sing.	Nom.	*diu*	*geba*
	Gen.	*dera*	*geba*
	Dat.	*deru*	*gebu*
	Akk.	*dia*	*geba*
Plur.	Nom.	*dio*	*gebā*
	Gen.	*dero*	*gebōno*
	Dat.	*dēm*	*gebōm*
	Akk.	*dio*	*gebā*

Nur Feminina sind in dieser Klasse vertreten. Ihr gehören Feminina an, die nicht als *n*- oder *i*-Stämme erkennbar sind. Dabei ist eine Unterscheidungsmöglichkeit von den *n*-Stämmen nur in einem Teil der Kasus gegeben; in einigen Kasus stimmen die Endungen jedoch überein (z.B. im Nominativ Singular *diu zunga* / *diu geba*; Genitiv Plural *dero zungōno* / *dero gebōno*).

Als Endungsvarianten begegnen im Dativ Singular *-o* statt *-u*, ferner können diese Dativendungen auch im Genitiv Singular vorkommen.

Bei den *a*- und *ō*-Stämmen sind die Stammbildungselemente nicht mehr direkt erkennbar, da hier vor allem vokalische Veränderungen in den Endungen eingetreten sind. Entsprechend ist auch die Erkennbarkeit der Zugehörigkeit zu diesen Flexionsklassen erschwert; sie kann oft nur durch Kombination positiver und negativer Merkmale im Vergleich zu den anderen Klassen erfolgen, und gegebenenfalls auch unter Heranziehung des Kontextes, in dem das Substantiv verwendet wird: Ein am Pronomen oder an der Nullendung im Nominativ oder Akkusativ Plural als Neutrum erkennbares Substantiv (z.B. *diu wort* bzw. Tatian 12,9: *allu thisu uuort*) kann nur zu der *a*-Flexion (3. Klasse) gehören (*daz wort*).

Bei allen drei starken Klassen ist ebenfalls die Veränderung der Endung *-m* zu *-n* im Dativ Plural beobachtbar, zum Beispiel *tagun* (Tatian 12,2) statt *tagum*.

Beispiele für die Bestimmung althochdeutscher Substantive

Die Aufgabe der Bestimmung von Wortformen geschieht in der Regel anhand von Wörtern in Texten. Die Substantive sind, wie oben geschildert, nur noch teilweise durch unmittelbar erkennbare Merkmale in die verschiedenen Flexionsklassen einzuordnen. Hier hilft der jeweilige Kontext bei der Bestimmung weiter, wie etwa Kasus und Numerus des begleitenden Artikels oder die syntaktischen Gegebenheiten (Frage nach dem Subjekt, nach geforderten Ergänzungen usw.).

Zur genauen Bestimmung eines Substantivs gehört die Angabe von Kasus, Numerus, Genus und Flexionsklasse. Mit der Kenntnis der Flexionsklasse lässt sich der Nominativ Singular ermitteln, unter dem das Wort im Wörterbuch nachzuschlagen ist. Nach diesem Verfahren lassen sich beispielsweise die Substantive aus dem ersten Tatian-Abschnitt (12,1) bestimmen.

☞ **Übungsaufgabe**

Bestimmen Sie die Substantive im Textabschnitt Tatian 12,1!

Musterlösung:
1. *Ther kneht*: Im Zusammenhang mit dem begleitenden bestimmten Artikel *ther* lässt sich *kneht* als Nom. Sing. Mask. erkennen. Bestimmung der Flexionsklasse: Eine Zuordnung in die schwache Klasse (*n*-Stämme) scheidet aus, denn die Endung im Nom. Sing. geht nicht wie *boto* auf *-o* aus. Es handelt sich also um ein starkes Substantiv. Es kann der *a*- oder *i*-Klasse angehören, da die Singularformen dieser beiden Deklinationen im Maskulinum übereinstimmen. Eine weitere Spezifizierung ist anhand der vorliegenden Kriterien hier nicht möglich und auch nicht notwendig.
2. *spāhidu*: Die Endung *-u* ist nur im Dat. Sing. der starken Feminina der *ō*-Klasse belegt. Der Nom. Sing. lautet also *spāhida*.
3. *gotes*: Die Endung *-es* deutet auf Gen. Sing. Mask. oder Neutr. eines starken Substantivs hin. Der Nom. Sing. muss folglich *got* heißen. Das Nachschlagen im Wörterbuch hilft bei der Festlegung des Genus: Hier wird *got* als starkes Maskulinum angegeben. Da das Wort im Singular steht, kann nicht entschieden werden, ob es zur *a*- oder *i*-Klasse gehört.
4. *geba*: Anhand des Kontextes kann geschlossen werden, dass *geba* im Nom. Sing. steht (Subjekt zu *uuas*). Entsprechende Nominativformen gibt es bei den schwachen Neutra und Feminina sowie bei den Feminina der *ō*-Klasse. Das Nachschlagen im Wörterbuch ergibt die Festlegung als starkes Femininum, also *ō*-Klasse.
5. *eldiron*: Die Endung *-on* kommt im Akk. Sing. Mask. sowie im Nom. und Akk. Plur. Mask. der *n*-Klasse vor. Eventuell kämen auch noch die entsprechenden abgeschwächten Formen der Dativ-Plural-Endung *-ōm* (alle Genera der *n*-Klasse und Feminina der *ō*-Klasse) in Betracht. Der Kontext deutet jedoch auf einen Nominativ Plural hin (Subjekt zu *fuorun*), es handelt sich also um ein schwaches Substantiv. Das Wort ist insofern eine Besonderheit, als es nur im Plural vorkommt, man vergleiche auch nhd. *die Eltern*. Entsprechend steht es auch im althochdeutschen Wörterbuch als Nom. Plur. Mask. unter der Form *eltiron*. (Zur alphabetischen Einordnung der Form *eldiron* im 'Althochdeutschen Wörterbuch' von R. Schützeichel sieh unter Kapitel V.2.b).
6. *tage*: Die Endung *-e* deutet auf einen Dat. Sing. eines starken Mask. oder Neutr. hin; der Nom. Sing. lautet *tag*. Im Wörterbuch wird das Wort als starkes Maskulinum bestimmt; im Singular kann keine weitere Bestimmung zur genauen

Klassenzugehörigkeit (*a*- oder *i*-Stamm) gemacht werden. Als Musterwort der Tabelle erweist sich jedoch *tag* als zur *a*-Klasse gehörend.

7. *ōstrōno*: Die Endung -*ōno* deutet auf Gen. Plur. aller Genera der *n*-Klasse sowie Gen. Plur. der Feminina der *ō*-Klasse hin. Hier handelt es sich ebenfalls um ein Wort, das nur pluralisch belegt ist. Im Wörterbuch findet es sich unter der Form *ōstrūn* mit der Angabe eines schwachen Femininums. Die Bestimmung lautet also: Gen. Plur. eines schwachen Femininums (*n*-Klasse).

Die meisten Substantive des Textanhanges (Kapitel VI) lassen sich in ähnlicher Vorgehensweise bestimmen. Einige Substantive sind jedoch nicht den vier Hauptklassen zuzuordnen; sie gehören Unterklassen und Sonderfällen der Substantivflexion an.

☞ **Übungsaufgabe**

Versuchen Sie, die Substantive in Tatian 87,1-5 zu bestimmen! Notieren Sie sich die Formen, die nicht in die vier Hauptklassen eingeordnet werden können!

Unterklassen und Sonderfälle

Im Textabschnitt Tatian 87,3 fallen bei der Bestimmung der Substantive die Formen *thiu fuzze* und *den phuzi* auf: Sie können mit der oben vorgeführten Klassifizierung nicht weiter bestimmt werden. *den phuzi* ist aufgrund des Artikels als Akkusativ Singular Maskulinum zu bestimmen. Ein Akkusativ Singular Maskulinum auf -*i* kommt weder in der *n*- noch in der *a*- oder *i*-Klasse vor. Die Form lässt sich in eine Unterklasse der *a*-Flexion einordnen. *thiu fuzze* lässt sich aufgrund des Kontextes (Artikelform; Subjekt zu *ist*) ebenfalls näher bestimmen: Die Form steht im Nominativ Singular Femininum. Auch hier findet sich keine entsprechende Endung bei den Hauptklassen; *fuzze* gehört einer Unterklasse der *ō*-Stämme an. Diese und andere Unterklassen lassen sich wie die Hauptklassen am einfachsten im Blick auf das Germanische beschreiben.

a) Unterklassen der *a*- und *ō*-Stämme

Die vokalischen Stammbildungselemente *a* und *ō* traten im Germanischen auch in den Varianten *ja*, *wa* und *jō*, *wō* auf. Im Germanischen handelte es sich lediglich um Varianten des Stammbildungselementes. Im Althochdeutschen bewirken diese Erweiterungen verschiedene Abweichungen in der Entwicklung der Endsilben und so auch der Endungen.

Ein Überblick über die Flexion der *wa*-/*wō*-Stämme vermittelt folgende Tabelle anhand der Musterwörter der *sēo* 'der See', *daz horo* 'der Schmutz', *diu brāwa* 'die Augenbraue':

Die Nomina

		Unterklasse der *a*-Stämme: *wa*-Stämme				Unterklasse der *ō*-Stämme: *wō*-Stämme	
		Maskulinum		Neutrum		Femininum	
Sing.	Nom.	der	*sēo*	daz	*horo*	diu	*brāwa*
	Gen.	des	*sēwes*	des	*horwes*	dera	*brāwa*
	Dat.	demo	*sēwe*	demo	*horwe*	deru	*brāwu*
	Akk.	den	*sēo*	daz	*horo*	dia	*brāwa*
Plur.	Nom.	dia	*sēwa*	diu	*horo*	dio	*brāwā*
	Gen.	dero	*sēwo*	dero	*horwo*	dero	*brāwōno*
	Dat.	dēm	*sēwum*	dēm	*horwum*	dēm	*brāwōm*
	Akk.	dia	*sēwa*	diu	*horo*	dio	*brāwā*

Die *wa*-Stämme zeigen in allen Kasus vor der Endung der *a*-Stämme das *w*, zum Beispiel *sē-w-es*; im Nominativ Singular hat sich im Auslaut das *w* zu *o* entwickelt: *der sēo*. Die *wō*-Stämme sind von den *ō*-Stämmen nur durch das in allen Kasus auftretende *w* vor der Endung unterschieden, zum Beispiel *diu brā-w-a*.

Die *ja*- und *jō*-Stämme zeigen ebenfalls vielfach dieselben Endungen wie die *a*- bzw. *ō*-Stämme, wie folgende Tabelle verdeutlicht:

		Unterklasse der *a*-Stämme: *ja*-Stämme				Unterklasse der *ō*-Stämme: *jō*-Stämme	
		Maskulinum		Neutrum		Femininum	
Sing.	Nom.	der	*hirti*	daz	*kunni*	diu	*sunt(i)a*
	Gen.	des	*hirtes*	des	*kunnes*	dera	*sunt(i)a*
	Dat.	demo	*hirte*	demo	*kunn(i)e*	deru	*sunt(i)u*
	Akk.	den	*hirti*	daz	*kunni*	dia	*sunt(i)a*
Plur.	Nom.	dia	*hirta*	diu	*kunni*	dio	*sunt(i)ā*
	Gen.	dero	*hirt(i)o*	dero	*kunn(i)o*	dero	*suntōno*
	Dat.	dēm	*hirtim/ -um*	dēm	*kunnim/ -um*	dēm	*suntōm*
	Akk.	dia	*hirta*	diu	*kunni*	dio	*sunt(i)ā*

Ein grundsätzlicher Unterschied besteht lediglich bei den *ja*-Stämmen im Nominativ und Akkusativ Singular Maskulinum und im Nominativ und Akkusativ Singular und Plural Neutrum. Hier steht immer ein *i* als Rest des Stammbildungselements *ja*: *der hirt-i* ('der Hirte'), *der phuz-i* ('der Brunnen') gegenüber *der tag*, sowie *daz kunn-i* ('das Geschlecht') gegenüber *daz wort*. In anderen Kasus kann das *i* darüber hinaus zusätzlich in der Endung auftreten (z.B. *hirto* oder *hirtio*, *kunne* oder *kunnie*). Die *jō*-Stämme zeigen gegenüber den *ō*-Stämmen praktisch keine Unterschiede; es kann allerdings auch hier ein *i* oder *e* als Rest des *j* vor dem Endungsvokal auftreten (*diu sunta* oder *suntia* oder *suntea*) oder das *a* als *e* erscheinen: *thiu fuzze* ('der Brunnen').

Viele maskuline *ja*-Stämme sind Substantive auf *-āri*, die von Verben oder Substantiven abgeleitet sind und handelnde Personen bezeichnen. Man nennt solche Ableitungen Nomina agentis, zum Beispiel *scrībāri* 'Schreiber' < st. Verb *scrīban*; *fiscāri* 'Fischer' < Subst. *fisc*. Im Textausschnitt Tatian 12,4 lässt sich etwa die Form *dēn lērārin* hier einordnen: Dat. Plur. des mask. *ja*-Stamms *der lērāri*, wobei das *m* der Dativ-Plural-Endung bei Artikel und Substantiv zu *n* verändert ist.

Die femininen *jō*-Stämme enthalten ihrerseits Substantive, die anhand des Suffixes *-in* feminine Substantive zu maskulinen Basen bilden (so genannte Movierungen oder Motionen), zum Beispiel *diu kuningin* zu dem maskulinen Substantiv *der kuning* 'der König'; der Genitiv Singular heißt dann *dera kuninginna*, usw.

b) Die *u*-Klasse
Die Form *fihu* (Tatian 87,3) ist aufgrund des Kontextes als Nominativ Singular zu bestimmen. Das Wort ist Rest einer anderen Flexion und muss im Althochdeutschen als Sonderfall angesehen werden. Neben den Stammbildungselementen *a*, *ō*, *i* gab es im Germanischen noch das Stammbildungselement *u* (sieh oben). Die damit gebildeten Substantive werden im Althochdeutschen meist nach der *i*-Klasse flektiert. In einigen wenigen Formen tritt im Althochdeutschen das *u* aber noch auf. Hierher gehören folgende Formen:

Maskulina	Neutra	Feminina
der sunu, fridu, situ	*daz fihu*	*hantum, -un*
Nom./Akk. Sing.	Nom./Akk. Sing.	Dat. Plur.
übrige Formen nach der *i*-Deklination	übrige Formen nach der *a*-Deklination	übrige Formen nach der *i*-Deklination

Neben *der sunu* im Nominativ Singular ist auch die endungslose Form *sun* belegt (vgl. Tatian 12,6). Der Dativ Plural *hantum* ist im Neuhochdeutschen noch in den Formen *zuhanden*, *vorhanden* usw. bewahrt; die Formen nach der *i*-Deklination weisen bei vorhandenem *i* in der Endung Umlaut auf: man vergleiche *diu hant – dio henti*.

c) Verwandtschaftsbezeichnungen auf -er

unsaremo fater (Tatian 87,3) ist Dativ Singular Maskulinum. Das Substantiv *fater* gehört zu einer Gruppe von Verwandtschaftsbezeichnungen auf *-er* (*fater, bruoder, muoter, tohter, swester*), die im Germanischen noch eine eigene Flexionsklasse bildeten. An dem Dativ *fater* wird das Kennzeichen dieser Klasse deutlich, nämlich die im ganzen Singular durchgehende Form mit Ø-Endung (man vergleiche auch den Genitiv Singular *mīnes fater* in Tatian 12,7).

	Maskulina	Feminina
Singular	Einheitsformen: *fater, bruoder*. Daneben Gen. und Dat. nach der *a*-Deklination	Einheitsformen: *muoter, tohter, swester*
Plural	Nach der *a*-Deklination	Nom. und Akk. *muoter*. Später Übergang zur *ō*-Deklination

d) Feminina auf -īn

Eine Einheitsform im Singular zeigen auch die mit der Sonderform *-īn* des auf *-n* ausgehenden Stammbildungselements gebildeten Feminina vom Typ *thekkī* 'das Dach' (man vergleiche Tatian 15,4), Plural: *-ī, -īno, -īm, -ī*. Diese Substantive sind vielfach von Adjektiven abgeleitet wie zum Beispiel *hōhī* von *hōh*. Solche von Adjektiven abgeleiteten Substantive werden auch Adjektivabstrakta genannt.

e) Die Wurzelnomina

Die Pluralform *finf gomman* (Tatian 87,5) und *sīna man* (Christus und die Samariterin V.32) gehören zu den Nominativ-Singular-Formen *der man* bzw. *der gomman*. Das Wort *man* zeigt im gesamten Singular und im Nominativ und Akkusativ Plural die Form *man* neben Formen nach der *a*-Flexion im Singular. Das Wort *man* gehört zu der kleinen Gruppe von Wörtern, die im Germanischen kein Stammbildungselement hatten (sieh oben). So erklären sich auch die Genitiv- und Dativ-Singular-Formen *naht* (z.B. Tatian 148,3), *burg* bei den Feminina:

	Maskulina	Feminina
Singular	Einheitsform: *man* Gen. und Dat. auch nach der *a*-Deklination	Einheitsform: *naht* (Gen./Dat. Sing. teilweise auch nach der *i*-Deklination)
Plural	Nom. und Akk. *man* Gen. und Dat. nach der *a*-Deklination (also *manno, mannum*)	Nom. und Akk. *naht* Gen. *nahto* (z.B. Tatian 15,2) Dat. *nahtun*. Ferner auch nach der *i*-Deklination

f) Unterklasse der *a*-Stämme: Neutra mit *ir*-Plural

Die Form *sīniu smalenōzzer* (Christus und die Samariterin V.33) führt auf eine Unterklasse der Neutra, deren Kasusendungen mit denen der *a*-Stämme (*daz wort*) übereinstimmen, die aber zusätzlich ein besonderes Numeruskennzeichen -*er*- oder -*ir*- besitzen, das an den Pluralformen des Beispiels *daz lamb* sichtbar wird.

Sing.	Nom.	*daz*	*lamb-Ø*	Plur.	Nom.	*diu*	*lemb-ir-Ø*
	Gen.	*des*	*lamb-es*		Gen.	*dero*	*lemb-ir-o*
	Dat.	*demo*	*lamb-e*		Dat.	*dēm*	*lemb-ir-um*
	Akk.	*daz*	*lamb-Ø*		Akk.	*diu*	*lemb-ir-Ø*

Das Beispielwort zeigt ferner, dass, wenn die Wurzel des Wortes ein kurzes *a* enthält, dieses in den Pluralformen durch das *i* in -*ir*- umgelautet wird. Ebenso wie *lamb* flektieren *daz (h)rind, smalenōz* 'Schaf, Kleinvieh', *kalb* und *blat*.

b) Pronomen

(→ Übersichten: Kapitel VII, Nr. 11-17)

Das Personalpronomen der 1. und 2. Person

Zu den bei der Verbalflexion angegebenen Nominativformen *ih*, *dū*, *wir* und *ir* sind in Tatian 12,1-9 folgende Flexionsformen belegt:

Tatian 12,6: *thū, uns, ih, thih*
Tatian 12,7: *ir, mih, mir*

Das Personalpronomen der 1. und 2. Person ist im Deutschen ungeschlechtig, das heißt: Es ist nicht nach Genera differenziert. Die Flexionskategorien sind Kasus und Numerus.

Das Personalpronomen der 3. Person

Das Personalpronomen der 3. Person ist im Deutschen geschlechtig: Es wird unterschieden zwischen Maskulinum, Neutrum und Femininum. Im Althochdeutschen lautet der Nominativ Singular *er*, *iz*, *siu*.

In fränkischen Quellen tritt neben der Form *er* als Pronomen der 3. Person Nominativ Singular Maskulinum auch die Form *her* auf, so etwa in Tatian 12,2: *Inti mit thiu her uuard giuuortan zuelif iāro*.

Das Reflexivpronomen

Für die 1. und 2. Person werden im Deutschen die Formen des Personalpronomens auch als Reflexivpronomen verwendet. In der 3. Person steht im Neuhochdeutschen die Form *sich* für Dativ und Akkusativ des Singulars und Plurals in allen Genera. Im Althochdeutschen werden die Numeri und Genera unterschieden: z.B. Dat. Sing. Mask. *imu*, Dat. Sing. Fem. *iru*, Dat. Plur. aller Genera *im* bzw. *in*: *Oh fimf dumbo intfanganēn liohtfazzon ni nāmun oli mit in* '... nahmen kein Öl mit sich' (Tatian, 148,2).

Artikel und Demonstrativpronomen

Die bei der Substantivflexion angegebenen Artikelformen *der*, *daz*, *diu* usw. sind zugleich Demonstrativ- und Relativpronomen. Die Formen entsprechen in den Endungen weitgehend denen des Personalpronomens der 3. Person.

Als Nebenformen zu *der* (Nom. Sing. Mask.) erscheinen im Tatian auch die Formen *thie* (Tatian 15,3 *thie costāri*) und *thē* (Tatian 87,3 *thē dir quidit*).

Im Althochdeutschen existiert ferner noch eine Instrumentalform *diu*, die häufig in enger Verbindung mit Präpositionen als Konjunktion verwendet wird: *mit thiu* (Tatian 12,2) 'nachdem, als'.

Das Interrogativpronomen

Das Interrogativpronomen hat dieselben Endungen wie das Demonstrativpronomen. Es tritt wie im Neuhochdeutschen nur im Singular und da nur in den Formen des Maskulinums und des Neutrums auf. So etwa Tatian 12,7: *uuaz ist thaz ir mich suohtut?* Für das Femininum gelten die maskulinen Formen.

Im älteren Althochdeutschen ist meist noch das dem *w* vorausgehende *h* bewahrt: *hwer, hwaz* usw. Der Form *diu* beim Demonstrativpronomen entspricht die Instrumentalform *wiu*, die zum Beispiel in der Verschmelzung mit der Präposition *zi* als *ziu* 'warum' (Tatian 12,6) belegt ist.

Das zusammengesetzte Demonstrativpronomen

Neben dem einfachen Demonstrativpronomen *der, daz, diu*, das auch Artikelfunktion übernimmt, steht ein ursprünglich aus denselben Formen und einer Verstärkungspartikel *sa* zusammengesetztes Demonstrativpronomen, das im Neuhochdeutschen als *dieser* vorliegt. Im Althochdeutschen erscheinen zahlreiche Varianten, die auf Umgestaltungen der ursprünglichen Formen beruhen: so etwa *these steina* (Nom. Plur. Mask., Tatian 15,3), *thisu erdrīchu* (Akk. Plur. Neutr., Tatian 15,5) und *thiz vuazzer* (Akk. Sing. Neutr., Christus und die Samariterin, V.35).

Das Possessivpronomen

In den Tatianabschnitten sind folgende Stellen belegt, die im Neuhochdeutschen mit einem Possessivpronomen wiedergegeben werden:

1. Pers.	Sing.	(nhd. *mein*)	*mīnes fater* (12,7)
	Plur.	(nhd. *unser*)	*unsaremo fater* (87,3), *Unsara fatera* (87,5), *unseru liohtfaz* (148,5)
2. Pers.	Sing.	(nhd. *dein*)	*thīn fater* (12,6), *thīnan fuoz* (15,4), *got thīnan* (15,4 und 15,5), *thīnan gomman* (87,5), *dīn gomman* (87,5)
	Plur.	(nhd. *euer*)	*fon iuuueremo ole* (148,5)
3. Pers.	Sing. Mask. und Neutr.	(nhd. *sein*)	*sīne eldiron* (12,1), *untar sīnen māgun inti sīnen kundon* (12,3), *sīnan uuīstuom* (12,5), *sīn antvvurti* (12,5), *sīn muoter* (12,6 und 12,9), *sīnēn engilun* (15,4), *sīnemo sune* (87,1), *Sīne iungōron* (87,2), *sīna suni* (87,3), *sīn fihu* (87,3)
	Sing. Fem.	(nhd. *ihr*)	*in ira herzen* (12,9)
	Plur.	(nhd. *ihr*)	*mit iro hantun* (15,4), *iro liohtfaz* (148,1 und 148,4)

Das Possessivpronomen im Althochdeutschen ist aus verschiedenen anderen Pronomina gebildet worden; es zeigt teilweise unterschiedliches Verhalten. In der 1. und 2. Person Singular und Plural ist das Possessivpronomen aus dem Genitiv des Personalpronomens entstanden, das heißt aus *mīn*, *dīn*, *unsēr* und *iuwēr*. Für die 3. Person Singular Maskulinum und Neutrum wurde die Genitivform des Reflexivpronomens genommen: *sīn*.

Im Singular Femininum und im Plural aller Genera gibt es im Althochdeutschen kein Possessivpronomen. Diese Funktion erfüllt hier, ähnlich wie im Latein, der Genitiv des Personalpronomens der 3. Person Singular Femininum *ira* und der 3. Person Plural *iro* (vgl. lat. *eius* bzw. *eorum*, *earum*). Dementsprechend steht im Tatian etwa *in ira herzen* 'in ihrem Herzen' (12,9; Fem. Sing.), *mit iro hantun* (15,4; Fem. Plur.), *iro liohtfaz* (148,1; Fem. Plur.).

Die Flexion der im Althochdeutschen vorhandenen Possessivpronomen richtet sich nach der pronominalen/starken Adjektivflexion, so etwa *sīnan uuīstuom* (12,5; Akk. Sing. Mask.). Die starke Endung steht auch nach bestimmtem Artikel. Im Nominativ Singular stehen meistens die endungslosen Formen: *thīn fater* (12,6), *sīn fihu* (87,3). Diese endungslosen Formen können auch in anderen Kasus auftreten: *sīn antvvurti* (12,5; Akk. Plur. Neutr.).

Neben der Form *unsēr* können in flektierten Formen Varianten mit *-ar-* auftreten: so etwa *unsaremo* (87,3). Die Form *unsara* (87,5) zeigt ebenfalls diese Variante auf, ferner eine alte Endung des Nominativ Plural Maskulinum der pronominalen/starken Flexion auf *-a* statt *-e*, man vergleiche auch *sīna* (87,3).

c) Adjektive

(→ Übersicht: Kapitel VII, Nr. 18)

Die Adjektivflexion im Neuhochdeutschen als einführende Betrachtung

Wie bei den Substantiven wird auch bei den Adjektiven im Althochdeutschen zwischen einer starken und einer schwachen Flexion unterschieden. Während jedoch die Substantive entweder der starken oder der schwachen Flexion angehören, können die Adjektive sowohl stark als auch schwach flektiert werden. Dies entspricht im Prinzip den Verhältnissen, wie sie auch im Neuhochdeutschen bei der Adjektivflexion vorliegen:

mit großer Freude	*mit einer großen Freude*
mit blauem Rock	*mit einem blauen Rock*
großer Beifall	*der große Beifall*
> das Adjektiv wird stark flektiert	> das Adjektiv wird schwach flektiert
Die Endungen am Adjektiv entsprechen im Prinzip denen des bestimmten Artikels bzw. des Demonstrativpronomens.	Als Endungen stehen *-e* oder *-en*.

Ferner können auch Fälle eintreten, in denen das Adjektiv endungslos bleibt:

Der Mann ist groß
auf gut Glück

> keine Flexionsendung am Adjektiv

Auf das Verhältnis der Verteilung der verschiedenen Endungen im Neuhochdeutschen wird hier nicht eingegangen; es genügt die Feststellung, dass es auch im Neuhochdeutschen diese verschiedenen Möglichkeiten der Flexion beim Adjektiv gibt[8]. Unter diachronem Aspekt wird jedoch im Folgenden auch das Nebeneinander der verschiedenen neuhochdeutschen Flexionstypen erklärbar.

Die starke Flexion der Adjektive ist die ursprüngliche indogermanische Flexion. Die schwache Flexion ist der schwachen Flexion der Substantive nachgebildet; sie ist eine Neubildung der germanischen Sprachen.

---

8 Zur Flexion des neuhochdeutschen Adjektivs vergleiche man Kapitel IV.1. in R. Bergmann – P. Pauly – C. Moulin-Fankhänel, Neuhochdeutsch.

Die althochdeutschen Flexionsformen im Vergleich zur Substantiv- und Pronominalflexion

Im Textabschnitt Tatian 148, 2 heißt es:

Fimui fon thēn uuārun dumbo inti fimui uuīso. Oh fimf dumbo intfanganēn liohtfazzon ni nāmun oli mit in, thio uuīsūn uuārlīhho intfiengun oli in iro faz mit liohtfazzon.

Die hier vorkommenden Adjektivformen im Nominativ Plural Femininum *dumbo*, *uuīso*, *uuīsūn* können im Hinblick auf ihre Endungen mit entsprechenden Formen von Substantiven und Pronomen verglichen werden.

uuīs-o	*deso*	Nom. Plur. Fem. des Demonstrativpronomens
dumb-o	*dio*	Nom. Plur. Fem. des bestimmten Artikels
uuīs-ūn	*zungūn*	Nom. Plur. des schwachen Femininums *zunga*

Die Adjektivendung -*ūn* stimmt mit der der ersten Klasse der Substantive (*n*-Klasse), das heißt der schwachen Substantive, überein. Mit der Endung -*o* kann die Endung des Pronomens beziehungsweise des bestimmten Artikels *deso*, *dio* verglichen werden.

Ein und dasselbe Adjektiv, zum Beispiel *wīs*, zeigt also in demselben Kasus nebeneinander zwei verschiedene Flexionsformen, von denen aus synchroner Sicht die eine als nominal (*n*-Klasse), die andere als pronominal bezeichnet werden kann. Diese zwei Flexionsformen werden in der grammatischen Literatur auch als schwach (*uuīs-ūn*) und als stark (*uuīs-o*) bezeichnet. Dieses Nebeneinander der zwei verschiedenen Flexionsformen gilt für die gesamte Adjektivflexion im Althochdeutschen. Exemplarisch soll hier das System der Flexionstypen anhand des Femininums nochmals veranschaulicht werden:

Adj. *wīs*		Femininum, nominale/ schwache Flexion		Femininum, pronominale/ starke Flexion	
		wīs- + Endung	Vgl. Subst. *zunga*, *n*-Klasse	*wīs-* + Endung	Vgl. best. Art. bzw. Dem.-Pron.
Sing.	Nom.	*wīs-a*	*zung-a*	*wīs -iu*	*diu*
	Gen.	*wīs -ūn*	*zung-ūn*	*wīs -era*	*dera*
	Dat.	*wīs -ūn*	*zung-ūn*	*wīs -eru*	*deru*
	Akk.	*wīs -ūn*	*zung-ūn*	*wīs -a*	*desa*
Plur.	Nom.	*wīs -ūn*	*zung-ūn*	*wīs -o*	*deso*
	Gen.	*wīs -ōno*	*zung-ōno*	*wīs -ero*	*dero*
	Dat.	*wīs -ōm*	*zung-ōm*	*wīs -ēm*	*dēm*
	Akk.	*wīs -ūn*	*zung-ūn*	*wīs -o*	*deso*

Die nominalen/schwachen Adjektivendungen stimmen vollständig mit den Endungen der ersten Klasse der Substantive (*n*-Klasse) überein.

Die pronominalen/starken Adjektivendungen stimmen beinahe vollständig mit der Flexion des Artikels *diu* überein. Die übrigen Formen lassen sich mit Formen anderer Pronomina vergleichen: *wīs-a* entspricht *desa*, *wīs-o* entspricht *deso*. Ähnliches gilt für das Maskulinum und Neutrum: So entspricht etwa Akk. Sing. Mask. *wīs-an* dem Pronomen *desan*. Die Endung *-an* in *wīsan* begegnet darüber hinaus auch in *inan*, Akk. Sing. zum Personalpronomen Maskulinum *er*.

Im Nominativ Singular Maskulinum und Femininum sowie im Nominativ und Akkusativ Singular Neutrum tritt neben den nominalen/schwachen und pronominalen/starken Formen eine Form *wīs* mit Nullendung auf. Vergleichbare Formen innerhalb der Substantivflexion sind die Formen der starken Substantive *tag* (Mask.), *wort* (Neutr.) und *buoz* (Fem., Sonderform der *ō*-Klasse). Es handelt sich in Bezug auf die Nullendung also bei *wīs* ebenfalls um eine nominale, und zwar starke, Endung.

Die Stammklassen der althochdeutschen Adjektive

Die Adjektivform *mitteru* in *In mitteru naht* (Tatian 148,3) ist als Dativ Singular Femininum pronominal/stark zu bestimmen.

Die Adjektivform *garawo* in *thio dār garauuo uuārun* (Tatian 148,6) ist als Nominativ Plural Femininum pronominal/stark zu bestimmen.

Die Nominativ-Singular-Formen dieser Adjektive lauten in der Nullform: *mitti* und *garo*. Die Nullformen unterscheiden sich untereinander und von *wīs* im Auslaut. So wie die Form *wīs* mit Substantivformen wie *tag*, *wort* und *buoz* verglichen werden kann, können *mitti* und *garo* zu *hirti* und *sēo* in Beziehung gesetzt werden, also zu Substantiven, die als Angehörige von Unterklassen der *a*- und *ō*-Stämme die erweiterten Stammbildungselemente *ja-/jō*- bzw. *wa-/wō*- aufweisen. Es handelt sich bei dem Auslaut *-i* bzw. *-o* genau wie bei *hirti* und *sēo* um den Rest des Stammbildungselements *-ja* bzw. *-wa*. Dem auslautenden *-o* entspricht wie bei *sēo* inlautendes *-w-*: *garawo*. Dabei tritt zwischen *r* und *w* in *garawo* ein sekundäres *a*, auch Sprossvokal genannt, auf.

Durch die im Althochdeutschen vorhandenen Reste alter Stammbildungselemente in Adjektiven vom Typ *mitti* und *garo* wird die Beziehung der Adjektive zu den Substantiven der zweiten und dritten Klasse (*ō*- bzw. *a*-Stämme) deutlich erkennbar. Für die Adjektive vom Typ *wīs* ergibt sich somit ein germanisches Stammbildungselement *a* (Mask., Neutr., Klasse 3 bzw. *a*-Stämme) bzw. *ō* (Fem., Klasse 2 bzw. *ō*-Stämme).

Es lassen sich also für die Adjektive drei verschiedene Stammklassen erkennen, die sich deutlich an den Nullformen unterscheiden lassen:

a-/ō-Stämme:	Nullform auf Konsonant	*wīs, tumb*
ja-/jō-Stämme:	Nullform auf *-i*	*mitti, scōni*
wa-/wō-Stämme:	Nullform auf *-o*	*garo*

Die Verwendung der verschiedenen Adjektivformen

Die Verwendung der verschiedenen Adjektivformen ist im Althochdeutschen nicht streng geregelt. Bestimmte Tendenzen zu einer semantischen Steuerung (Sinnregel) sind jedoch erkennbar.

Die nominale/schwache Endung steht oft bei einer individuellen, bestimmten Vorstellung, das heißt bei inhaltlicher Bestimmtheit: Das Substantiv, das das Adjektiv bestimmt, bezeichnet eine bestimmte Person oder Sache. So etwa Tatian 15,4: *in thie heilagūn burg* 'in die Heilige Stadt (= Jerusalem)'.

Die Individualisierung wird vielfach durch den Gebrauch des bestimmten Artikels unterstrichen.

In den meisten Fällen steht demgegenüber die pronominale/starke Adjektivform bei einem Substantiv, das eine noch nicht näher bestimmte Person oder Sache bezeichnet. Es handelt sich also um eine generelle, unbestimmte Vorstellung; es liegt inhaltliche Unbestimmtheit vor. So etwa Tatian 15,5: *in hōhan berg* 'auf einen hohen Berg'.

Die Generalisierung wird dadurch deutlich, dass im Singular vielfach unter Zuhilfenahme des unbestimmten Artikels übersetzt werden muss.

Die Nullform des Adjektivs begegnet zum Beispiel an folgenden Stellen im Tatian: *bin uuīb samaritānisg* (87,2), *thiu fuzze teof ist* (87,3), *in ēuuīn līb* (87,4). Die Nullform steht vorwiegend in prädikativer Verwendung; sie kann darüber hinaus im Nominativ Singular aller drei Genera und im Akkusativ Singular Neutrum anstelle der pronominalen/starken Form stehen und erfüllt dann dieselbe Funktion.

Die Adverbbildung

Von Adjektiven können im Althochdeutschen Adverbien mit einem Suffix -o abgeleitet werden. Solche Adverbien, die von Adjektiven abgeleitet sind, nennt man Adjektivadverbien, zum Beispiel *uuārlīcho* (Tatian 12,1) zum Adjektiv *wārlīh*.

Bei den Adjektiven mit -*i* in der Nullform (*ja-/jō*-Stämme), die einen umlautfähigen Vokal haben, erscheint das Adjektiv mit Umlaut, das Adverb dagegen ohne Umlaut: zum Beispiel Adverb *harto* – Adjektiv *herti*; Adverb *fasto* – Adjektiv *festi*.

Das Adverb zum Adjektiv *guot* heißt im Althochdeutschen *wola*.

Die Komparationsformen

Mit der Komparation zeigt das Adjektiv eine Formenabwandlung, die nur ihm und einer Vielzahl von Adverbien zukommt. Die Bildungsweise im Althochdeutschen ist leicht durchschaubar. Komparationsformen sind:

eldiron   (Tatian 12,1)
jungōron (Tatian 87,2)
liobōsta (Otfrid V.86)

Das Althochdeutsche bildet den Komparativ mit den Suffixen -*ir*- bzw. -*ōr*-, den Superlativ mit -*ist*- bzw. -*ōst*-, wobei die Suffixformen -*ir*- und -*ist*- Umlaut bewirken: *eldiron* stellt sich zu *alt*.

Die Suffixformen mit *i* bzw. *ō* zeigen in ihrer Verwendung eine gewisse Regelung. Bei Adjektiven mit *i* in der Nullform stehen die Komparationssuffixe mit *i*. Mehrsilbige und zusammengesetzte Adjektive zeigen hauptsächlich das *ō*-Suffix.

Im Althochdeutschen treten bei den Komparationsformen der Adjektive nur nominale/schwache Flexionsendungen auf.

Der Komparativ der Adverbien endet stets auf *-ōr*, der Superlativ meist auf *-ōst* (neben *-ist*). Neben den Adjektivformen *herti, hertiro, hertisto* stehen die entsprechenden Adverbformen *harto, hartōr, hartōst, hertist*.

☞ **Übungsaufgabe**

Bestimmen Sie die Adjektive und die adjektivisch gebrauchten Partizipien im Textabschnitt Tatian 12,1-2!

Musterlösung:

1. *eldiron* (12,1): substantiviertes Adjektiv, Komparationsform zum Adjektiv *alt*. Nom. Plur. Mask., nominal/schwach flektiert. (Bedeutung: 'Eltern'; aufgrund der bereits lexikalisierten Bedeutung erscheint *eldiron* im 'Althochdeutschen Wörterbuch' von R. Schützeichel als schwaches Substantiv.)
2. *itmālemo* (12,1): Adjektiv, Dat. Sing. Mask., pronominal/stark flektiert. Nullform: *itmāli* (*ja-/jō*-Stamm).
3. *ūfstīgantēn* (12,2): wie ein Adjektiv flektiertes Partizip Präsens des starken Verbs *ūfstīgan*, Dat. Plur. Mask., pronominal/stark flektiert. In der Nullform lautet das Partizip Präsens *ūfstīganti*.
4. *itmālen* (12,2): Adjektiv, Gen. Sing. Mask., nominal/schwach flektiert. Nullform: *itmāli* (*ja-/jō*-Stamm).
5. *gifultēn* (12,2): wie ein Adjektiv flektiertes Partizip Präteritum des schwachen Verbs *gifullen*, Dat. Plur. Mask., pronominal/stark flektiert. In der Nullform lautet das Partizip Präteritum *gifullit*.

II. Einführung in die mittelhochdeutsche Flexionsmorphologie

1. Das Verb

a) Starke Verben

(→ Übersichten: Kapitel VII, Nr. 19-20)

Flektierte Verbform und Wörterbuchansatz

Voraussetzung für das Verständnis eines mittelhochdeutschen Satzes ist das Erkennen der Beziehungen zwischen den Wörtern und das Ermitteln der Wortbedeutungen. Für beides ist die Zurückführung der belegten Wortform auf eine Grundform nötig. In zahlreichen Fällen bereitet dies keine besonderen Schwierigkeiten, wie einige Beispiele zeigen können.

Ez wuohs in Burgonden   ein vil edel magedîn,
daz in allen landen   niht schœners mohte sîn,
Kriemhilt geheizen: si wart ein scœne wîp.
dar umbe muosen degene   vil verliesen den lîp.

Der minneclîchen meide   triuten wol gezam.
ir muoten küene recken,   niemen was ir gram.
âne mâzen schœne   sô was ir edel lîp.
der juncvrouwen tugende   zierten anderiu wîp.

Ir pflâgen drîe künege   edel unde rîch, (...)[9]

Manche Wortformen finden sich im Wörterbuch von Matthias Lexer in der gleichen Form wie im Text: *vil, magedîn, wîp* usw. In anderen Fällen ist auch schon ohne Kenntnis der mittelhochdeutschen Flexion die Erschließung einer Grundform möglich: *allen* steht im Wörterbuch unter *al, degene* unter *degen* usw.

Aus mehreren Gründen wird die Einführung in die Flexionsmorphologie mit der Wortart Verb begonnen. Das Verb ist als vorgangs- und zustandsbeschreibende Wortart für das Verständnis des Satzes von grundlegender Bedeutung. Der Weg von der flektierten Wortform im Text zur Grundform im Wörterbuch, dem Infinitiv, ist hier schwieriger als bei den anderen Wortarten. Innerhalb der Verben ist aus verschiedenen Gründen der Beginn mit den so genannten starken Verben sinnvoll. Die starken Verben sind historisch betrachtet primär; sie liegen abgeleiteten Wörtern anderer Wortarten, und auch schwachen Verben, zugrunde. Es ist ferner erforderlich, sofort die Regeln zu kennen, nach denen zu einer Form *wuohs* ein Infinitiv *wahsen* gebildet wird. Bei Formen schwacher Verben wie *zierten* (Strophe 3, 4) ist der Infinitiv *zieren* prinzipiell leichter zu finden.

---

9   Nibelungenlied, Strophen 2,1 – 4,1; man vergleiche die Textauswahl Kapitel VI, Nr. 11.

Die mittelhochdeutschen Ablautreihen

Besonderes Kennzeichen der starken Verben sind die Veränderungen des Vokals im Grundmorphem. Als Grundmorphem bezeichnet man den die lexikalische Bedeutung des Wortes tragenden Bestandteil, der nach Abtrennung der Flexions- und Wortbildungsmorpheme übrig bleibt. Er wird in historischem Zusammenhang vielfach auch Wurzel genannt. Die Flexion der Wörter erscheint sonst im Allgemeinen in den Flexionsmorphemen, den Endungen: *degen-e, recke-n, juncvrouwe-n*. Bei den starken Verben tritt auch eine Veränderung innerhalb des Grundmorphems auf: *wahsen, wuohs*. Die in der Textprobe vorkommenden Verbformen zeigen verschiedene Vokalverhältnisse:

wuohs	gehört zu	*wahs-en*
-uo-	gehört zu	*-a-*
gezam	gehört zu	*gezem-en*
-a-	gehört zu	*-e-*
pflâg-en	gehört zu	*pfleg-en*
-â-	gehört zu	*-e-*

Auf der anderen Seite gilt aber nicht für jedes Verb eine eigene Regelung, sondern bestimmte Vokalverhältnisse wiederholen sich bei ganzen Gruppen von Verben:

-a-	gehört zu	*-e-*
gezam	gehört zu	*gezem-en*
sprach (16,1)	gehört zu	*sprech-en*

Allgemein formuliert: Präteritumsformen mit *a* gehören zu Infinitiven mit *e* beziehungsweise – wie sich noch zeigen wird – mit *i* (*band – binden*).

Den auf lautliche Verhältnisse des Indogermanischen zurückgehenden regelmäßigen Wechsel des Vokals in Grundmorphemen zusammengehöriger Wortformen nennt man Ablaut. Im Mittelhochdeutschen unterscheidet man aufgrund der regelmäßigen Vokalveränderungen sieben Klassen starker Verben. Die verschiedenen Verbklassen werden Ablautreihen genannt. Sie werden durch fünf Formen des Verbs repräsentiert, aus denen alle anderen Formen ableitbar sind. Zur Struktur der Ablautreihen sieh Kapitel III.2.d).

Die Kennzeichen der Ablautreihen

Reihe I:						
	a) *rîten*	*rîte*	*reit*	*riten*	*geriten*	'reiten, fahren'
	b) *zîhen*	*zîhe*	*zêh*	*zigen*	*gezigen*	'beschuldigen, zeihen'

Präteritumsformen mit *ei* oder *ê* im Singular und *i* im Plural und im Partizip gehören stets in Reihe I und verweisen auf einen Infinitiv mit *î*, der für diese Reihe kennzeichnend ist. Der Vokal *ê* statt *ei* in der 1. und 3. Person Singular Indikativ Präteritum tritt nur vor *h* oder *w* auf. Zu dieser Monophthongierung sieh Kapitel III.2.b); zu dem Konsonantenwechsel *h – g* sieh weiter unten: Der grammatische Wechsel.

Reihe II: a) *biegen   biuge   bouc   bugen   gebogen* 'biegen'
          b) *bieten   biute   bôt   buten   geboten* 'bieten'

Präteritumsformen mit *ou* oder *ô* im Singular gehören stets in Reihe II und verweisen auf einen Infinitiv mit *ie*, der für diese Reihe kennzeichnend ist. Der Vokal *ô* in der 1. und 3. Person Singular Indikativ Präteritum tritt nur vor *h* oder Dentalen (*t, d, z, s*) auf. Zu dieser Monophthongierung sieh Kapitel III.2.b). Die Präteritumsformen mit den Vokalen *u* und *o* verweisen nicht notwendig auf den Infinitiv mit *ie*, da diese Vokale auch in den Präteritumsformen der Reihen III und IV auftreten. Es sind also weitere Kriterien zur Unterscheidung der Reihen II, III und IV notwendig.

Reihe III: a) *binden   binde   bant   bunden   gebunden* 'binden'
           b) *werfen   wirfe   warf   wurfen   geworfen* 'werfen'

Für die Kennzeichnung der einzelnen Ablautreihen ist außer den Vokalen selbst auch die konsonantische Umgebung der ablautenden Vokale von Bedeutung. Verben, in denen dem ablautenden Vokal *m, n, r* oder *l* + Konsonant folgen, gehören in Reihe III. *m* und *n* heißen nach ihrer Artikulationsart Nasale, *r* und *l* Liquide. Verben mit Nasal + Konsonant (z.B.: *nt, nd, nn, mm*) gehören in Reihe IIIa, Verben mit Liquid + Konsonant (z.B.: *rf, rd, lf, ll*) in Reihe IIIb.

Reihe IV: *nemen   nime   nam   nâmen   genomen* 'nehmen'

Nach Reihe IV gehen alle starken Verben, in denen dem ablautenden Vokal *m, n, r* oder *l* allein, also ohne einen weiteren Konsonanten, folgen. Von diesem Befund aus ist auch eine eindeutige Zuordnung von Partizipien wie *gebogen, geworfen* oder *genomen* möglich. *gebogen* gehört in Reihe II, weil dem ablautenden Vokal *o* kein Nasal oder Liquid folgt. *geworfen* gehört in Reihe IIIb, weil dem Vokal *o* Liquid + Konsonant folgen. *genomen* gehört in Reihe IV, weil dem Vokal *o* ein Nasal ohne einen weiteren Konsonanten folgt. Abweichenden Präsensvokal zeigt *komen* (ahd. *queman*).

Reihe V: *geben   gibe   gap   gâben   gegeben* 'geben'

Die Verben der Reihe V unterscheiden sich aufgrund der Ablautverhältnisse von den Reihen I und II und im Hinblick auf den nachfolgenden Konsonanten von den Reihen III und IV. In Reihe V gehören Verben mit dem Vokal *e* im Infinitiv, in denen dem ablautenden Vokal kein Nasal oder Liquid, sondern ein anderer Konsonant folgt.

Reihe VI:	*varn	var	vuor	vuoren	gevarn*	'fahren'

Die ablautenden Vokale dieser Reihe kommen in den Reihen I bis V nicht in dieser Verteilung vor. In Reihe VI gehören daher Verben mit *a* im Präsens und im Partizip Präteritum und *uo* im Präteritum.

Reihe VII:	*râten	râte	riet	rieten	gerâten*	'raten'

Kennzeichen der Reihe VII ist der Diphthong *ie* in den Präteritumsformen. Diese Verbklasse enthält Verben, die ihr Präteritum ursprünglich durch Reduplikation (mit oder ohne Ablaut) bildeten. Reduplikation ist die Verdopplung des Grundmorphemanlauts; sieh dazu Kapitel I.1.a). Diese Verben sind daher im Wörterbuch von M. Lexer als 'redv.' = 'reduplizierendes verb' bestimmt (sieh dort S. VII). Dem einen Präteritumsvokal *ie* können sechs verschiedene Präsensvokale entsprechen. Bei der Ermittlung des im Präsens geltenden Vokals ist die Kenntnis der entsprechenden neuhochdeutschen Formen hilfreich:

mhd. *stiez* → nhd. *stieß* → nhd. *stoßen* → mhd. *stôzen*

Folgende Vokale treten im Präsens und im Partizip Präteritum auf:

â	:	*râten*	'raten'	*a*	:	*halten* 'halten'
ei	:	*heizen*	'heißen'	*ou*	:	*loufen* 'laufen'
uo	:	*ruofen*	'rufen'	*ô*	:	*stôzen* 'stoßen'

Mit Ausnahme des Vokals *a* (= kurzes *a*) kommen diese Vokale in den entsprechenden Formen anderer Ablautreihen nicht vor. Der Vokal *a* tritt in Reihe VII nur vor *l* oder *n* + Konsonant auf (Beispiele: *halten, schalten, spannen*). In Reihe VI steht *a* bis auf geringe Ausnahmen vor einfachem Konsonanten.

Die Flexionsformen

Die mittelhochdeutsche Verbalflexion ist wie die neuhochdeutsche durch die Kategorien grammatische Person, Numerus, Tempus und Modus bestimmt:

grammatische Personen:	1. Person, 2. Person, 3. Person
Numeri:	Singular, Plural
Tempora:	Präsens, Präteritum
Modi:	Indikativ, Konjunktiv, Imperativ

Die nach diesen Kategorien flektierten Formen sind die finiten Formen. Daneben existieren die infiniten, das heißt nicht nach Person und Numerus bestimmten Formen des Infinitivs und der Partizipien.

Auch im Mittelhochdeutschen begegnen schon zusammengesetzte Verbformen (finites Hilfsverb + Infinitiv oder Partizip), die wie im Neuhochdeutschen zur Umschreibung des Passivs und zur Bildung weiterer Tempora dienen.

Die Endungen sind bei allen starken Verben gleich. Die Indikativformen muss man sich als Tabelle einprägen. Dabei ist es hilfreich, die auffälligen, von der Gegenwartssprache besonders abweichenden Formen hervorzuheben. Die Konjunktivformen unterscheiden sich nicht durchgehend von den Indikativformen. Hier genügt es, sich diese eigenen Formen einzuprägen.

Im Indikativ Präsens lauten die Formen von *werfen*:

ich	*wirf-e*
dû	*wirf-est*
er, siu, ez	*wirf-et*
wir	*werf-en*
ir	*werf-et*
sie	*werf-ent*

Die Schreibweise mit Bindestrich trennt das Grundmorphem (die Wurzel) vom Flexionsmorphem (der Endung). Besonders zu merken sind die Form der 1. Person Singular sowie die Form der 3. Person Plural mit der Endung *-nt*.

Im Indikativ Präteritum lauten die Formen:

ich	*warf-Ø*
dû	*würf-e*
er, siu, ez	*warf-Ø*
wir	*wurf-en*
ir	*wurf-et*
sie	*wurf-en*

Besonders zu merken ist die Form der 2. Person Singular, die den Vokal des Plurals in umgelauteter Form enthält. Das Zeichen Ø in der 1. und 3. Person Singular signalisiert das Fehlen einer eigentlichen Endung, die so genannte Nullendung. Der Imperativ lautet in der 2. Person Singular *wirf* mit Nullendung, in der 2. Person Plural *werfet* wie im Indikativ.

Im Konjunktiv Präsens unterscheiden sich in den Endungen nur die Formen der 3. Person: *er werfe* gegenüber *er wirfet*, *sie werfen* gegenüber *sie werfent*. Bei Verben mit Veränderungen im Wurzelvokal im Indikativ Singular unterscheiden sich alle Singularformen, wie es bei *werfen* der Fall ist:
Konjunktiv: *ich werfe, dû werfest, er werfe* – Indikativ: *ich wirfe, dû wirfest, er wirfet*.

Im Konjunktiv Präteritum zeigen umlautfähige Vokale durchgehend Umlaut: *ich würfe, dû würfest, er würfe, wir würfen, ir würfet, sie würfen.*

In den einzelnen Teilbereichen der Flexion treten die verschiedenen Vokale der Ablautreihe in einer charakteristischen Verteilung auf. Aus den Formen der Ablautreihe lassen sich daher sämtliche Flexionsformen ableiten.

werfen:	*e* gilt	im Infinitiv: *werfen*
		im Partizip Präsens: *werfende*
		im Plural Indikativ Präsens: *wir werfen* usw.
		im ganzen Konjunktiv Präsens: *ich werfe, dû werfest* usw.
wirfe:	*i* gilt	im Singular Indikativ Präsens: *ich wirfe* usw.
		im Imperativ Singular: *wirf*
warf:	*a* gilt	in der 1. und 3. Person Singular Indikativ Präteritum: *ich warf* usw.
wurfen:	*u* gilt	im Plural Indikativ Präteritum: *wir wurfen* usw.
		in der umgelauteten Form *ü*:
		in der 2. Person Singular Indikativ Präteritum: *dû würfe*
		im ganzen Konjunktiv Präteritum: *ich würfe, dû würfest* usw.
geworfen:	*o* gilt	im Partizip Präteritum: *geworfen*

Der Infinitiv und die beiden Partizipien (Präsens und Präteritum) werden selbst als Substantive und Adjektive flektiert; sieh dazu Kapitel II.2.a) und c).

Der grammatische Wechsel

Bei einigen Verben ist außer dem Ablaut noch eine konsonantische Veränderung zu berücksichtigen. Die Form *vloren* (Nibelungenlied, Strophe 14, Vers 4), die aus *verlorn* verkürzt ist, ist als Partizip Präteritum zu bestimmen. Der Infinitiv ist in Strophe 2,4 belegt: *verliesen*. Der Vokalismus führt in die II. Ablautreihe, und zwar wegen des wurzelschließenden Dentals *s* in Reihe IIb:

verliesen   *verliuse*   *verlôs*   *verlurn*   *verlorn*

In den Ablautreihen I – V tritt der Konsonantenwechsel zwischen Präsens und 1. und 3. Person Singular Indikativ Präteritum einerseits und 2. Person Singular Indikativ Präteritum, Plural Präteritum und Partizip Präteritum andererseits auf. In den Reihen VI und VII erscheint er zwischen Infinitiv und Präsens einerseits, Präteritum und Partizip Präteritum andererseits. Folgende Konsonanten wechseln miteinander, soweit nicht bereits ein Ausgleich eingetreten ist:

h und *g*:	*zîhen*	–	*zigen*
d und *t*:	*werden*	–	*wurten* (meist schon *wurden*)
f und *b*:	*heffen*	–	*huoben*
s und *r*:	*wesen*	–	*wâren*

Zur Ursache dieses Konsonantenwechsels sieh Kapitel III.1.a).

Besondere Verben der IV. Ablautreihe

Neben den Verben, deren Grundmorphem auf einfachen Nasal oder Liquid ausgeht (*m, n, r, l*), gehören zur IV. Ablautreihe einige Verben, deren Grundmorphem auf *-ch* (ahd. *-hh*) ausgeht, sowie ein Verb auf *-ff*: *brechen, sprechen, stechen, treffen* sind die wichtigsten Verben dieser Gruppe. Die Ablautreihe lautet also zum Beispiel: *sprechen – spriche – sprach – sprâchen – gesprochen*.

Die *j*-Präsentien der V. und VI. Ablautreihe

In der V. und VI. Ablautreihe gibt es einige Verben, die zu normalen Formen des Präteritums Präsensformen mit abweichendem Vokal zeigen. In der V. Ablautreihe erscheint *i* statt *e*, in der VI. Ablautreihe *e* statt *a*. So gehören das Partizip Präteritum *gesezzen* (Der arme Heinrich, V. 31) und die 1. Person Singular Indikativ Präteritum *saz* (Walther von der Vogelweide, V. 1) zu dem Infinitiv *sizzen*. Man vergleiche etwa:

Part. Prät.	1. Sing. Ind. Prät.	Infinitiv
gegeben	*ich gap*	*geben*
gesezzen	*ich saz*	*sizzen*

Der Imperativ (2. Pers. Sing.) dieser Verben endet auf *-e*.

Ursache für diese Besonderheiten ist die germanische Bildung der Präsensformen mit einem zusätzlichen *j* vor der Flexionsendung. Deshalb werden diese Verben *j*-Präsentien genannt (Singular: das *j*-Präsens). Wegen der geringen Zahl dieser Verben und der Häufigkeit ihres Vorkommens prägt man sich am besten die ganze Gruppe ein:

V. Ablautreihe:

bitten	*bitte*	*bat*	*bâten*	*gebeten*	'bitten'
ligen	*lige*	*lac*	*lâgen*	*gelegen*	'liegen'
sizzen	*sizze*	*saz*	*sâzen*	*gesezzen*	'sitzen'

VI. Ablautreihe:

heven	heve	huop	huoben	erhaben	'heben'
schepfen	schepfe	schuof	schuofen	geschaffen	'schaffen'
swern	swer	swuor	swuoren	gesworn	'schwören' (mit -o- statt -a- im Partizip Präteritum, wohl in Analogie zu Reihe IV).

Infinitiv und Präsens zeigen bei diesen Verben zum Teil Gemination, das heißt Dehnung des Konsonanten im Auslaut des Grundmorphems, die in der Schrift durch Verdopplung wiedergegeben wird: *bitten* gegenüber *bâten*. Zu dieser Konsonantengemination und zu den Auswirkungen im Flexionssystem sieh Kapitel III.1.b).

Umlautende Verben der VI. und VII. Ablautreihe

Verben der Ablautreihe VI mit kurzem *a* als Wurzelvokal des Infinitivs und Verben der Ablautreihe VII mit umlautfähigem Wurzelvokal (also nicht alle Verben der Ablautreihe VII) weisen in der 2. und 3. Person Singular Indikativ Präsens Umlaut auf:

VI:	*varn*	VII:	*halten*	*stôzen*	*râten*
	ich var		*ich halte*	*ich stôze*	*ich râte*
	dû verst		*dû heltest*	*dû stœzest*	*dû rætest*
	er vert		*er helt*	*er stœzet*	*er rætet*
	wir varn		*wir halten*	*wir stôzen*	*wir râten*

Die Ursache für diesen Umlaut ist das *i* der Folgesilbe, das im Althochdeutschen noch vorhanden war (*dû feris* usw.); zum *i*-Umlaut sieh Kapitel III.2.b) und III.2.c).

Die Präfigierung des Partizip Präteritum

Einfache Verben bilden das Partizip Präteritum mit dem Präfix *ge-*: *nemen – genomen*. Präfigierte Verben behalten ihr Präfix im Partizip und bilden es ohne das *ge-*Präfix: *vernemen – vernomen*. Zusammengesetzte Verben fügen das *ge-*Präfix zwischen dem ersten Bestandteil, dem Bestimmungswort und dem zweiten Bestandteil, dem Grundwort, ein: *abenemen – abegenomen*. Diese Regelungen entsprechen denen der Gegenwartssprache.

Da das *ge-*Präfix perfektivische Bedeutung hat, also die Abgeschlossenheit einer im Verb bezeichneten Handlung ausdrückt, ist es bei den Verben entbehrlich, die ohnehin schon eine perfektivische Bedeutung besitzen. Deshalb wird das Partizip Präteritum bei folgenden Verben meist ohne *ge-* gebildet:

finden	– *funden*	*komen*	– *komen*
treffen	– *troffen*	*werden*	– *worden*
bringen	– *brâht*		

Bei *komen* ist der Vokal des Partizips auch in den Infinitiv eingedrungen. Zu der mit Ablaut und schwacher Endung gebildeten Form *brâht* und ihrer konsonantischen Besonderheit sieh Kapitel III.1.b).

Grammatische Bestimmung von Formen starker Verben

Um eine in einem mittelhochdeutschen Text vorkommende Form eines starken Verbs bestimmen zu können, sind folgende Kenntnisse erforderlich:

– die Endungen und ihre Verteilung
– die Verteilung der Ablautstufen auf die Flexion
– die Ablautreihen

Die Rückführung der im Text belegten flektierten Form auf den Infinitiv erlaubt die Ermittlung der Bedeutung im Wörterbuch; die Formenbestimmung nach den grammatischen Kategorien und die Berücksichtigung des Kontextes ermöglichen ihre richtige syntaktische Einordnung.

Die Form *wuohs* (Nibelungenlied 2,1) ist zunächst aufgrund ihrer Nullendung als 1. oder 3. Person Singular Indikativ Präteritum zu bestimmen. Der Diphthong *uo* in dieser Flexionsform weist in die VI. Ablautreihe; der Infinitiv muss daher *wahsen* lauten. Er ist im Mittelhochdeutschen Taschenwörterbuch von M. Lexer unter dieser Form zu finden. Für die vorliegende Stelle ist die Bedeutung 'aufwachsen' angemessen; aus dem Kontext ergibt sich die Bestimmung als 3. Person: 'sie wuchs auf'.

Formenbestimmungen sollten nach folgendem Muster angegeben werden:

wuohs: 3. Pers. Sing. Ind. Prät. des st. V.
wahsen wahse wuohs wuohsen gewahsen
VI. Ablautreihe wegen des Vokalismus *a – uo*.

Unterschiede zwischen den starken Verben im Althochdeutschen und im Mittelhochdeutschen

Bei einem Vergleich der Formentabellen sind insgesamt folgende für das Mittelhochdeutsche charakteristische Erscheinungen zu beobachten:

mhd. *rîte* – ahd. *rītu*
mhd. *biegen* – ahd. *biogemēs*
mhd. *var* – ahd. *faru*
mhd. *geriten* – ahd. *giritan*

Die vollen Nebensilbenvokale werden im Mittelhochdeutschen abgeschwächt (*gi-* > *ge-*, *-u* > *-e* usw.). Die lange Endung *-emēs* wird zu *-en* verkürzt. Der abgeschwächte Endungsvokal wird nach kurzer, auf *r* oder *l* endender Wurzelsilbe aufgegeben. Dieser Wegfall wird im Wortinnern (*faran* > *varen* > *varn*) Synkope genannt, am Wortende (*faru* > *vare* > *var*) Apokope. Zur Nebensilbenabschwächung sowie zur Synkope und Apokope vergleiche man Kapitel III.2.c).

Im Mittelhochdeutschen werden ferner im Auslaut für ahd. *b, d, g* stets *p, t, c* geschrieben; zu dieser Auslautverhärtung vergleiche man Kapitel III.1.d):

mhd. *bouc* – ahd. *boug*
mhd. *gap* – ahd. *gab*
mhd. *wart* – ahd. *ward*

Eine weitere wichtige Erscheinung des Mittelhochdeutschen ist die graphische Kennzeichnung des Umlauts. Der althochdeutsche Wurzelvokal erscheint in den Formen, in denen im Althochdeutschen ein *i* folgte, im Mittelhochdeutschen umgelautet: *u* als *ü*, *ā* als *œ* usw.

mhd. *dû büge* – ahd. *dū bugi*
mhd. *siu züge* – ahd. *siu zugi*

Zum Umlaut vergleiche man Kapitel III.2.b) und c).

☞ Übungsaufgabe

Bestimmen Sie die starken Verben im Nibelungenlied, 1. Âventiure!

Musterlösung (Beispiele aus Strophe 2):
1. *wuohs* : sieh oben!
2. *wart* : 3. Pers. Sing. Ind. Prät. des st. V. *werden wirde wart wurden worden*, III. Ablautreihe, Unterklasse b, wegen des Wurzelvokals *a*, dem Liquid + Konsonant folgen, mit Auslautverhärtung (*wart*) und meist mit präfixlosem Part. Prät.

b) Schwache Verben

(→ Übersicht: Kapitel VII, Nr. 21)

Unterschiede zwischen starken und schwachen Verben

In Strophe 6 des Nibelungenliedes stehen sich unterschiedliche Verbformen gegenüber, die jeweils in gleicher Weise zu bestimmen sind:

(...) si wonten mit ir kraft (6,1)
'(...) hielten sie sich mit ihrem Hof auf'

si sturben sît jæmerlîche (...) (6,4)
'sie starben später auf jammervolle Weise (...)'

Die vergleichbaren Verbformen zeigen Unterschiede in den Endungen und im Wurzelvokal:

3. Pers. Plur. Ind. Prät.: *won-ten* – *sturb-en*

Die Form *sturben* gehört zu *sterben* und zeigt Ablaut; sie ist als stark zu bestimmen. Die Form *wonten* gehört zu *wonen*, sie zeigt keinen Ablaut, sondern *-t-* (das heißt Dentalsuffix) als Tempusmerkmal in den Präteritumsformen. Verben mit diesen Kennzeichen heißen schwache Verben.

In Strophe 5 des Nibelungenliedes stehen sich auch Partizipformen starker und schwacher Verben gegenüber:

erkorn   Part. Prät. zum starken Verb der Ablautreihe IIb: *erkiesen, erkiuse, erkôs, erkurn, erkorn*

genant   Part. Prät. zum schwachen Verb *nennen*.

Starke Verben haben im Partizip Präteritum die Endung -(*e*)*n* und im Imperativ Singular Nullendung; schwache Verben haben im Partizip Präteritum die Endung -(*e*)*t* und im Imperativ Singular die Endung -*e*.

Die Einteilung der schwachen Verben

Die im Textanhang (Kapitel VI) abgedruckte erste Âventiure des Nibelungenliedes enthält eine Reihe schwacher Präteritumsformen, die in der Zuordnung zu ihren Infinitiven zunächst zwei Klassen schwacher Verben zu erkennen geben, von denen eine wiederum zwei Unterklassen besitzt.

Klasse I der schwachen Verben hat im Präteritum denselben Wurzelvokal wie im Infinitiv und im Präsens:

wonten   (6,1)   gehört zu   *wonen*
zierten (3,4)   gehört zu   *zieren*
sagete   (14,1)   gehört zu   *sagen*
lebte   (18,2)   gehört zu   *leben*

Die beiden Unterklassen dieser Klasse unterscheiden sich danach, ob zwischen dem Grundmorphem des Verbs und der Präteritalendung ein Bindevokal -e- steht oder nicht. Eine strenge Verteilungsregel lässt sich nicht angeben, allenfalls eine Tendenz. Demnach steht nach kurzer Wurzelsilbe häufig der Bindevokal, während er nach langer Wurzelsilbe häufig fehlt: *sag-e-te – zier-ten*.

Lange Wurzelsilbe liegt vor, wenn der Vokal in der Wurzelsilbe ein Langvokal oder ein Diphthong ist (wie bei *zierten*), wenn die Wurzelsilbe auf mehrfache Konsonanz endet oder mehrsilbig ist.

Die Formen *lebte, wonten* passen schon nicht zu dieser Regel. Dabei sind sicher auch die besonderen Verhältnisse einer Versdichtung zu berücksichtigen.

Klasse II der schwachen Verben hat im Präteritum die umlautlose Variante des Wurzelvokals, während im Infinitiv und im Präsens Umlaut erscheint: *tröumen – tröume* usw. – *troumte*.

Diese Verben treten stets ohne Bindevokal auf. Das Nichtauftreten des Umlauts im Präteritum umlautender schwacher Verben heißt Rückumlaut. Die Verben der II. schwachen Klasse werden daher rückumlautende Verben genannt.

	Klasse I ohne Rückumlaut		Klasse II mit Rückumlaut
	mit Bindevokal	ohne Bindevokal	ohne Bindevokal
Infinitiv	*sagen*	*zieren*	*tröumen*
Präteritum	*sag-e-te*	*zier-ten*	*troum-te*

Die Flexionsformen der schwachen Verben

Die Flexion der schwachen Verben ist in beiden Klassen identisch. Die Endungen des Indikativ Präsens stimmen mit den Endungen der starken Verben überein: *-e, -est, -et, -en, -et, -ent*. Im Konjunktiv Präsens unterscheiden sich nur die Formen der 3. Person im Singular und im Plural vom Indikativ:

3. Pers. Sing. Ind. Präs.   *er leb(e)t*   –   Konj.   *er lebe*
3. Pers. Plur. Ind. Präs.   *sie lebent*   –   Konj.   *sie leben*

Im Präteritum lauten die Endungen der schwachen Verben im Indikativ und im Konjunktiv gleich: *-te, -test, -te, -ten, -tet, -ten*. Im Konjunktiv tritt – anders als bei den starken Verben – kein Umlaut ein.

Unterschiede zwischen den schwachen Verben im Althochdeutschen und im Mittelhochdeutschen

Der Vergleich der althochdeutschen und mittelhochdeutschen Flexionsformen der schwachen Verben zeigt Abschwächung der Nebensilbenvokale und Verkürzung von Endungen. Von der Abschwächung sind insbesondere die bei den althochdeutschen Verben auf *-ōn* und auf *-ēn* durchgehenden Langvokale *ō* und *ē* in den Endungen betroffen:

salbōn – *salben*
er salbōt – *salbet*
er salbōta – *salb(e)te*

lebēn – *leben*
er lebēt – *leb(e)t*
er lebēta – *leb(e)te*

Abgeschwächt wird auch das auf das *j* der *jan*-Verben zurückgehende *i*:

er suochit – *suochet*

Wichtige Veränderungen der Endungen selbst betreffen die 1. Person Singular Präsens Indikativ, in der bei den *ōn-* und *ēn*-Verben das *-n* wegfällt. Diese Form endet jetzt bei allen Verben auf *-e*. Ebenso fällt in der 1. Person Plural überall die Endung *-mēs* weg und wird durch *-n* ersetzt. An einer Stelle wird eine Endung neu aufgebaut: In der 2. Person Singular wird im Indikativ und im Konjunktiv im Präsens und im Präteritum das an das *s* angetretene *t* fest.

Die Endsilbenabschwächung führt auch zu einer Veränderung der Klasseneinteilung. Die althochdeutschen drei schwachen Verbklassen auf *-en*, *-ōn* und *-ēn* fallen in einen Verbtyp mit *-en* im Infinitiv zusammen. Lediglich die rückumlautenden *jan*-Verben, also eine Unterklasse der althochdeutschen schwachen Verben auf *-en*, bleiben im Mittelhochdeutschen von den übrigen schwachen Verben getrennt. Im Verhältnis zum Althochdeutschen hat sich diese Untergruppe der *jan*-Verben, die im Präteritum den nicht umgelauteten Vokal bewahrt, durch die Durchsetzung des Umlauts im Präsens bei allen umlautfähigen Vokalen vergrößert.

Im Mittelhochdeutschen muss daher bei relativ vielen Verben mit diesem Nebeneinander gerechnet werden:

kuste   – *küssen*
hôrte   – *hœren*
wânte   – *wænen*
gruozte   – *grüezen*
troumte   – *tröumen*

Im Neuhochdeutschen ist das Nebeneinander umgelauteter und nicht umgelauteter Formen vom Typ *tröumen – troumte* in den meisten Fällen zugunsten des Umlautes ausgeglichen worden:

träumen   – *träumte*

Nur bei einer kleinen Gruppe von Verben ist ein Nebeneinander von Umlaut-*e* im Präsens und nicht umgelautetem Vokal *a* im Präteritum im Neuhochdeutschen erhalten: *kennen – kannte*; *nennen, rennen, senden, wenden*.

Zur sprachhistorischen Erklärung des Umlauts sieh Kapitel III.2.b), zur Erklärung des Rückumlauts sieh Kapitel I.1.b).

Schwache Verben mit vokalischen und konsonantischen Besonderheiten

Kontraktionen

Die Form *geseit* in Strophe 1,1 des Nibelungenliedes ist Partizip Präteritum zum schwachen Verb *sagen* und zeigt im Vergleich zu der erwarteten Form *gesaget*, die in Strophe 8,1 auftritt, eine Besonderheit.

Die Lautgruppe -*age*- wird vielfach zu -*ei*- kontrahiert. Diese Kontraktion ist zum Beispiel auch in dem Substantiv *diu maget* eingetreten: *diu meit*, worauf nhd. *die Maid* zurückgeht.

Andere mittelhochdeutsche Kontraktionen sind:

-*ege*-   >   -*ei*-
-*ige*-   >   -*î*-
-*ibe*-   >   -*î*-
-*ide*-   >   -*î*-

Die Kontraktionen treten vor allem in der Verbalflexion auf, und zwar bei schwachen und bei starken Verben.

Beispiele aus der Textauswahl (Kapitel VI):

Hartmann von Aue, Der arme Heinrich
V. 20 *geleit* < *geleget*, zum schwachen Verb *legen*
V. 90 *geseit* < *gesaget*, zum schwachen Verb *sagen*

Wolfram von Eschenbach, Willehalm
V. 1,19 *gît* < *gibet*, zum starken Verb *geben*

Die Kontraktionen beginnen schon im Spätalthochdeutschen, wie das folgende Beispiel zeigt:

Notker, Psalter Nr.1
V. 1 *chît* < *chidit*, zum starken Verb *cheden*
           (= *quidit*) (= *quedan*)

Der Fall *denken – dâhte*
Die Form *ich dâhte* (Walther von der Vogelweide, V. 6) ist zu bestimmen als 1. Pers. Sing. Ind. Prät. eines schwachen Verbs. Der Infinitiv lautet *denken*; er ist mit Umlaut von *a* zu *e* aus germ. **þank-jan* entstanden. Im Präteritum ist kein Umlaut eingetreten, da der Bindevokal nach langer Wurzelsilbe ausgefallen ist. In der zugrunde liegenden Form germ. **þank-ta* ist aufgrund des unmittelbaren Zusammentreffens des *k* mit dem Dental der so genannte primäre Berührungseffekt eingetreten. Die Lautgruppe *k* + Dental wurde dadurch bereits im Germanischen zu *ht*. Vor *h* fiel *n* dann aus unter Ersatzdehnung des vorhergehenden Vokals: *anh* > *âh*.

Ganz entsprechende Verhältnisse liegen bei dem mittelhochdeutschen Verb *dünken – dûhte* vor:

*þank-jan   >   denken   **þunk-jan*   >   dünken
*þank-ta > **þanh-ta* > dâhte   **þunk-ta* > **þunh-ta* > dûhte

Die Entwicklung der Lautgruppe *k* + Dental zu *ht* unterblieb, wenn zwischen *k* und Dental im Germanischen ein *i* gestanden hat, das erst später ausfiel; so erklärt sich das Nebeneinander von *trenken – trankte* (mit einer Zwischenstufe **trank-i-ta*) und *denken – dâhte*.

Zum primären Berührungseffekt und zu Nasalausfall und Ersatzdehnung vergleiche man Kapitel III.1.b).

Mischformen starker und schwacher Verben
In Vers 8 des Armen Heinrich (Textauswahl, Kapitel VI) steht die Form *begunde*, 3. Pers. Sing. Ind. Prät. eines schwachen Verbs. Nach dem Nasal *n* erscheint das Dentalsuffix als *d*. Der Infinitiv lautet *beginnen*. Zu diesem Verb gibt es auch starke Präteritumsformen. Sie lauten nach der Ablautreihe IIIa (Nasal + Konsonant): be-

gan, begunnen. Der schwachen Präteritumsform *begunde* liegt im Vokalismus die starke Präteritumsform *begunnen* zugrunde, *begunde* zeigt also Ablaut und Dentalsuffix zugleich.

Die bei *dûhte, dâhte* beobachteten Veränderungen und die bei *begunde* auftretende Mischung von Kriterien starker und schwacher Verben treten bei dem Verb *bringen – brâhte* gemeinsam auf. Neben *brâhte* stehen im Mittelhochdeutschen auch die starken Verbformen *branc – brungen*.

brâhte geht auf **brangta* zurück. Die Lautgruppe *g* + Dental wird wie *k* + Dental durch primären Berührungseffekt zu *ht*: **branhta*. Durch Nasalausfall und Ersatzdehnung wird daraus ahd. *brāhta*, mhd. *brâhte*.

☞ **Übungsaufgabe**

Bestimmen Sie die schwachen Verben im Nibelungenlied, 1. Âventiure!

Musterlösung (Strophe 1-3):
1. *geseit* (1,1): Part. Prät. des sw. V. *sagen* mit Kontraktion von *-age-* zu *-ei-*.
2. *hœren* (1,4): Inf.
3. *sagen* (1,4): Inf.
4. *muoten* (3,2): 3. Pers. Plur. Ind. Prät. des sw. V. *muoten* 'begehren', mit Vereinfachung von *t-t* zu *t*, ohne Bindevokal nach langer Wurzelsilbe wegen des Diphthongs.
5. *zierten* (3,4): 3. Pers. Plur. Konj. Prät. des sw. V. *zieren*, ohne Bindevokal nach langer Wurzelsilbe wegen des Diphthongs, Bestimmung als Konjunktiv nicht an der Form erkennbar, aber aus dem Kontext zu entnehmen ('hätten [auch] andere Frauen geschmückt').

c) Präterito-Präsentien

(→ Übersicht: Kapitel VII, Nr. 22)

Der Begriff Präterito-Präsens

Ausgangspunkt ist die Bestimmung der Verbformen in den Versen 1,4 – 2,2 des Nibelungenliedes:

von küener recken strîten,   muget ir nu wunder hœren sagen.
Ez wuohs in Burgonden   ein vil edel magedîn,
daz in allen landen   niht schœners mohte sîn

Die Form *muget* ist als 2. Pers. Plur. Ind. Präs. zu bestimmen: 'ihr könnt'. Die zu *muget* gehörige Singularform lautet *ich mac*. Diese Form steht zu der Form *muget* in einem ablautähnlichen Verhältnis, das sich freilich so (als Wechsel *a – u*, nicht vor Nasal oder Liquid + Konsonant) nicht in den Ablautreihen der starken Verben identifizieren lässt. Die Form *mac* entspricht nach Ablautvokal *a*, einfachem Konsonanten, der nicht Nasal oder Liquid ist, und Nullendung einer Form wie *gap* (zu *geben*). In dieser Ablautreihe würde man im Plural den Vokal *â* erwarten. Doch lässt sich auch die Pluralform *muget* der Endung nach als Präteritumsform eines starken Verbs verstehen.

Die Übersetzung der Textstellen erbringt folgenden Befund: Die Präteritumsformen *mac – muget* haben präsentische Bedeutung: 'ich kann' – 'wir können'. Ein starkes Verb, dessen Präteritumsform Präsensbedeutung hat, heißt Präterito-Präsens (Plural: die Präterito-Präsentien).

Verbklasse	Form	Bedeutung
starke Verben	Präteritum: *gap – gâben*	Präteritum: 'ich gab – wir gaben'
Präterito-Präsentien	Präteritum: *mac – mugen*	Präsens: 'ich kann – wir können'

Die besonderen Bedeutungsverhältnisse dieser Verben können durch einen Vergleich mit lat. *vidēre* 'sehen' verdeutlicht werden, das mit mhd. *weiz* etymologisch verwandt ist. Der Präteritumsform *weiz* hat ursprünglich eine Bedeutung 'ich habe gesehen' entsprochen. Sie bezeichnet einen Vorgang, der vom Standpunkt des Sprechers aus gesehen abgeschlossen ist, dessen Ergebnis aber in seine Gegenwart hineinwirkt. Wird dieses Hineinwirken in die Gegenwart, also das Ergebnis des Gesehenhabens, bezeichnet, so ergibt sich für die Präteritumsform die Präsensbedeutung 'mir ist bekannt, ich kenne, ich weiß'. Der abgeschlossene Vorgang wird dann nicht mehr als Vorgang gesehen, sondern in seinem in der Gegenwart fortdauernden Ergebnis.

Im Mittelhochdeutschen hat die Präteritumsform nur noch präsentische Bedeutung. Im Hinblick auf diese Bedeutung sind die Formen *ich weiz, ich mac* usw. als 1. Pers. Sing. Ind. Präs. eines Präterito-Präsens zu bestimmen. Da somit die ursprüngliche Präteritumsform Präsensfunktion hat, ergibt sich die Notwendigkeit, die Bedeutung 'Präteritum' durch eine andere Form auszudrücken. Diese Form wird nach Art der schwachen Verben gebildet. Das Dentalsuffix tritt an die Wurzel in der Ablautstufe des Präsens Plural, die – wie gesagt – urspünglich die Präteritum-Plural-Form war:

ich mac – wir mugen: *ich *mug+ta > mohta > mohte*

(mit Senkung des *u* zu *o* und Veränderung des *g* zu *h* aufgrund des primären Berührungseffekts; zur Senkung sieh Kapitel III.2.a), zum primären Berührungseffekt sieh Kapitel III.1.b).

Die Ablautreihen der mittelhochdeutschen Präterito-Präsentien

Da die Präterito-Präsentien in ihren Präsensformen die ehemaligen Präteritumsformen starker Verben bewahren, lassen sie sich den Ablautreihen zuordnen. Dabei zeigen sich allerdings an einzelnen Stellen Abweichungen vom Normalverhalten der starken Verben. Die Formen werden in folgender Reihenfolge gegeben: Infinitiv, 1. und 3. Person Singular Indikativ Präsens, 2. Person Singular Indikativ Präsens, 1. und 3. Person Plural Indikativ Präsens, 1. und 3. Person Singular Indikativ Präteritum, 1. und 3. Person Singular Konjunktiv Präteritum, Partizip Präteritum. Die Infinitivform ist von der Präsens-Plural-Form gebildet und hat deren Wurzelvokal, der nicht mit dem Infinitiv der starken Verben, sondern mit ihrer Präteritum-Plural-Form übereinstimmt.

Reihe Ia:
| *wizzen* | *weiz* | *weist* | *wizzen* | *wisse* | *wisse* | *gewist* | 'wissen' |
| – | – | – | *eigen* | – | – | *eigen* | 'haben' |

Das Verb *wizzen* entspricht mit dem Vokalwechsel *ei – i* ganz der Reihe Ia. Im Präteritum gibt es neben der Form *wisse* im Indikativ und im Konjunktiv die Formen *wesse* (so z.B. Nibelungenlied, Strophe 18,3), *wiste* und *weste*, im Partizip steht neben *gewist* auch *gewest*. Von dem Verb *eigen* ist nur der Plural Indikativ Präsens belegt, der aber den Vokal des Singulars hat, nämlich *ei* anstelle von *i*.

Reihe IIa:
| *tugen* | *touc* | – | *tugen* | *tohte* | *töhte* | – | 'förderlich, brauchbar sein' |

Das im Mittelhochdeutschen nicht vollständig belegte Verb hat den Vokalismus von Reihe IIa. Im Infinitiv und im Plural Indikativ Präsens gibt es die umgelautete Nebenform *tügen*.

Reihe IIIa:
| *gunnen* | *gan* | *ganst* | *gunnen* | *gunde* | *günde* | *gegunnen* | 'gönnen' |
| *kunnen* | *kan* | *kanst* | *kunnen* | *kunde* | *künde* | – | 'wissen, kennen, können' |

Die Vokale *a – u* entsprechen Reihe IIIa. Der doppelte Nasal beider Verben wird im Auslaut vereinfacht, beide haben Nebenformen: *günnen, künnen* im Infinitiv und im Plural Indikativ Präsens, *gonde, konde* im Indikativ Präteritum, *gunde, kunde* im Konjunktiv Präteritum. Im Partizip gibt es auch die schwache Form *gegunnet*.

Reihe IIIb:
durfen	*darf*	*darft*	*durfen*	*dorfte*	*dörfte*	–	'bedürfen, brauchen'
turren	*tar*	*tarst*	*turren*	*torste*	*törste*	–	'wagen'

Das Verb *durfen* entspricht mit den Vokalen *a – u* der Reihe IIIb (Kennzeichen Liquid + Konsonant *r + f*). Das Verb *turren* hat Liquid + Liquid (*r + r*) und gehört deshalb in diese Reihe. Im Singular *tar* ist *rr* im Auslaut vereinfacht. *rr* geht hier auf germ. *rs* zurück, das in den Formen *tarst, torste* unter besonderen Bedingungen bewahrt erscheint. Im Infinitiv und im Plural Indikativ Präsens gibt es umgelautete Nebenformen *dürfen* und *türren*.

Reihe IV:
suln	*sol*	*solt*	*suln*	*solde*	*sölde*	–	'sollen'

Das Verb *suln* hat einfachen wurzelschließenden Liquid und gehört deshalb in Reihe IV. Im Singular Indikativ Präsens ist der zu erwartende Vokal *a* noch in der Nebenform *sal* vorhanden. Der Plural Indikativ Präsens *suln* zeigt auch in den Nebenformen *süln* und *soln* eine Abweichung von den starken Verben dieser Reihe.

Reihe V:
mugen/	*mac*	*maht*	*mugen/*	*mohte/*	*möhte*	–	'vermögen,
magen			*magen*	*mahte*	*mähte*	–	können'

Das Verb erscheint im Plural des Präsens in zwei verschiedenen Formen, denen auch zwei verschiedene Infinitive und Präteritumsformen entsprechen. Es gehört wegen des wurzelschließenden Konsonanten, der nicht Nasal oder Liquid ist, in die V. Ablautreihe. Dem Vokalismus von Reihe V entprechen die Formen bis auf den Singular *mac* nicht. Im Infinitiv und im Plural Indikativ Präsens gibt es umgelautete Nebenformen *mügen, megen*.

Reihe VI:
müezen	*muoz*	*muost*	*müezen*	*muose*	*müese*	–	'mögen, können, dürfen, müssen'

Der Diphthong *uo* dieses Verbs entspricht dem *uo* von Reihe VI. Im Präteritum existieren Nebenformen vom Typ *muoste, müeste*.

Die Flexionsformen der Präterito-Präsentien im Präsens

Die Präsensformen der Präterito-Präsentien stimmen der Definition der Verbgruppe gemäß mit den Präteritumsformen der starken Verben überein. Deshalb zeigen die 1. und 3. Person Singular Indikativ Ø-Endung: *ih darf, er darf*. Die Pluralformen zeigen je nach Ablautreihe gegenüber dem Singular Ablaut. Die Endungen stimmen mit denen der starken und schwachen Verben überein: *-en, -et, -en*: *wir durfen, ir durfet, sie durfen*. Die Form der 2. Person Singular weicht von der der starken Verben ab. Sie hat den Ablautvokal des Singulars und die Endung *-t*, nicht *-e*: *dû darft* gegenüber *dû würfe*. Vor dem *-t* dieser Endung erscheint der ursprüngliche wurzelschließende Konsonant *g* von *mag* (mhd. *mac* mit Auslautverhärtung) durch primären Berührungseffekt (sieh Kapitel III.1.b) als *h*: *dû maht*. In der Form *dû tarst* ist der ursprüngliche Auslaut *rs* des Grundmorphems erhalten geblieben, der in anderen Formen zu *rr* entwickelt wurde (*wir turren*). In den Formen *dû weist* und *dû muost* hat sich *s* lautgesetzlich durch den primären Berührungseffekt entwickelt. Hier ist *t* sekundär wieder angetreten. Analog zu diesen *s*-haltigen Formen ist bei *dû kanst s* eingefügt worden. In den übrigen Formen ist dies erst später erfolgt.

Die Konjunktivformen entsprechen den Konjunktivformen der starken Verben im Präteritum. Sie haben also den Ablautvokal des Indikativ Plural, in der Regel mit Umlaut: *ich dürfe, dû dürfest* usw.

Die Flexionsformen der Präterito-Präsentien im Präteritum

Die Präteritumsformen der Präterito-Präsentien sind – was ihre Endungen angeht – regelmäßig schwach gebildet. Die schwache Endung tritt an das Grundmorphem in der Ablautstufe des Plural Präsens an. Auf das charakteristische Dentalsuffix *-t-* folgen also im Indikativ und im Konjunktiv die Endungen *-e, -est, -e, -en, -et, -en*, also *ich dorf-t-e, dû dorf-t-est* usw. Der Konjunktiv unterscheidet sich vom Indikativ durch den Umlaut: *ich dörfte, du dörftest* usw. Das Antreten der schwachen Präteritumsendung hat allerdings bei allen Präterito-Präsentien bestimmte Abweichungen in den Formen verursacht, die im Einzelnen erklärt werden müssen.

Wo das Grundmorphem im Plural Präsens und demnach im Infinitiv den Vokal *u* enthält, erscheint im Präteritum häufig der Vokal *o*. Zu dieser Senkung sieh Kapitel III.2.a).

tugen	*tohte*		
kunnen	*konde/kunde*	*gunnen*	*gonde/gunde*
durfen	*dorfte*	*turren*	*torste*
suln	*solde/solte*		
mugen	*mohte*		

Nach Nasal und Liquid erscheint das Dentalsuffix nicht als *t*, sondern als *d*:

gunde/gonde
kunde/konde
solde (neben *solte*)

In einigen Formen ist der Konsonant im Auslaut des Grundmorphems in der Präteritumsform verändert. Die Veränderung hat zum Teil auch das Dentalsuffix selbst erfasst. Anders als bei den schwachen Verben ist das Dentalsuffix ohne einen Bindevokal unmittelbar an das Grundmorphem des Präterito-Präsens angetreten. Dadurch ist hier der primäre Berührungseffekt erfolgt:

Velar + Dental > -*ht*-	Dental + Dental > -*ss*-
tohte	*wisse*
mahte, mohte	*muose* (mit Vereinfachung des *ss* zu *s* nach Diphthong)

In den Nebenformen *wiste, weste, muoste* ist in Analogie zu den Formen *tohte, dorfte, mahte/mohte* sekundär wieder das *t* als Präteritumszeichen eingefügt worden.

Zur phonetisch-phonologischen Terminologie siehe Kapitel III.1.a), zum primären Berührungseffekt siehe Kapitel III.1.b).

Zur Bedeutung der Präterito-Präsentien

Die Präterito-Präsentien sind wegen ihrer Bedeutung und wegen ihres häufigen Vorkommens in den Texten wichtig. Deshalb muss man sich besonders die Fälle einprägen, in denen die heutige Bedeutung der entsprechenden Verben stark von der Bedeutung im Mittelhochdeutschen abweicht. Das ist vor allem der Fall bei

darf 'ich bedarf, brauche'
mac 'ich vermag, kann'
muoz 'ich mag, kann, darf, muss'.

Unterschiede zwischen den Präterito-Präsentien im Althochdeutschen und im Mittelhochdeutschen

Ein Vergleich der mittelhochdeutschen mit den althochdeutschen Formen lässt folgende lautlichen und flexivischen Veränderungen erkennen. Infolge der Endsilbenabschwächung (dazu vergleiche man Kapitel III.2.c) sind die Formen der 1. und 3. Person Plural Indikativ Präsens und des Infinitivs identisch geworden. Die Endungsvokale der Präteritumsformen sind ebenfalls zu *e* abgeschwächt. Alle umlautfähigen Vokale erscheinen vor den im Althochdeutschen nachfolgenden *i* der

Konjunktivendungen umgelautet. Darüber hinaus stehen Umlaute auch im Plural des Indikativ Präsens sowie im Infinitiv. Da hier in der Folgesilbe nie ein Umlaut bewirkendes *i* gestanden hat, können diese Umlaute nicht lautgesetzlich sein. Möglicherweise handelt es sich um Angleichungen der Indikativformen an die Konjunktivformen oder an die schwachen Verben der Klasse II vom Typ *fürhten – forhte* mit Rückumlaut und Senkung des *u* zu *o* (*durfen – dorfte > dürfen – dorfte*).

Die Verbgruppe bewahrt ihre flexionsmorphologische Sonderstellung auch noch im Neuhochdeutschen (*weiß – wissen, kann – können* usw.). Die neuhochdeutschen Modalverben *dürfen, sollen, können, müssen, mögen*, nicht aber *wollen*, beruhen auf den mittelhochdeutschen Präterito-Präsentien.

☞ **Übungsaufgabe**

Bestimmen Sie die Präterito-Präsentien im Nibelungenlied, 1. Âventiure!

Musterlösung (Strophe 1-2):
1. *muget* (1,4): 2. Pers. Plur. Ind. Präs. des Präterito-Präsens *mac, mugen*, Ablautreihe V.
2. *mohte* (2,2): 3. Pers. Sing. Ind. Prät. des Präterito-Präsens *mac, mugen*, Ablautreihe V.
3. *muosen* (2,4): 3. Pers. Plur. Ind. Prät. des Präterito-Präsens *muoz, müezen*, Ablautreihe VI.

d) Besondere Verben

(→ Übersichten: Kapitel VII, Nr. 23-26)

Neben den starken und schwachen Verben und der Sondergruppe der Präterito-Präsentien existiert im Mittelhochdeutschen eine kleine Gruppe besonderer Verben, die unregelmäßige Flexionsformen besitzen. Dennoch bieten sie bei der Analyse mittelhochdeutscher Texte keine großen Probleme. Eine Form wie *ist* lautet im Neuhochdeutschen noch genauso und die Form *sint* ist relativ leicht mit nhd. *sind* zu identifizieren. Andere Formen zeigen wenigstens teilweise Übereinstimmungen mit regelmäßigen Formen, zum Beispiel ist die Form (*sie*) *tuont* an der Endung *-nt* als 3. Pers. Plur. Ind. Präs. erkennbar.

Zu den besonderen Verben rechnet man die Verben *sîn* 'sein', *tuon* 'tun', *wellen* 'wollen', *gân/gên* 'gehen', *stân/stên* 'stehen' sowie *hân* 'haben' und *lân* 'lassen'. Die Übersichten Nr. 23-26 in Kapitel VII enthalten die entsprechenden Formen. Das Verb *sîn* erscheint nur mit Präsensformen, da als Präteritum wie in der Gegenwartssprache die entsprechenden Formen des starken Verbs *wesen* verwendet werden. Ebenso werden die verkürzten Formen von *gân* und *stân* nur im Präsens verwendet. Als Präteritum dienen die zu den starken Verben *gangen* und *standen* gehörigen Formen *gienc* und *stuont*; neben *gienc* tritt auch die verkürzte Form *gie* auf. Dem Muster von *gân/gên* und *stân/stên* folgen im Mittelhochdeutschen auch die aus dem schwachen Verb *haben* und aus dem starken Verb *lâzen* (VII. Reihe) kontrahierten Verben *hân* und *lân*. Das Präteritum von *hân* ist ebenfalls kontrahiert zu *hâte*, *hete* usw., das Präteritum von *lân* verkürzt zu *lie*. Zu *wellen* gehört ein regelmäßig flektierendes schwaches Präteritum *wolde*, *wolte*.

2. Die Nomina

a) Substantive

(→ Übersicht: Kapitel VII, Nr. 27)

Die Hauptklassen des mittelhochdeutschen Flexionssystems der Substantive in synchroner Sicht

Aufgrund der lautlichen Veränderungen vom Althochdeutschen zum Mittelhochdeutschen sind die Flexionsformen im Mittelhochdeutschen stark vereinheitlicht worden. Diese Vereinheitlichung hat zur Folge, dass die Einteilung der Flexion der Substantive nach den ursprünglichen Stammklassen für das Mittelhochdeutsche nicht mehr durchgehend erkennbar ist. Aus synchroner Sicht kann die Flexion der Substantive im Mittelhochdeutschen etwa wie folgt neu klassifiziert werden. Die hier vorgeschlagene neue Einteilung kann die Hauptklassen der mittelhochdeutschen Substantivflexion für sich, aus synchroner Sicht, beschreiben. Sie ist aber auch so gestaltet, dass sie in Bezug zum Althochdeutschen gesetzt werden kann (sieh unten).

Folgende vier Klassen bilden die Hauptklassen der mittelhochdeutschen Substantivflexion:

1. Klasse

		Maskulinum		Neutrum		Femininum	
Sing.	Nom.	*der*	*bote*	*daz*	*herze*	*diu*	*zunge*
	Gen.	*des*	*boten*	*des*	*herzen*	*der*	*zungen*
	Dat.	*dem*	*boten*	*dem*	*herzen*	*der*	*zungen*
	Akk.	*den*	*boten*	*daz*	*herze*	*die*	*zungen*
Plur.	Nom.	*die*	*boten*	*diu*	*herzen*	*die*	*zungen*
	Gen.	*der*	*boten*	*der*	*herzen*	*der*	*zungen*
	Dat.	*den*	*boten*	*den*	*herzen*	*den*	*zungen*
	Akk.	*die*	*boten*	*diu*	*herzen*	*die*	*zungen*

Die 1. Klasse ist durch die einheitliche Endung *-en* charakterisiert, die außer im Nominativ Singular aller Genera und im Akkusativ Singular Neutrum in allen Kasus auftritt.

2. Klasse

Femininum

Sing.	Nom.	*diu*	*gebe*
	Gen.	*der*	*gebe*
	Dat.	*der*	*gebe*
	Akk.	*die*	*gebe*
Plur.	Nom.	*die*	*gebe*
	Gen.	*der*	*geben*
	Dat.	*den*	*geben*
	Akk.	*die*	*gebe*

Die 2. Klasse enthält nur Feminina. Sie unterscheidet sich von den Feminina der ersten Klasse durch das Fehlen des *-n* im Singular und im Nominativ und Akkusativ Plural.

3. und 4. Klasse

	Singular	Maskulinum		Neutrum		Femininum	
3. Klasse	Nom.	*der*	*tac*	*daz*	*wort*	*diu*	*zît*
	Gen.	*des*	*tages*	*des*	*wortes*	*der*	*zîte*
	Dat.	*dem*	*tage*	*dem*	*worte*	*der*	*zîte*
	Akk.	*den*	*tac*	*daz*	*wort*	*die*	*zît*
4. Klasse	Nom.	*der*	*gast*	*daz*	*blat*	*diu*	*kraft*
	Gen.	*des*	*gastes*	*des*	*blates*	*der*	*kraft* / *krefte*
	Dat.	*dem*	*gaste*	*dem*	*blate*	*der*	*kraft* / *krefte*
	Akk.	*den*	*gast*	*daz*	*blat*	*die*	*kraft*

Die 3. und 4. Klasse stimmen im Singular weitgehend überein. Das Nebeneinander der Formen *kraft* und *krefte* im Genitiv und Dativ Singular Femininum kann nur aus diachroner Sicht erklärt werden (sieh unten).

	Plural	Maskulinum		Neutrum		Femininum	
3. Klasse	Nom.	die	tage	diu	wort	die	zîte
	Gen.	der	tage	der	worte	der	zîte
	Dat.	den	tagen	den	worten	den	zîten
	Akk.	die	tage	diu	wort	die	zîte
4. Klasse	Nom.	die	geste	diu	bleter	die	krefte
	Gen.	der	geste	der	bleter	der	krefte
	Dat.	den	gesten	den	bletern	den	kreften
	Akk.	die	geste	diu	bleter	die	krefte

Im Plural der beiden Klassen sind außer bei den Neutra die Endungen ebenfalls identisch. Der Unterschied der beiden Klassen liegt darin, dass in der 3. Klasse Singular und Plural denselben Wurzelvokal haben, während in der 4. Klasse nur der Plural Umlaut des Wurzelvokals hat. Im Mittelhochdeutschen ist synchron nicht erklärbar, wo der Umlaut im Plural eintritt beziehungsweise unterbleibt (man vergleiche das Nebeneinander von *geste* und *tage* zu *gast* und *tac*).

Die Maskulina und Neutra der 3. und 4. Klasse sind von denen der 1. Klasse in sämtlichen Kasus außer im Dativ Plural unterschieden. Die Feminina der 3. und 4. Klasse unterscheiden sich von denen der 2. Klasse im Nominativ und Akkusativ Singular und im Genitiv Plural. Im Singular nehmen die Feminina der 4. Klasse aufgrund der Doppelformen im Genitiv und Dativ eine Zwischenstellung zwischen der 2. und 3. Klasse ein.

Die Substantive vom Typ *der hirte* und *daz künne* gehören aufgrund der Flexionsendungen und der Übereinstimmung des Wurzelvokals im Singular und Plural in die 3. Klasse, man vergleiche *des hirtes – des tages*, *des künnes – des wortes*, *diu künne – diu wort*. Der Nominativ und Akkusativ Singular Maskulinum/Neutrum sowie der Nominativ und Akkusativ Plural der Neutra zeigen dabei eine abweichende Form mit -*e*.

Das mittelhochdeutsche Flexionssystem im Vergleich mit dem des Althochdeutschen

Allgemein muss zuerst auf die lautlichen Veränderungen in der Substantivflexion vom Althochdeutschen zum Mittelhochdeutschen hingewiesen werden: Die althochdeutschen Endsilbenvokale -*u*, -*a*, -*o* und -*i* sind im Mittelhochdeutschen alle zu -*e* abgeschwächt; -*m* in Endungen ist zu -*n* geworden, mehrsilbige Endungen werden vielfach durch die Nebensilbenabschwächung und durch Apokope reduziert, zum Beispiel -*ōno* > -*en*.

	mhd.	ahd.
Dat. Plur. Neutr.	*mæren*	*mārim*
Gen. Plur. Mask.	*recken*	*reckōno*
Dat. Plur. Mask.	*strîten*	*strītim*
Dat. Plur. Neutr.	*landen*	*lantum*
Nom. Plur. Mask.	*degene*	*degana*

(Nibelungenlied, 1. Âventiure, Strophe 1 f.)

Diese Abschwächungen bewirken eine Vereinheitlichung der Flexionsformen, durch die die Unterschiede zwischen den ursprünglichen Flexionsklassen geringer werden.

Im Einzelnen lassen sich die im Mittelhochdeutschen aus synchroner Sicht ermittelten Substantivklassen wie folgt mit denen des Althochdeutschen vergleichen:

Leicht erkennbar ist zunächst, dass die 1. Klasse des Althochdeutschen (*n*-Flexion), die auch als schwach bezeichnet wird, im Mittelhochdeutschen bewahrt ist. Die 1. Klasse im Mittelhochdeutschen ist also die Fortsetzung der althochdeutschen Flexion mit den üblichen lautlichen Veränderungen zum Mittelhochdeutschen hin. Die schon im Althochdeutschen in einigen Kasus bestehende Endungsübereinstimmung zwischen den drei Genera ist durch die Abschwächung der Endungsvokale zu *e* beinahe vollständig geworden; lediglich der Akkusativ Singular Neutrum bildet eine Ausnahme. Die schwachen Neutra sind auch im Mittelhochdeutschen nur in geringer Zahl vertreten: Es handelt sich um die Körperteilbezeichnungen *herze*, *ôre*, *ouge* und *wange* sowie um *diu hîwen* 'die Eheleute'.

Die 2. Klasse der mittelhochdeutschen Substantive ist deutlich als Entsprechung der althochdeutschen 2. Klasse, der *ō*-Flexion, erkennbar. Alle im Althochdeutschen noch unterschiedenen Endungsvokale sind zu *e* geworden, sodass im Singular nur noch eine Form auftritt. Zusammen mit den Substantiven der 3. und 4. Klasse werden die Substantive der 2. Klasse auch als stark bezeichnet, im Gegensatz zu denen der 1. Klasse, die man auch schwach nennt.

Die beiden verbleibenden Klassen 3 und 4 entsprechen nicht in derselben einfachen Weise den althochdeutschen Klassen der *a*- und *i*-Flexion. Die Maskulina der 4. Klasse (Typ *gast – geste*) sind als Fortsetzung althochdeutscher *i*-Stämme erkennbar. Die Maskulina der 3. Klasse (Typ *tac – tage*) sind jedoch nur teilweise die Fortsetzung althochdeutscher *a*-Stämme (*tag – taga > tac – tage*). Hinzugekommen ist ein Teil der alten *i*-Stämme. Durch die Abschwächung der althochdeutschen Pluralendungen *-a* und *-i* zu *-e* sind die althochdeutschen *a*- und *i*-Stämme im Hinblick auf die Endungen vollständig identisch geworden. Althochdeutsche *i*-Stämme mit nicht umlautfähigem Wurzelvokal wie *i* (z.B. ahd. *scilt – scilti*, mhd. *schilt – schilde*) können daher im Mittelhochdeutschen überhaupt nicht mehr von den *a*-Stämmen unterschieden werden. In Klasse 4 stehen also im Mittelhochdeutschen nur noch die ehemaligen Substantive der *i*-Stämme mit Umlaut des Wurzelvokals im Plural. Während im Althochdeutschen der unterschiedliche Endungsvokal im Plural die Klassen unterscheidet, ist im Mittelhochdeutschen der Umlaut das Klassenmerkmal.

Von den femininen *i*-Stämmen des Althochdeutschen gilt entsprechend den Maskulina, dass diejenigen mit umlautfähigem Wurzelvokal im Mittelhochdeutschen in der 4. Klasse erscheinen. Von ihnen unterscheiden sich die Feminina mit nicht umlautfähigem Wurzelvokal (z.B. *zît – zîte*), die eine neue Klasse von Feminina im Mittelhochdeutschen bilden. Diese Feminina unterscheiden sich sowohl von den althochdeutschen *ō*-Feminina (2. Klasse) als auch von den *n*-Feminina (1. Klasse). Im Hinblick auf das Verhältnis der Flexionsendung im Nominativ Singular und im Nominativ Plural (-Ø : -e) können sie der 3. Klasse zugeordnet werden.

Althochdeutsch			Mittelhochdeutsch		
Maskulinum	Nom. Sing.	Nom. Plur.	Nom. Sing.	Nom. Plur.	Maskulinum
3. Klasse					3. Klasse
	tag	*tag-a*	*tac*	*tag-e*	(ohne Umlaut)
	scilt	*scilt-i*	*schilt*	*schild-e*	
4. Klasse					4. Klasse
	gast	*gest-i*	*gast*	*gest-e*	(mit Umlaut)

Althochdeutsch			Mittelhochdeutsch		
Femininum	Nom. Sing.	Nom. Plur.	Nom. Sing.	Nom. Plur.	Femininum
					3. Klasse (ohne Umlaut)
	zīt	*zīt-i*	*zît*	*zît-e*	
4. Klasse					4. Klasse
	kraft	*kreft-i*	*kraft*	*kreft-e*	(mit Umlaut)

Unverändert erscheinen im Mittelhochdeutschen die Neutra der 3. Klasse (*a*-Stämme): *daz wort – diu wort*. Die althochdeutschen Neutra mit dem Pluralkennzeichen *-ir* stimmen auch im Mittelhochdeutschen im Singular mit der Flexion der Neutra dieser Klasse überein. Je nach Wurzelvokal tritt vor dem Pluralkennzeichen *-ir* (mhd. *-er*) Umlaut oder Bewahrung des Wurzelvokals auf: *rint – rinder* neben *lamp – lember*.

Der umlautlose Typ *rint – rinder* kann als Variante zu den Neutra der 3. Klasse gestellt werden; der umlauthaltige Typ *lamp – lember* ordnet sich in die 4. Klasse ein. Die Singularformen stimmen auch in dieser Klasse mit denen des Maskulinums überein.

Die althochdeutschen *ja*-Stämme sind nur noch im Hinblick auf den Nominativ/Akkusativ Singular (bzw. Nominativ/Akkusativ Plural der Neutra) eine Variante innerhalb der 3. Klasse: *der hirte, daz künne* gegenüber *der tac* und *daz wort*.

Die Verwandtschaftsbezeichnungen auf *-er* bewahren ihre Ausnahmestellung mit durchgehender Endungslosigkeit im Singular, zum Beispiel Gen. Sing. *des vater*, neben Formen mit *-s*: *des vater(e)s*; im Plural flektieren sie nach der 3. beziehungsweise mit Umlaut nach der 4. Klasse, so etwa *die vater(e)* oder *die veter(e)*.

Die Unterklassen und Sonderfälle des Althochdeutschen sind im Mittelhochdeutschen im Ganzen reduziert. So weist etwa von den Wurzelnomina noch *man* eine endungslose Flexion auf, neben Formen nach der 3. Klasse: zum Beispiel Gen. Sing. *des man – des mannes*; Dat. Plur. *den man – den mannen*.

Die Singularformen der Feminina der 4. Klasse

Die im Text (Nibelungenlied, 1. Âventiure, Strophe 12, Vers 1) belegten Formen im Dativ Singular Femininum *krefte* und *kraft* führen auf das bereits festgestellte Nebeneinander der Doppelformen im Genitiv und Dativ Singular der Feminina der 4. Klasse. Die Form *krefte* ist die Fortsetzung der im Althochdeutschen praktisch allein vorkommenden Form *krefti*. Die Genitiv- und Dativ-Singular-Form *kraft* stimmt mit dem Nominativ und Akkusativ überein, sodass sich hier eine Einheitsform im Singular wie bei den Feminina der 2. Klasse ergibt. Im Hinblick auf den Plural ist diese Einheitsform des Singulars durch die Umlautlosigkeit gekennzeichnet. Es ergibt sich dadurch wie bei den Maskulina und Neutra der 4. Klasse eine eindeutige (grammatische) Zuordnung des Umlauts zum Plural. Die Genitiv- und Dativ-Form *kraft* hat sich im Laufe der weiteren Entwicklung durchgesetzt. Die Doppelformen im Singular der Feminina der 4. Klasse bewirken also keine Störung des Systems, sondern zeigen im Gegenteil die Tendenz zu noch stärkerer Vereinheitlichung. Man spricht in diesem Zusammenhang auch von der Grammatikalisierung des Umlauts.

Apokope und Synkope

Die Form *arn* (Nibelungenlied, Strophe 13, Vers 3) ist als Nominativ Plural Maskulinum zu bestimmen; die Form vergleicht sich der Form *boten*; der Nominativ Singular lautet *ar* gegenüber *bote*. In den Formen *ar* und *arn* ist der Laut *e* weggefallen. Wegfall des *e* am Wortende heißt Apokope, Wegfall des *e* im Wortinnern Synkope. Apokope und Synkope des *e* sind im Mittelhochdeutschen regelmäßig in einsilbigen auf *r* oder *l* ausgehenden Wörtern mit kurzer Wurzelsilbe (man vergleiche auch die Verbflexion) sowie in mehrsilbigen auf *-er*, *-el*, *-em*, *-en* ausgehenden Wörtern eingetreten. Dadurch entsteht ein geregeltes Nebeneinander *e*-haltiger und durch Apokope und Synkope entstandener *e*-loser Endungen:

   -e : *- Ø*   *-es* : *-s*   *-en* : *-n*

Das Wort *ar* ist Maskulinum der 1. Klasse und entspricht *bote*; die übrigen Formen lauten *arn* gegenüber *boten*.

Die Form *engel* ist Maskulinum der 3. Klasse und entspricht *tac*; im Genitiv Singular steht *des engels* gegenüber *des tages*, im Nominativ Plural *die engel* gegenüber *die tage*. Es können aber auch weiterhin Varianten mit Erhaltung des *e* vorkommen: *engeles – engele*.

Entsprechendes im Hinblick auf die Apokope/Synkope gilt für die Neutra der 3. Klasse, *des spils, dem spil* gegenüber *des wortes, dem worte* usw., und für die Feminina, *der tür* gegenüber *der zîte* usw. Die Endungsvarianten sind in diesen Fällen aufgrund der lautlichen Regelung in gegenseitiger Ausschließung verteilt (komplementär distribuiert).

Zur Apokope und Synkope sieh auch Kapitel III.2.c).

☞ **Übungsaufgabe**

Bestimmen Sie die Substantive im Nibelungenlied (1. Âventiure, Strophe 1 bis *hôchgezîten*)!

Musterlösung:
1. *mæren*: Dat. Plur., *daz mære*, starkes Neutrum (3. Klasse, da Umlaut im Singular und im Plural).
2. *wunders*: Gen. Sing. (partitiver Genitiv zu *vil*), *daz wunder*, starkes Neutrum (3. Klasse).
3. *helden*: Dat. Plur., starkes (*der helt*, 3. Klasse) oder schwaches Maskulinum (*der helde*, 1. Klasse).
4. *arebeit*: Dat. Sing. (mit reimbedingter apokopierter Endung -e), *diu arebeit*, starkes Femininum (3. Klasse, da kein Umlaut im Plural).
5. *fröuden*: Dat. Plur., *diu fröude*, starkes (2. Klasse) oder schwaches (1. Klasse) Femininum.
6. *hôchgezîten*: Dat. Plur., *diu hôchgezît*, starkes Femininum (3. Klasse).

b) Pronomen

(→ Übersichten: Kapitel VII, Nr. 28-34)

Das Personalpronomen der 1. und 2. Person

Zu den bei der Verbalflexion angegebenen Nominativformen *ich*, *dû*, *wir* und *ir* sind in der ersten Âventiure des Nibelungenliedes unter anderen folgende Flexionsformen belegt:

Strophe 1: *uns, ir*
Strophe 14: *du*
Strophe 15: *mir, ich*

Das Personalpronomen der 1. und 2. Person ist im Deutschen ungeschlechtig, das heißt: Es ist nicht nach Genera differenziert. Die Flexionskategorien sind Kasus und Numerus, zum Beispiel *mir*: Personalpronomen 1. Person, Dat. Sing.

Das Personalpronomen der 3. Person

Das Personalpronomen der 3. Person ist im Deutschen geschlechtig: Es wird unterschieden zwischen Maskulinum, Neutrum und Femininum. Im Mittelhochdeutschen lautet der Nom. Sing. *er, ez, siu*. Das Pronomen *siu* erscheint im Mittelhochdeutschen auch in den Varianten *sie* und *si*.

Das Reflexivpronomen

Für die 1. und 2. Person werden im Deutschen die Formen des Personalpronomens auch als Reflexivpronomen verwendet. In der 3. Person steht im Neuhochdeutschen die Form *sich* für Dativ und Akkusativ des Singulars und Plurals in allen Genera. Im Mittelhochdeutschen dagegen wurden die Numeri und Genera unterschieden: So heißt es etwa im Dativ Singular Maskulinum und Neutrum *im(e)*, im Femininum dagegen *ir(e)*.

Den Gebrauch der Formen verdeutlicht Vers 6 des Armen Heinrich: *er nam im manige schouwe an mislîchen buochen*. Die Form *im* ist Dativ Singular Maskulinum des Reflexivpronomens: 'Er verschaffte *sich* viele Einblicke in verschiedenartige Bücher.'

Artikel und Demonstrativpronomen

Die bei der Substantivflexion angegebenen Artikelformen *der, daz, diu* usw. sind zugleich Demonstrativ- und Relativpronomen. Die Formen entsprechen in den Endungen weitgehend denen des Personalpronomens der 3. Person. Im Mittelhochdeutschen existiert noch eine Instrumentalform *diu*, die jedoch fast nur noch in Kombination mit Präpositionen erscheint, zum Beispiel *after diu* 'nachher', *mit diu* 'während'.

Das Interrogativpronomen

Das Interrogativpronomen hat dieselben Endungen wie das Demonstrativpronomen. Es tritt jedoch nur im Singular, und da nur in den Formen des Maskulinums und des Neutrums, auf. Für das Femininum gelten die maskulinen Formen, also *wer*, *wes*, *wem(e)*, *wen*. Der Form *diu* beim Demonstrativpronomen entspricht die Instrumentalform *wiu*, die fast nur noch in Verbindung mit Präpositionen vorkommt, zum Beispiel *mit wiu* 'womit'.

Das zusammengesetzte Demonstrativpronomen

Neben dem einfachen Demonstrativpronomen *der*, *diu*, *daz*, das auch Artikelfunktion übernimmt, steht ein ursprünglich aus denselben Formen und einer Verstärkungspartikel *sa* zusammengesetztes Demonstrativpronomen, das in der Gegenwartssprache als *dieser* vorliegt. Im Mittelhochdeutschen sind für manche Kasus viele Varianten vertreten, die auf Umgestaltungen der ursprünglichen Formen beruhen. Als Haupttonvokal setzt sich im Mittelhochdeutschen der Vokal *i* durch, zum Beispiel im Nibelungenlied (Strophe 13,1): *in disen hôhen êren* (Dat. Plur. Fem., ahd. *desēm*, *desēn*, *disēn*). Die Neutrumform *diz* (Nom./Akk. Sing.) enthält die Affrikate *ts*, man vergleiche auch die Form *ditze*.

Possessivpronomen

Im Mittelhochdeutschen werden die Possessivpronomen *mîn*, *dîn*, *sîn*, *unser* und *iuwer* gebraucht. *sîn* wird bei der 3. Person für Maskulinum und Neutrum Singular gebraucht, im Femininum und im Plural aller Genera steht die Genitivform des Personalpronomens: *ir*. Diese wird gewöhnlich nicht flektiert.

Auch die Formen *mîn*, *dîn*, *unser* und *iuwer* gehen auf ehemalige Genitivformen des Personalpronomens der 1. und 2. Person Singular und Plural zurück; die Form *sîn* (Maskulinum, Neutrum) lässt sich auf den Genitiv des Reflexivpronomens zurückführen.

Die Possessivpronomen zeigen die Flexion der Adjektive (pronominal/stark; nominal/schwach). Nach bestimmtem Artikel findet sich die starke (neben der nominalen/schwachen) Endung. Ähnlich wie bei den Adjektiven kann auch die endungslose Variante benutzt werden, und zwar im Nominativ Singular aller Genera und im Akkusativ Singular Neutrum.

c) Adjektive

(→ Übersicht: Kapitel VII, Nr. 35)

Die Adjektivflexion im Neuhochdeutschen als einführende Betrachtung

Wie bei den Substantiven wird auch bei den Adjektiven im Mittelhochdeutschen zwischen einer starken und einer schwachen Flexion unterschieden. Während jedoch die Substantive entweder der starken oder der schwachen Flexion angehören, können die Adjektive sowohl stark als auch schwach flektiert werden. Dies entspricht im Prinzip den Verhältnissen, wie sie auch im Neuhochdeutschen bei der Adjektivflexion vorliegen:

mit großer Freude	*mit einer großen Freude*
mit blauem Rock	*mit einem blauen Rock*
großer Beifall	*der große Beifall*
> Das Adjektiv wird stark flektiert.	> Das Adjektiv wird schwach flektiert.
Die Endungen am Adjektiv entsprechen im Prinzip denen des bestimmten Artikels bzw. des Demonstrativpronomens.	Als Endungen stehen *-e* oder *-en*.

Ferner können auch Fälle eintreten, in denen das Adjektiv endungslos bleibt:

Der Mann ist groß
auf gut Glück

> keine Flexionsendung am Adjektiv.

Auf das Verhältnis der Verteilung der verschiedenen Endungen im Neuhochdeutschen wird hier nicht eingegangen; es genügt die Feststellung, dass es auch im Neuhochdeutschen diese verschiedenen Möglichkeiten der Flexion beim Adjektiv gibt[10]. Unter diachronem Aspekt wird jedoch im Folgenden auch das Nebeneinander der verschiedenen neuhochdeutschen Flexionstypen erklärbar.

Die starke Flexion der Adjektive ist die ursprüngliche indogermanische Flexion. Die schwache Flexion ist der schwachen Flexion der Substantive nachgebildet; sie ist eine Neubildung der germanischen Sprachen.

---

10 Zur Flexion des neuhochdeutschen Adjektivs vergleiche man Kapitel IV.1. in R. Bergmann – P. Pauly – C. Moulin-Fankhänel, Neuhochdeutsch.

Die mittelhochdeutschen Flexionsformen im Vergleich zur Substantiv- und Pronominalflexion

Im Nibelungenlied, 1. Âventiure, heißt es:

von grôzer arebeit (Strophe 1,2)
sine kundes niht besceiden baz der guoten (Strophe 14,2)

Die hier vorkommenden Adjektivformen im Dativ Singular Femininum *grôzer*, *guoten* können im Hinblick auf ihre Endungen mit entsprechenden Formen von Substantiven und Pronomen verglichen werden.

grôz-er	*diser*	Dat. Sing. Fem. des Demonstrativpronomens
	der	Dat. Sing. Fem. des bestimmten Artikels
guot-en	*zungen*	Dat. Sing. des schwachen Femininums *zunge*

Die Adjektivendung *-en* stimmt mit der der 1. Klasse der Substantive (*n*-Klasse), das heißt der schwachen Substantive, überein.

Mit der Endung *-er* kann die Endung des Pronomens beziehungsweise des bestimmten Artikels *diser*, *der* verglichen werden.

Ein Adjektiv kann also in demselben Kasus nebeneinander zwei verschiedene Flexionsformen zeigen, von denen sich die eine in synchronischer Sicht als pronominal, die andere als nominal (*n*-Klasse) ausweist, zum Beispiel Dat. Sing. Fem. *grôz-er* und *grôz-en*. Diese zwei Flexionsformen werden in der grammatischen Literatur auch als schwach (*grôz-en*) und als stark (*grôz-er*) bezeichnet.

Exemplarisch soll hier das System der Flexionstypen anhand des Femininums nochmals veranschaulicht werden:

Adj. *wîs*		Femininum, nominale/ schwache Flexion		Femininum, pronominale/ starke Flexion	
		wîs- + Endung	Vgl. Subst. *zunge*, *n*-Klasse	*wîs-* + Endung	Vgl. best. Art. bzw. Dem.-Pron.
Sing.	Nom.	*wîs-e*	*zung-e*	*wîs-iu*	*diu*
	Gen.	*wîs-en*	*zung-en*	*wîs-er*	*der*
	Dat.	*wîs-en*	*zung-en*	*wîs-er*	*der*
	Akk.	*wîs-en*	*zung-en*	*wîs-e*	*dise*
Plur.	Nom.	*wîs-en*	*zung-en*	*wîs-e*	*dise*
	Gen.	*wîs-en*	*zung-en*	*wîs-er*	*der*
	Dat.	*wîs-en*	*zung-en*	*wîs-en*	*den*
	Akk.	*wîs-en*	*zung-en*	*wîs-e*	*dise*

Die nominalen/schwachen Adjektivendungen stimmen vollständig mit den Endungen der 1. Klasse der Substantive (*n*-Klasse) überein.

Die pronominalen/starken Adjektivendungen stimmen beinahe vollständig mit der Flexion des Artikels *diu* überein. Die übrigen Formen lassen sich mit Formen anderer Pronomina vergleichen: *wîs-e* entspricht *dise*. Ähnliches gilt für das Maskulinum und Neutrum.

Im Nominativ Singular Maskulinum und Femininum sowie im Nominativ und Akkusativ Singular Neutrum tritt neben den nominalen/schwachen und pronominalen/starken Formen eine Form *wîs* mit Nullendung auf. Vergleichbare Formen innerhalb der Substantivflexion sind die Formen der starken Substantive *tag* (Maskulinum), *wort* (Neutrum) und *buoz* (Femininum, Sonderform der 2. Klasse, das heißt der ahd. *ō*-Klasse). Es handelt sich in Bezug auf die Nullendung also bei *wîs* ebenfalls um eine nominale, und zwar starke, Endung.

Das mittelhochdeutsche Flexionssystem im Vergleich mit dem althochdeutschen

Im Vergleich zum System des Althochdeutschen lässt sich für das mittelhochdeutsche System der Adjektivflexion anhand der obigen Tabelle für das Femininum Folgendes beobachten: Durch die Abschwächung der Nebensilben geht im Mittelhochdeutschen die Vielfalt der Endungen verloren, dies wirkt sich teilweise auf die funktionale Verteilung der Endungen aus. Die nominalen/schwachen Flexionsendungen sind zu -*e* beziehungsweise -*en* abgeschwächt worden. Eine Verringerung der Anzahl der Kasusendungen durch Zusammenfall der Endungen ist auch bei pronominalen/starken Formen zu beobachten: Die Endungen von Genitiv und Dativ Singular Femininum und von Nominativ und Akkusativ Plural Femininum sind identisch geworden. Im Unterschied zum Althochdeutschen steht im Dativ Plural nur eine einzige Form *wîsen*: Die althochdeutschen Formen nominal/schwach *wīsōm* und pronominal/stark *wīs-ēm* mussten durch die Abschwächung identisch werden. Es kann also hier nicht mehr zwischen den beiden Flexionstypen unterschieden werden. Ähnliche Auswirkungen der Abschwächung lassen sich für das Maskulinum und das Neutrum beobachten (sieh Kapitel VII, Übersicht Nr. 35).

Die Stammklassen der mittelhochdeutschen Adjektive

Die verschiedenen Adjektive können ferner, wie die Substantive, hinsichtlich ihrer Stammbildung eingeteilt werden. Im Althochdeutschen sind Reste der alten Stammbildungselemente noch deutlich erkennbar. Man unterscheidet im Althochdeutschen zwischen *a-/ō*-Stämmen (mit Endung auf Konsonanten), *ja-/jō*-Stämmen (mit Endung auf -*i*) und *wa-/wō*-Stämmen (mit Endung auf -*o*). Im Mittelhochdeutschen können die verschiedenen Stammbildungsklassen wie folgt erkannt werden:

— Die *a-/ō*-Stämme enden ebenfalls auf Konsonant, zum Beispiel *grôz*, *starc*.
— Die *ja-/jō*-Stämme sind dadurch gekennzeichnet, dass die Nullform auf -*e* (ahd. -*i*) endet. Wenn der Wurzelvokal umlautfähig ist, tritt ferner durch das ehemalige -*i* der Endung Umlaut ein, zum Beispiel *küene*, *schœne*.

- Die *wa-/wō*-Stämme sind nur in geringer Zahl vorhanden; sie sind dadurch erkennbar, dass sie außer in der Nullform ein *-w-* vor der Endung aufweisen, zum Beispiel *blâ* 'blau' – Nom. Sing. Mask., pronominal/stark: *blâwer*.

Die Verwendung der verschiedenen Adjektivformen

Weder im Althochdeutschen noch im Mittelhochdeutschen ist die Verwendung der verschiedenen Adjektivformen streng geregelt. Bestimmte Tendenzen sind jedoch erkennbar. Das Mittelhochdeutsche zeigt eine Verteilung der adjektivischen Mehrfachendungen, die der des Althochdeutschen weitgehend entspricht: nominale/ schwache Endungen bei inhaltlicher Bestimmtheit, zum Beispiel Nibelungenlied (1. Âventiure, Strophe 3,1): *Der minneclîchen meide* (= Kriemhilt); pronominale/starke Endungen bei inhaltlicher Unbestimmtheit, zum Beispiel Nibelungenlied (1. Âventiure, Strophe 6,2): *vil stolziu ritterscaft*. Im Mittelhochdeutschen ist allerdings eine stärkere Formalisierung des Endungsgebrauchs in Richtung der Monoflexion im Nominalsyntagma (Formregel) zu beobachten. Nominale/schwache Endung steht nach bestimmtem Artikel: *der guoten* (1. Âventiure, Strophe 14,2), *diu vil guote* (1. Âventiure, Strophe 18,2). Der unbestimmte Charakter des Substantivs wird im Mittelhochdeutschen im Unterschied zum Althochdeutschen sehr häufig durch den unbestimmten Artikel gekennzeichnet. Nach den Formen des unbestimmten Artikels stehen überwiegend pronominale/starke Adjektivendungen: *ein ûz erwelter degen* (Nibelungenlied, 1. Âventiure, Strophe 4,3), *Ein rîchiu küneginne* (Nibelungenlied, 1. Âventiure, Strophe 7,1).

In den Fällen, in denen dem Adjektiv kein Artikel vorangeht, wird die Tendenz zur formalen Regelung deutlich greifbar. Unabhängig davon, ob das Substantiv als bestimmt oder unbestimmt charakterisiert ist, steht praktisch durchweg die pronominale/starke Endung: *küener recken* (Nibelungenlied, 1. Âventiure, Strophe 1,4). Selbst bei vokativischem Gebrauch des Nominativs mit notwendig determinierender Funktion steht im Singular im Unterschied zum Althochdeutschen vorwiegend die pronominale/starke Endung: *vil liebiu muoter mîn* (Nibelungenlied, 1. Âventiure, Strophe 15,1).

Die Nullform steht häufig in prädikativer Verwendung, man vergleiche zum Beispiel die Form *undertân* in *in wâren undertân ouch die besten recken* (Nibelungenlied, 1. Âventiure, Strophe 8,2-3). Darüber hinaus wird die Nullform oft dann verwendet, wenn das attributive Adjektiv dem Substantiv nachgestellt ist: *ir pflâgen drîe künege edel unde rîch* (Nibelungenlied, 1. Âventiure, Strophe 4,1).

Oft wird ein Substantiv von attributiven Adjektiven umklammert; ein häufiger Typ für die dabei auftretende Endungsverteilung ist zum Beispiel *von rôtem golde guot* (Nibelungenlied, 29. Âventiure, Strophe 1795,2), also voranstehende pronominale/starke Form und nachfolgende Nullform.

Die Adverbbildung

Von Adjektiven können im Mittelhochdeutschen Adverbien anhand eines Suffixes *-e* (ahd. *-o*) abgeleitet werden. Solche Adverbien, die von Adjektiven abgeleitet sind, nennt man Adjektivadverbien.

Bei den Adjektiven mit *e* (ahd. *i*) in der Nullform (*ja-/jō*-Stämme), die einen umlautfähigen Vokal haben, erscheint das Adjektiv mit Umlaut, das Adverb dagegen ohne Umlaut. Durch die Abschwächung der Endungen zu *-e* unterscheiden sich die Nullformen von Adjektiv und Adverb also nur noch durch den Umlaut.

Adjektiv		Adverb	
ahd.	*herti*	ahd.	*harto*
mhd.	*herte*	mhd.	*harte*
	feste		*faste*
	schœne		*schône*
	spæte		*spâte*

Darüber hinaus wird im Mittelhochdeutschen das Suffix *-lîche* sowie die erstarrte Dativ-Plural-Form *-lîchen* als Adverbkennzeichen verwendet: *jæmerlîche* (Nibelungenlied, 1. Âventiure, Strophe 6,4).

Das Adverb zum Adjektiv *guot* heißt im Mittelhochdeutschen *wol*.

Die Komparationsformen

Mit der Komparation zeigt das Adjektiv eine Formenabwandlung, die nur ihm und einer Vielzahl von Adverbien zukommt. Die Bildungsweise im Mittelhochdeutschen ist leicht durchschaubar. Komparationsformen sind:

senfter (Der arme Heinrich, V.11)

jungest (Nibelungenlied, 1. Âventiure, Strophe 17,3)

Der Komparativ wird im Mittelhochdeutschen mit dem Suffix *-er*, der Superlativ mit dem Suffix *-est* gebildet.

Im Althochdeutschen waren zwei Möglichkeiten zur Bildung der Komparationsformen gegeben, die dann durch die Abschwächung der Nebensilbenvokale im Mittelhochdeutschen zusammenfielen: *-ir-*, *-ōr-* für den Komparativ und *-ist-*, *-ōst-* für den Superlativ. Die Verwendung der Suffixvarianten im Althochdeutschen zeigt eine gewisse Regelung: Bei Adjektiven mit *i* in der Nullform (*ja-/jō*-Stämme) stehen die Komparationssuffixe mit *i*. Mehrsilbige und zusammengesetzte Adjektive zeigen hauptsächlich das *ō*-Suffix, weshalb sie im Mittelhochdeutschen meist auch keinen Umlaut haben.

Im Mittelhochdeutschen zeigt sich ferner die Tendenz, bei den meisten einsilbigen Adjektiven unabhängig von der Stammzugehörigkeit auch umgelautete Formen in der Komparation zu bilden, zum Beispiel *grôz – græzer*, *junc – junger* oder *jünger*. Wenn das Adjektiv im Positiv bereits Umlaut zeigt, erscheint dieser auch in der Komparation: *senfte – senfter*, *schœne – schœner*.

☞ **Übungsaufgabe**

Bestimmen Sie die Adjektive im Nibelungenlied (1. Âventiure, Strophe 1)!

Musterlösung:
1. *alten*: Dat. Plur. Neutr., Nullform: *alt* (*a-/ō*-Stamm). Durch Zusammenfall der Endungen im Mittelhochdeutschen kann formal nicht mehr unterschieden werden, ob pronominal/stark oder nominal/schwach flektiert. Das Adjektiv ist attributiv gebraucht und steht vor dem Substantiv.
2. *lobebæren*: Dat. Plur. Mask., Nullform: *lobebære* (*ja-/jō*-Stamm). Hier liegt ebenfalls keine formale Möglichkeit der Bestimmung des Flexionstyps vor. Das Adjektiv ist attributiv gebraucht und steht nach dem Substantiv.
3. *grôzer*: Dat. Sing. Fem., pronominal/stark flektiert. Nullform: *grôz* (*a-/ō*-Stamm). Das Adjektiv ist attributiv gebraucht und steht vor dem Substantiv.
4. *küener*: Gen. Plur. Mask., pronominal/stark flektiert. Nullform: *küene* (*ja-/jō*-Stamm). Das Adjektiv ist attributiv gebraucht und steht vor dem Substantiv.

III. Einführung in die historische Phonologie

1. Konsonantismus

(→ Übersichten: Kapitel VII, Nr. 36 und 40)

Konsonantismus und Sprachgeschichte

Den lateinischen Wörtern *pater*, *piper* und *poena* entsprechen im Neuhochdeutschen die Wörter *Vater*, *Pfeffer* und *Pein*. Die althochdeutsche Form des Wortes *Pein* lautete *pīna*. Das Wort ist aus dem Lateinischen entlehnt, in dem neben der Form *poena* in jüngerer Zeit die Form *pēna* vorkam. Das Wort *Pfeffer*, ahd. *pfeffar*, geht auf lat. *piper* zurück. Anders als bei *poena* – *pīna* ist hier im Anlaut lat. *p*- durch die so genannte 2. Lautverschiebung zu ahd. *pf*- geworden, die Lautverschiebung, die das Althochdeutsche von den anderen germanischen Dialekten ausgliederte (man vergleiche engl. *pepper*). Auch inlautendes -*ff*- in postvokalischer Stellung ist Ergebnis dieser 2. Lautverschiebung.

Wenn in *pīna* diese Veränderung nicht eingetreten ist, so kann die Übernahme aus dem Lateinischen bei diesem Wort erst nach der Durchführung der 2. Lautverschiebung erfolgt sein. Die Untersuchung der Konsonantenverhältnisse führt also zu sprachgeschichtlichen Erkenntnissen über das Alter von Lehnwörtern im Deutschen.

Das Nebeneinander von *pater* und *Vater* kann nicht auf Übernahme nach der 2. Lautverschiebung beruhen. Eine solche Übernahme hat nämlich zu dem Lehnwort *der Pater* 'Ordensgeistlicher' geführt. Es kann aber auch nicht eine Übernahme vor der 2. Lautverschiebung wie bei *Pfeffer* erfolgt sein, da dann eine Verschiebung des anlautenden *p*- und des inlautenden -*t*- zu erwarten wäre. Vielmehr sind lat. *pater* und nhd. *Vater* urverwandt, sie lassen sich auf eine gemeinsame indogermanische Form zurückführen. Lat. *pater* repräsentiert im Anlaut den für die gemeinsame indogermanische Ausgangsform anzusetzenden Konsonanten *p*, wie er auch in griech. *patér*, altindisch *pitár*- vorliegt. Der Konsonant *f* in nhd. *Vater*, ahd. *fater*, engl. *father* entstand durch die 1. Lautverschiebung aus diesem idg. *p*, der Lautverschiebung, die die germanischen Sprachen aus den anderen indogermanischen Sprachen ausgliederte. Dieser so entstandene Konsonant *f* blieb in der 2. Lautverschiebung unverändert.

Die unterschiedlichen Entsprechungen zu lat. *p* in *pater*, *piper* und *poena* repräsentieren unterschiedliche Altersstufen in der Entwicklung des Konsonantismus vom Indogermanischen bis zum Neuhochdeutschen, die im Folgenden systematisch dargestellt wird. (Sieh auch Kapitel IV. Sprachgeschichtliche Grundlagen.)

a) 1. Lautverschiebung und grammatischer Wechsel

Der indogermanische Konsonantenbestand

Die Beobachtung von Übereinstimmungen in Formenbestand und Wortschatz einer Reihe von Sprachen hat zur Annahme einer gemeinsamen Vorstufe dieser Sprachen und zu der Rekonstruktion dieser Vorstufe (aber heute nicht mehr im Sinne einer Ursprache) geführt. Indogermanisch (oder Indoeuropäisch) nennt man die erschlossene gemeinsame Vorstufe der keltischen, romanischen, germanischen, slawischen, baltischen Sprachen, sowie des Griechischen, Albanischen, Persischen, des Altindischen (Sanskrit) und so weiter. Das Latein als ältester Repräsentant der romanischen Sprachen dient hier als Vergleichssprache im Sinne einer nicht germanischen Sprache gegenüber dem Althochdeutschen.

Die Konsonanten einer Sprache werden nach bestimmten Kriterien beschrieben, den artikulatorischen Merkmalen. Dabei unterscheidet man einerseits die Artikulationsart, andererseits die Artikulationsstelle, das heißt die Art der Hemmung des Luftstromes bei der Artikulation und den Ort dieser Hemmung. Ferner wird noch das Verhalten der Stimmlippen bei der Artikulation berücksichtigt. Zusätzlich können noch sekundäre Modifikationen auftreten, wie etwa die Behauchung.

Vom Germanischen aus sind folgende indogermanischen Konsonantenphoneme anzusetzen: $b, d, g; p, t, k; b^h, d^h, g^h; p^h, t^h, k^h; s$.

In Bezug auf die Artikulationsart steht der Reibelaut (Frikativ) s sämtlichen anderen Konsonanten gegenüber, die als Verschlusslaute (Explosive) bezeichnet werden können. Bei den Verschlusslauten werden behauchte und unbehauchte unterschieden; die Behauchung (Aspiration) wird durch ein hochgestelltes h bezeichnet. Innerhalb der behauchten und der unbehauchten Verschlusslaute sind nach der Stimmtonbeteiligung stimmhafte b, d, g und b^h, d^h, g^h von stimmlosen p, t, k und p^h, t^h, k^h zu unterscheiden. Diese vier Dreiergruppen zeigen jeweils dieselben Unterschiede in Hinsicht auf die Artikulationsstelle: b, b^h, p und p^h sind Labiale (Lippenlaute), d, d^h, t und t^h sind Dentale (Zahnlaute), g, g^h, k und k^h sind Velare (Gaumenlaute). Die Unterscheidung von palatalen und velaren Gaumenlauten spielt für das Germanische keine Rolle.

Die einzelnen Laute unterscheiden sich durch die jeweils verschiedene Verbindung der artikulatorischen Merkmale. b und d haben etwa die Merkmale Verschlusslaut, stimmhaft, unbehaucht gemeinsam; sie unterscheiden sich im Hinblick auf die Artikulationsstelle (Labial gegenüber Dental). b und p haben dieselbe Artikulationsstelle (Labial), sind beide unbehaucht und beide Verschlusslaute; sie unterscheiden sich im Hinblick auf die Stimmtonbeteiligung (stimmhaft gegenüber stimmlos). In diesem Konsonantensystem sind nur die Merkmale und damit nur die Laute berücksichtigt, die im sprachlichen System zur Unterscheidung von sprachlichen Zeichen dienen, also bedeutungsdifferenzierend sind und somit als Phoneme fungieren (vergleichbar sind etwa die neuhochdeutschen Phoneme /b/, /d/ und /p/, die zum Beispiel *Bein, dein, Pein* mit ihren Merkmalen voneinander unterscheiden).

Insgesamt können die explosiven und frikativen Konsonantenphoneme des Indogermanischen wie folgt dargestellt werden:

Artikulationsart	Stimmton	Behauchung	Artikulationsstelle		
			Labiale	Dentale	Velare
Verschlusslaute	stimmhaft	unbehaucht	/b/	/d/	/g/
		behaucht	/b^h/	/d^h/	/g^h/
	stimmlos	unbehaucht	/p/	/t/	/k/
		behaucht	/p^h/	/t^h/	/k^h/
Reibelaut	stimmlos/ stimmhaft			/s/	

Außerdem enthielt das indogermanische Konsonantensystem noch die Liquiden r und l sowie die Nasale m und n, die sich nicht verändert haben.

Zur allgemeinen phonologischen Terminologie: R. Bergmann – P. Pauly – C. Moulin-Fankhänel, Neuhochdeutsch, S. 24f.; R. Bergmann – P. Pauly –St. Stricker, Einführung in die Sprachwissenschaft, S. 25-32. Zur indogermanischen Sprachfamilie sieh Kapitel IV.1.

Die 1. Lautverschiebung

Die indogermanischen Verschlusslaute wurden zum Germanischen hin in folgender Weise verändert:

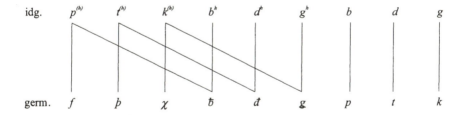

Die behauchten und unbehauchten stimmlosen Verschlusslaute des Indogermanischen sind zusammengefasst worden, da sie zum Germanischen hin dieselbe Entwicklung nahmen. Die behauchten und unbehauchten stimmhaften Verschlusslaute entwickelten sich dagegen in unterschiedlicher Weise. Im Einzelnen sind folgende Veränderungen festzuhalten:

Idg. b, d, g entwickeln sich zu germ. p, t, k. Aus stimmhaften werden stimmlose Verschlusslaute. Beispiele für diese Entwicklung können im Nebeneinander etymologisch identischer Wörter in verschiedenen indogermanischen Sprachen gefunden werden.

Beispiele:

idg. *d*	>	germ. *t*:	lat. *decem*	gegenüber	got. *taihun*
idg. *g*	>	germ. *k*:	lat. *ager*	gegenüber	got. *akrs*

Idg. *b^h*, *d^h*, *g^h* entwickeln sich zu germ. *ƀ*, *đ*, *ǥ*. Aus behauchten stimmhaften Verschlusslauten werden stimmhafte Reibelaute, die durch die durchstrichenen Buchstaben bezeichnet werden. Innerhalb des Germanischen werden diese Reibelaute vielfach zu den stimmhaften Verschlusslauten *b*, *d*, *g*.

Beispiele:

idg. *b^h*	>	germ. *ƀ* :	lat. *frater*	gegenüber	got. *brōþar*
			(*f* < *b^h*)		(*b* < *ƀ*)
idg. *d^h*	>	germ. *đ* :	lat. *medius*	gegenüber	got. *midjis*
			(*d* < *d^h*)		(*d* < *đ*)
idg. *g^h*	>	germ. *ǥ*:	lat. *hostis*	gegenüber	ahd. *gast*
			(*h* < *g^h*)		(*g* < *ǥ*)

Idg. *p$^{(h)}$*, *t$^{(h)}$*, *k$^{(h)}$* entwickeln sich entweder zu germ. *f*, *þ*, *χ* oder zu *ƀ*, *đ*, *ǥ*. Aus den stimmlosen Verschlusslauten werden entweder stimmlose oder stimmhafte Reibelaute. *þ* ist Zeichen für interdentalen Reibelaut, *χ* für velaren Reibelaut.

Beispiele:

idg. *p$^{(h)}$*	>	germ. *f*:	lat. *pater*	gegenüber	got. *fadar*
idg. *t$^{(h)}$*	>	germ. *þ*:	lat. *frater*	gegenüber	got. *brōþar*
idg. *k$^{(h)}$*	>	germ. *χ*:	lat. *canis*	gegenüber	got. *hunds*
idg. *p$^{(h)}$*	>	germ. *ƀ*:	lat. *septem*	gegenüber	got. *sibun*
					(*b* < *ƀ*)
idg. *t$^{(h)}$*	>	germ. *đ*:	lat. *pater*	gegenüber	got. *fadar*
					(*d* < *đ*)
idg. *k$^{(h)}$*	>	germ. *ǥ*:	lat. *socrus*	gegenüber	got. *swigar*
					(*g* < *ǥ*)

Das Nebeneinander der germanischen stimmhaften und stimmlosen Reibelaute aus idg. *p$^{(h)}$*, *t$^{(h)}$*, *k$^{(h)}$* ist auf den so genannten grammatischen Wechsel zurückzuführen und wird weiter unten behandelt.

Die oben beschriebenen konsonantischen Veränderungen der indogermanischen Verschlusslaute zum Germanischen hin werden als 1. Lautverschiebung bezeichnet. Ein Vergleich der indogermanischen und germanischen Entsprechungen zeigt zunächst, dass die Artikulationsstelle in allen Fällen bewahrt bleibt. Besonders auffällig und für das Germanische charakteristisch ist die Veränderung der Artikulationsart: Aus Verschlusslauten entstehen Reibelaute.

Ausgenommen von der 1. Lautverschiebung sind *p*, *t* und *k* in den Verbindungen *sp*, *st* und *sk*; ferner wird *t* in den Verbindungen *pt* und *kt* nicht verschoben.

Beispiele:

lat. *specio*	gegenüber	ahd. *spehōn*
lat. *stella*		ahd. *sterno*
lat. *piscis*		ahd. *fisc*
lat. *captus*		ahd. *haft* (mit -*ft* aus -*pt*)
lat. *octo*		ahd. *ahto* (mit -*ht* aus -*kt*)

Der grammatische Wechsel und die germanische Akzentfestlegung

Das Nebeneinander von germ. $\bar{b}$, $\bar{d}$, $\bar{g}$ (ahd. *b*, *t*, *g*) und germ. *f*, *þ*, χ (ahd. *f*, *d*, *h*) aus idg. $p^{(h)}$, $t^{(h)}$, $k^{(h)}$ setzt sich bis ins Althochdeutsche und Mittelhochdeutsche vor allem in der Verbalflexion als Nebeneinander verschiedener Konsonanten fort und ist teilweise bis ins Neuhochdeutsche zu verfolgen. Im Althochdeutschen wechseln innerhalb der Flexion mancher Verben die wurzelschließenden Konsonanten, was bei der Behandlung des starken Verbs schon sichtbar geworden ist:

| ahd. | *zīhan* | *zīhu* | *zēh* | *zigun* | *gizigan* |
| ahd. | *werdan* | *wirdu* | *ward* | *wurtun* | *wortan* |

Dem Nebeneinander von *h* und *g* entspricht im Germanischen ein Nebeneinander von χ und g; beide Laute gehen auf idg. $k^{(h)}$ zurück. Dem Nebeneinander von *d* und *t* entspricht im Germanischen ein Nebeneinander von *þ* und $\bar{d}$; beide Laute gehen auf idg. $t^{(h)}$ zurück. Zum Verständnis des Nebeneinanders von *h* und *g* sowie von *d* und *t* ist die Erklärung der Bedingungen erforderlich, unter denen idg. $t^{(h)}$, $k^{(h)}$ zu germ. *þ*, χ bzw. $\bar{d}$, $\bar{g}$ werden.

Im Indogermanischen konnte der nach bestimmten Regeln wechselnde Wortakzent auf den verschiedensten Silben eines Wortes liegen, wie an lateinischen Beispielen verdeutlicht werden kann:

| Akzent auf der Wurzelsilbe: | *ámo*, *Róma* |
| Akzent auf der Endung: | *amavísti*, *Romanórum* |

Im ältesten Germanischen war der freie Wortakzent zunächst auch erhalten. Er ist die Ursache für das Nebeneinander stimmloser und stimmhafter Reibelaute als Folgeformen von idg. $p^{(h)}$, $t^{(h)}$, $k^{(h)}$. Dieses Nebeneinander der stimmlosen und stimmhaften Reibelaute ist durch folgende Regelung zu erklären: Wenn der Akzent den idg. $p^{(h)}$, $t^{(h)}$, $k^{(h)}$ nicht unmittelbar vorausging und wenn die Umgebung stimmhaft war, entwickelten sich statt der stimmlosen die stimmhaften Reibelaute ƀ, đ, ǥ. In allen anderen Fällen, beispielsweise im Anlaut, der stets stimmlos ist, stehen die stimmlosen Reibelaute *f*, *þ*, *χ*. Diese Regelung heißt nach ihrem Entdecker, dem dänischen Sprachwissenschaftler Karl Verner (1846-1896), vernersches Gesetz.

In den Flexionsformen des Verbs *zīhan* kann also in den *g*-Formen *zigun*, *gizigan* der Wortakzent ursprünglich nicht vorausgegangen sein. In den *h*-Formen dagegen lag der Akzent auch im Indogermanischen auf der Wurzelsilbe. Diese indogermanischen Akzentverhältnisse in der Verbalflexion lassen sich an rekonstruierten Formen des Verbs *werdan* (mit * bezeichnet) aufzeigen:

	idg.	germ.	ahd.
1. Pers. Sing. Präs.	*u̯értō	*werþō	wirdu
1. Pers. Sing. Prät.	*(u̯e)u̯órta	*warþ(a)	ward
1. Pers. Plur. Prät.	*(u̯e)u̯r̥təmé	*wurđum(i)	wurtun
Part. Prät.	*u̯r̥tonós	*wurđan(a)z	wortan

Innerhalb der Verbalflexion ging der Akzent im Präsens und im Singular des Präteritums dem wurzelschließenden Konsonanten unmittelbar voraus; im Plural des Präteritums und im Partizip des Präteritums folgte der Akzent, sodass hier die stimmhaften Reibelaute entstanden. Im Althochdeutschen erscheinen *þ* und *đ* als *d* und *t*. Im Hinblick auf dieses Nebeneinander innerhalb desselben grammatischen Systems spricht man von grammatischem Wechsel.

Bei den stimmhaften und stimmlosen germanischen Reibelauten aus idg. $p^{(h)}$, $t^{(h)}$, $k^{(h)}$ handelte es sich zunächst um Varianten desselben Phonems, also um Allophone, deren Auftreten von dem Akzent und der lautlichen Umgebung abhing; die Varianten waren komplementär distribuiert. Eine wichtige, für das Germanische charakteristische sprachliche Entwicklung ist die Festlegung des ursprünglich freien Wortakzents auf den Wortanfang, das heißt in den meisten Fällen auf die Wurzelsilbe. Mit der Akzentfestlegung wird die Bedingung des Wechsels von stimmhaften und stimmlosen Reibelauten aufgehoben; die Allophone bekommen phonemischen Charakter. Die stimmhaften Varianten bilden zusammen mit den germanischen Entsprechungen von idg. b^h, d^h, g^h jeweils die germ. Phoneme /ƀ/, /đ/, /ǥ/; die stimmlosen Varianten *f*, *þ*, *χ* müssen ebenfalls als Phoneme betrachtet werden.

Zu den Folgelauten von idg. $p^{(h)}$, $t^{(h)}$, $k^{(h)}$ tritt im Germanischen der bewahrte Reibelaut *s* mit seiner stimmhaften Variante *z*, die im West- und Nordgermanischen durch Rhotazismus zu *r* entwickelt wird.

Zusammengefasst lässt sich die Entwicklung des grammatischen Wechsels bis zum Althochdeutschen in drei Schritten darstellen:

	1.	/f, ƀ/		/þ, đ/		/χ, ǥ/		/s, z/	
germ.	2.	/f/	/ƀ/	/þ/	/đ/	/χ/	/ǥ/	/s/	/r/
ahd.		/f/	/b/	/d/	/t/	/h/	/g/	/s/	/r/

Hinsichtlich der Verteilung des grammatischen Wechsels auf die Stammformen der Ablautreihen der althochdeutschen starken Verben kann also Folgendes festgehalten werden:

f	–	*b*
d	–	*t*
h	–	*g*
s	–	*r*

Inf.; Ind. Präs.; Sing. Ind. Prät.	Plur. Ind. Prät.; Part. Prät.
(Germ. Wortakzent ging ursprünglich $p^{(h)}$, $t^{(h)}$, $k^{(h)}$ unmittelbar voraus)	(Germ. Wortakzent folgte ursprünglich $p^{(h)}$, $t^{(h)}$, $k^{(h)}$)

Im Althochdeutschen sind innerhalb der Verbalflexion auch bereits Ausgleichstendenzen zu beobachten, sodass etwa der grammatische Wechsel aus dem Plural Präteritum auf die Singularformen übertragen wird: zum Beispiel *slahan, slahu, sluog, sluogun, gislagan*.

Diese Ausgleichstendenzen setzen sich im Mittelhochdeutschen und besonders im Frühneuhochdeutschen und im Neuhochdeutschen fort (man vergleiche etwa mhd. *er was – sie wâren*, nhd. *war – waren*).

b) Germanische Entwicklungen

Innerhalb des Germanischen haben noch weitere konsonantische Entwicklungen stattgefunden. Auf die wichtigsten wird im Folgenden eingegangen, sofern sie auch das Althochdeutsche betreffen.

Der Nasalausfall vor *h*

Innerhalb der Verbalflexion ist ein Nebeneinander von Formen mit und ohne *n* im Stamm zu beobachten, so etwa beim starken Verb der VII. Ablautreihe *fāhan – fāhu – fieng – fiengun – gifangan*. Das Fehlen des *n* im Infinitiv und im Indikativ Präsens hängt mit der Umgebung zusammen, in der das *n* auftritt.

Bereits gemeingermanisch schwindet *n* vor germ. *h*; dabei wurde der vorausgehende Vokal zuerst nasaliert, dann gedehnt. Man nennt diese Dehnung des vorausgehenden Vokals deshalb auch Ersatzdehnung.

Für das Verb *fāhan* ist also von folgender Entwicklung auszugehen, bei der die Gruppe -*an*- durch nasaliertes gedehntes *ã* ersetzt wurde, aus dem durch Entnasalierung der Langvokal *ā* wurde:

Infinitiv: gemeingerm. *fanh-an > *fãhan > *fāhan* = ahd. *fāhan*

In den Präsensformen schwindet das *n* der Regelung entsprechend ebenfalls unter Ersatzdehnung des vorausgehenden kurzen Vokals. Im Präteritum dieses Verbs steht dagegen kein *h*, sondern *g*: Hier tritt der grammatische Wechsel ein, wobei die Singularformen das *g* durch Ausgleich ebenfalls übernehmen. Das *n* bleibt erhalten, da ihm kein *h* folgte.

Nasalausfall vor *h* zeigen auch die schwachen Präteritumsformen *dāhta* (zu *denken*), *dūhta* (zu *dunken*), *brāhta* (zu *bringen*); sieh dazu auch den nächsten Abschnitt.

Innerhalb des Germanischen ist zudem das Schwinden von *n* vor den Reibelauten *f*, *þ* und *s* mit Ersatzdehnung des vorangehenden Vokals zu beobachten. Dieser Nasalausfall kommt aber nur in bestimmten germanischen Sprachen vor: Im Altsächsischen und Altenglischen tritt er ein, während im Gotischen und im größten Teil des althochdeutschen Sprachraums das *n* erhalten bleibt:

as. *fīf*	ae. *fīf*	gegenüber	got. *fimf*	ahd. *fimf*
	(engl. *five*)			(nhd. *fünf*)
as. *mūþ*	ae. *mūþ*	gegenüber	got. *munþs*	ahd. *mund*
	(engl. *mouth*)			(nhd. *Mund*)
as. *ūs*	ae. *ūs*	gegenüber	got. *uns*	ahd. *uns*
	(engl. *us*)			(nhd. *uns*)

Der primäre Berührungseffekt

Bereits auf Entwicklungen innerhalb des Indogermanischen bzw. des frühen Germanischen geht der so genannte primäre Berührungseffekt zurück, auf den bestimmte konsonantische Besonderheiten innerhalb der Verbalflexion zurückzuführen sind.

Der primäre Berührungseffekt betrifft den Zusammenstoß eines Konsonanten mit einem Dental innerhalb eines Wortes, was zu lautlichen Veränderungen führte. Betroffen sind folgende Kombinationen:

Velar	(*g*, *k*) + Dental	werden zu	*ht*
Labial	(*b*, *p*) + Dental	werden zu	*ft*
Dental	(*d*, *t*) + Dental	werden zu	*ss*

Mithilfe dieser Regelung können Flexionsformen der Präterito-Präsentien erklärt werden (PBE = Primärer Berührungseffekt):

Indikativ Präsens:

dū weist: *wait-t > *waiss > *wais > ahd. *weis* > *weis-t*
              (PBE)

An die ursprüngliche Wurzel **wait-* wird die alte Personalendung der 2. Person Singular angehängt, was zum unmittelbaren Zusammenstoß von Dental + Dental und somit zum primären Berührungseffekt führt (*waiss). Im Auslaut wird der Doppelreibelaut vereinfacht (*wais). Die *t*-Endung im Althochdeutschen ist nicht lautgesetzlich, sondern später hinzugefügt worden, wohl in Analogie zu lautgesetzlichen Formen wie *dū scalt, dū darft*.

    Ähnlich wie *dū weist* sind die Formen *dū muost* (*mōt-t > *mōss > *mōs > ahd. *muos-t*) und *du maht* (*mag-t > *maht*) zu erklären.

Indikativ Präteritum:

ih wissa: *wit-ta   > ahd. *wissa*
wir wissun: *wit-tun   > ahd. *wissun*
               (PBE)

An die ursprüngliche Wurzel im Präteritum (Ablautreihe Ia) **wit-* tritt unmittelbar die schwache Dentalendung des Präteritums (*wit-ta bzw. *wit-tun), ohne dass ein Bindevokal eingefügt wird. Dies führt zum Zusammenstoß von Dental + Dental und somit zum primären Berührungseffekt. Die althochdeutschen Formen heißen daher *wissa* bzw. *wissun*.

    Ähnlich wie bei *wissa* sind die Formen *muosa* (*mōt-ta > *muossa > *muosa* [nach Diphthong wird der Doppelreibelaut vereinfacht]) und die Formen *tohta, mahta/mohta* (**tug-ta,* **mag-ta/**mug-ta) zu erklären.

    Der primäre Berührungseffekt und der Nasalausfall vor *h* ermöglichen ferner eine Erklärung der schwachen Präteritumsformen *dāhta, dūhta* (zu ahd. *denken, dunken*):

Infinitiv	*þank-jan	>			ahd. *denken*
	*þunk-jan	>			ahd. *dunken*
Ind. Prät.	*þank-ta	>	*danh-ta	>	ahd. *ih dāhta*
	*þunk-ta	>	*dunh-ta	>	ahd. *ih dūhta*
	(kein Bindevokal im Prät.; PBE)	>	(Nasalausfall vor *h*; Ersatzdehnung des Vokals)		

Im Präteritum tritt der primäre Berührungseffekt bei *dāhta, dūhta* ein, weil die Dentalendung des Präteritums unmittelbar, ohne Bindevokal an die Wurzel getreten ist. In Fällen, wo ein Bindevokal *-i-* im Präteritum gestanden hat und danach erst ausgefallen ist, ist diese Regelung unterblieben, sieh etwa *trenken* – *trankta* (< **trank-i-ta*; das *i* fällt nach langer Wurzelsilbe aus).

Die schwache Präteritumsform zum starken Verb *bringen* ist ebenfalls mit den beiden erwähnten Regelungen zu erklären: Ahd. *ih brāhta* geht auf **brang-ta* zurück (schwaches Präteritum ohne Bindevokal, Antritt der Endung unmittelbar an die Wurzel des starken Präteritums *brang* von *bringan*, Ablautreihe IIIa): **brang-ta* (PBE) > **branhta* (Nasalausfall vor *h* und Ersatzdehnung des vorausgehenden Vokals) > ahd. *brāhta*.

Zu den Präterito-Präsentien sieh Kapitel I.1.c) und II.1.c); zu den Verben mit konsonantischen Besonderheiten Kapitel II.1.b).

Die westgermanische Konsonantengemination

→ Kapitel I.1.a) (Die *j*-Präsentien); I.1.b)

Dem Nebeneinander von einfachem *t* und doppeltem *t* in *gibetan* und *bitten* vergleicht sich das Nebeneinander von einfachem *l* in *zala* und doppeltem *l* in dem davon abgeleiteten *jan*-Verb *zellen*. Wie oben bei den althochdeutschen schwachen Verben beschrieben, trat bei den *jan*-Verben eine Verdopplung des wurzelschließenden Konsonanten ein, wenn das ehemalige *j* der Endung nicht einem *i* gewichen ist.

Doppeltes *t* in *bitten* lässt ebenfalls ein nachfolgendes *j* als Ursache der Gemination vermuten. Die Endung -*an* des Partizips zeigt aber, dass es sich nicht um ein schwaches Verb der *jan*-Klasse handeln kann. Mit *bitten* tritt also ein starkes Verb mit ehemaligem *j*-Suffix im Präsens auf, weshalb solche Verben auch *j*-Präsentien genannt werden.

Gemination durch nachfolgendes *j* ist Kennzeichen einer Reihe von germanischen Sprachen (Althochdeutsch, Altsächsisch, Altfriesisch, Altenglisch), die im Hinblick auf diese Lauterscheinung als westgermanische Sprachen dem Altnordischen und dem Gotischen gegenübergestellt werden.

Gemination bedeutet Dehnung des Konsonanten, die durch Doppelschreibung ausgedrückt wird. Außer *j* bewirken auch *w*, *r* und *l* Gemination eines vorausgehenden Konsonanten; da *j* in vielen Suffixen auftritt, ist dieser Fall der weitaus häufigste. Nach Langvokal beziehungsweise Diphthong wurde die Gemination meist wieder vereinfacht: Man vergleiche got. *dailjan* – ahd. *teilen*.

Beispiele:

germ.	**hugjan-*	ae.	*hycgan*
(got.	*hugjan*)	as.	*huggian*
		ahd.	*huggen*
germ.	**kunja*	ae.	*cynn*
(got.	*kuni*)	as.	*kunni*
		ahd.	*kunni*

germ.	*bidjan-	ae.	biddan
(got.	bidjan)	as.	biddian
		ahd.	bitten
germ.	*apla-	ae.	æppel
		ahd.	apfel (pf < pp)
germ.	*akr-	as.	akkar
(got.	akrs)	ahd.	ackar

Innerhalb der Flexion kann die Gemination auf ein *j*-haltiges Stammbildungselement des Germanischen verweisen, sodass diese geradezu ein Kennzeichen der Unterklasse der *ja-/jō*-Flexion ist (man vergleiche zum Beispiel *kunni*, *sippa*). Das Beispiel *kunni* zeigt ferner, dass innerhalb eines Flexionsparadigmas teilweise schon im Westgermanischen früh Ausgleichstendenzen eingetreten sein müssen. In den einzelnen Kasusformen steht im Althochdeutschen durchgehend Gemination, obwohl das *j* teilweise schon früh ausgefallen war und keine lautgesetzliche Gemination bewirken konnte.

Die mit *jan*-Suffix gebildeten schwachen Verben können die Gemination der Regel entsprechend nur in den Flexionsformen zeigen, in denen *j* nachfolgte. Zwischen Konsonanten erscheint *j* in seiner vokalischen Variante *i*, sodass hier keine Gemination eintreten konnte:

ahd. *sellen*	<	*sal-jan
ahd. *selita*	<	*sal-i-ta

Vor einem *i* der Flexionsendung ist *j* ausgefallen, sodass auch hier keine Gemination eintreten konnte:

ahd. *ih bittu*	<	*bid-j-u
ahd. *dū bitis*	<	*bid-j-is

Das Nebeneinander geminierter und ungeminierter Formen innerhalb desselben Flexionsparadigmas wurde im Althochdeutschen vielfach vereinheitlicht.

c) 2. Lautverschiebung

(→ Übersicht: Kapitel VII, Nr. 36)

Die Entwicklung des germanischen Konsonantenbestandes zum Althochdeutschen ist zum Teil schon im Zusammenhang mit dem grammatischen Wechsel vorgeführt worden.

Die germanischen stimmlosen Reibelaute f, $\þ$, s, χ erscheinen im Althochdeutschen als f, d, s, h. Die Reibelaute f und s bleiben also unverändert. $\þ$ wird im Althochdeutschen zuerst th geschrieben, was den stimmhaften Reibelaut bezeichnen dürfte; der Reibelaut χ wird teilweise bewahrt (man vergleiche ahd. *sehs*), teilweise zum Hauchlaut h; im Anlaut vor Konsonant schwindet er ganz. Man vergleiche insgesamt folgende Beispiele, wobei die altsächsischen und gotischen Formen den germanischen Stand repräsentieren sollen:

germ. f	>	ahd. f	as.	*faran*	ahd.	*faran*
germ. $\þ$	>	ahd. d	got.	*brōþar*	ahd.	*bruoder*
germ. s	>	ahd. s	as.	*wesan*	ahd.	*wesan*
germ. χ	>	ahd. h	as.	*fehu*	ahd.	*fihu*
germ. χ	>	ahd. $\emptyset$ im Anlaut	as.	*hnīgan*	ahd.	*nīgan*

Zu diesen Entwicklungen im Konsonantismus treten solche konsonantischen Veränderungen, die das Althochdeutsche von den anderen germanischen Dialekten trennen und die für das Althochdeutsche charakteristisch sind. Diese Neuerungen, die als 2. Lautverschiebung oder hochdeutsche Lautverschiebung bezeichnet werden, betreffen die Entwicklung der germanischen Konsonanten $ƀ$, $đ$, g und p, t, k.

Die stimmhaften germanischen Reibelaute $ƀ$, $đ$, g beziehungsweise die aus ihnen entstandenen stimmhaften Verschlusslaute b, d, g erscheinen im Althochdeutschen vielfach als b, t, g. Abweichungen von diesem Befund sind sprachgeographisch zu erklären und werden im Zusammenhang mit der sprachgeographischen Gliederung des Althochdeutschen näher erläutert.

Beispiele:

germ. $ƀ$	>	ahd. b	as. *geƀan*	ahd. *geban*
germ. $đ > d$	>	ahd. t	as. *dag*	ahd. *tag*
germ. g	>	ahd. g	as. *stīgan*	ahd. *stīgan*

Die wichtigste Veränderung innerhalb des Konsonantismus betrifft die stimmlosen germanischen Verschlusslaute p, t, k, die sich zum Althochdeutschen ganz speziell und typisch weiter entwickeln. Sie werden je nach Stellung im Wort unterschiedlich verändert, und zwar danach, ob sie postvokalisch oder nicht postvokalisch stehen:

Konsonantismus

postvokalisch			nicht postvokalisch a) im Anlaut b) postkonsonantisch c) in der Gemination		
p	t	k	p	t	k
|	|	|	|	|	|
ff	ss	hh	pf	ts	kch

In postvokalischer Stellung entwickeln sich aus einfachen Verschlusslauten Doppelreibelaute (Doppelfrikative). Diese Doppelreibelaute werden nach Langvokal, Diphthong sowie im Auslaut vereinfacht. Die Doppelfrikative werden meist *ff*, *zz*, *hh* oder *ch* geschrieben. Der mit *zz* bezeichnete Laut ist mit dem aus germ. *s* und seiner Geminate *ss* stammenden ahd. *s* und *ss* (geschrieben *s* und *ss*) artikulatorisch nicht identisch.

Für diese Entwicklung von germ. *p*, *t* und *k* in postvokalischer Stellung vergleiche man folgende Beispiele, wobei der Lautstand des Germanischen durch altsächsische Formen repräsentiert ist:

germ. *p*   > ahd. *ff*   as. *opan*   ahd. *offan*
        > ahd. *ff* > *f*   as. *slāpan*   ahd. *slāfan*
        (nach Langvokal)

germ. *t*   > ahd. *ss*   as. *watar*   ahd. *wazzar*
        > ahd. *ss* > *s*   as. *lātan*   ahd. *lāzan*
        (nach Langvokal)

germ. *k*   > ahd. *hh*   as. *makōn*   ahd. *mahhōn*
        > ahd. *hh* > *h*   as. *ōk*   ahd. *ouh*
        (nach Langvokal bzw.
        Diphthong und im Auslaut)

In nicht postvokalischer Stellung, das ist im Anlaut, nach Konsonant und in der Gemination, entwickeln sich aus den germanischen Verschlusslauten *p*, *t*, *k* die Affrikaten *pf*, *ts*, *kch*. Affrikaten (Singular: die Affrikate) sind Verbindungen aus einem Verschlusslaut und einem an derselben Stelle artikulierten Reibelaut; sie werden meist *pf* oder *ph*, *zz* oder *z* oder *tz*, *kh* oder *ch* geschrieben. Man vergleiche folgende Beispiele:

germ. *p*   > ahd. *pf*   as. *porta*   ahd. *phorta*
                             as. *sceppian*   ahd. *scepfen*
                             mnd. *damp*   mhd. *dampf*

Statt *pf* erscheint nach Liquid (*r*, *l*) *f*:

germ. *p*	>	ahd. *pf* > *f* (nach Liquid)	as. *werpan*	ahd. *werfan*
germ. *t*	>	ahd. *ts*	as. *tīd*	ahd. *zīt*
			as. *luttil*	ahd. *luzzil*
			as. *herta*	ahd. *herza*
germ. *k*	>	ahd. *kch*	as. *kind*	ahd. *chind*
			as. *akkar*	ahd. *acchar*
			as. *werk*	ahd. *werch*

Hinsichtlich der Graphien ist anzumerken, dass die Schreibungen *zz* und *ch* sowohl für die Doppelfrikative als auch für die Affrikate erscheinen.

Die Ausnahmen von der 2. Lautverschiebung sind wie bei der 1. Lautverschiebung *p*, *t*, *k* in den Verbindungen *sp*, *st*, *sk* sowie *t* in den Verbindungen *ft* und *ht*, man vergleiche ahd. *spil*, *stein*, *skōni*; ahd. *haft*, *naht*. Außerdem bleibt anlautendes *t* vor *r* unverschoben: got. *triggwa* – ahd. *triuwa*.

Abweichungen von der Verschiebung der germ. *p*, *t*, *k* sind – wie die Abweichungen bei der Behandlung der germ. *b*, *d*, *g* – sprachgeographisch zu interpretieren.

Sieh auch Kapitel IV.3.

Das Zusammenwirken von Konsonantengemination und 2. Lautverschiebung

Die Kenntnis der 2. Lautverschiebung und der Konsonantengemination ermöglicht die Erklärung der althochdeutschen Formen des Verbs *sizzen*, *sizzu*, *saz*, *sāzun*, *gisezzan*. Den Lautstand des Germanischen repräsentieren neben rekonstruierten germanischen Formen altsächsische Formen:

	germ.	as.	ahd.
Infinitiv	**sit-jan*	*sittian*	*sizzen*
1. Pers. Sing. Ind. Präs.	**sit-ju* (< *set-jō*)	*sittiu*	*sizzu*
3. Pers. Sing. Ind. Präs.	**sit-id̄*	*sitid*	*sizzit*
3. Pers. Sing. Ind. Prät.	**sat*	*sat*	*saz*
3. Pers. Plur. Ind. Prät.	**sēt*(-*um*)	*sātun*	*sāzun*
Partizip Präteritum	**-set*(-*anaz*)	*gisetan*	*gisezzan*

Das Altsächsische zeigt *tt* vor *j* im Infinitiv und in der 1. Person Singular Indikativ Präsens; es zeigt *t* in den übrigen Fällen, in denen kein *j* folgt. *tt* ist durch die westgermanische Konsonantengemination entstanden.

Geminiertes und einfaches *t* verhalten sich in der 2. Lautverschiebung unterschiedlich: Das *zz* in *sizzen* und *sizzu* ist daher als Affrikate zu interpretieren (germ. *tt* > ahd. *ts*), das *zz* in *sizzit*, *gisezzan* als Doppelfrikativ (germ. *t* postvokalisch > ahd. *ss*, geschrieben <*zz*>) zu interpretieren, der im Auslaut und nach Langvokal in *saz*, *sāzun* zu *z* vereinfacht ist. Später wurden die Präsensformen vereinheitlicht. Sie zeigen bis heute Affrikaten, während im Präteritum und im Partizip Präterium Frikative bewahrt sind (nhd. *sitzen – saß – gesessen*).

Ahd. *sizzen* ist wie *bitten* als starkes Verb mit *j*-Präsens zu bestimmen. Da im Germanischen dem Wurzelvokal ein einfacher Konsonant folgt, der nicht Liquid oder Nasal ist, können diese Verben nur der V. Ablautreihe zugewiesen werden. Dem entspricht auch der Vokalismus der Ablautreihe außer im Infinitiv, wo statt des *e* (wie in *geban*) ein *i* als Wurzelvokal steht. *i* ist die germanische Variante des *e* vor *j* der Folgesilbe. Zu *bitten* und *sizzen* gehört als drittes *j*-Präsens der V. Ablautreihe *liggen*:

ahd. *bitten*   (germ. **bid̄-jan*)   *bittu*   *bat*   *bātun*   *gibetan*

ahd. *sizzen*   (germ. **sit-jan*)   *sizzu*   *saz*   *sāzun*   *gisezzan*

ahd. *liggen*   (germ. **lig-jan*)   *liggu*   *lag*   *lāgun*   *gilegan*

In die VI. Ablautreihe gehören folgende *j*-Präsentien:

ahd. *heffen*   *heffu*   *huob*   *huobun*   *irhaban*   '(er)heben'
(germ. **haf-jan*; mit grammatischem Wechsel; *b* durch Ausgleich auch in den Singularformen des Präteritums)

ahd. *skepfen*   *skepfu*   *skuof*   *skuofun*   *giskaffan*   'schöpfen, (er)schaffen'
(germ. **skap-jan*)

ahd. *swerien*   *sweriu*   *swuor*   *swuorun*   *gisworan*   'schwören'
(germ. **swar-jan*; mit *o* statt *a* im Partizip Präteritum)

Zu den *j*-Präsentien vergleiche man Kapitel I.1.a); zur westgermanischen Konsonantengemination Kapitel III.1.b).

Die sprachgeographische Gliederung des Althochdeutschen aufgrund der 2. Lautverschiebung

Die vielfältige sprachliche Überlieferung des Althochdeutschen ist auf zeitliche, sprachsoziologische und sprachgeographische Gegebenheiten zurückzuführen. In althochdeutscher Zeit ist Latein die überregionale Schriftsprache. Deutsche Sprachformen gelangen nur in regional geprägter Form auf das Pergament, sodass die Bezeichnung Althochdeutsch stets als althochdeutsche Dialekte verstanden werden muss. 'Hochdeutsch' in 'althochdeutsch' ist nicht im Sinne einer überregionalen Hochsprache zu verstehen, sondern grenzt hochdeutsche von niederdeutschen Dialekten ab. Ferner spielt die zeitliche Erstreckung des Althochdeutschen eine Rolle: Es stehen sich ältere und jüngere althochdeutsche Sprachformen gegenüber. Diese zeitliche Erstreckung mit ihrem Nacheinander älterer und jüngerer Formen ist in der Überlieferung nur scheinbar als Nebeneinander zu verstehen. Wesentlich wichtiger ist hier, was tatsächlich nebeneinander im Raum vorkommt, welche dialektalen Unterschiede vorhanden sind.

Die regionale Gliederung des Deutschen ist seit Beginn des Althochdeutschen insbesondere durch die unterschiedliche Ausprägung der 2. Lautverschiebung bestimmt. Folgende heutige Dialektgebiete sind zu unterscheiden, wobei die erst in nachalthochdeutscher Zeit entstandenen östlichen Siedlungsmundarten unberücksichtigt bleiben.

Die Bezeichnung 'hochdeutsch' umfasst die mitteldeutschen und oberdeutschen Mundarten. Die hochdeutschen Mundarten stehen dem Niederdeutschen (in althochdeutscher Zeit: Altsächsischen) gegenüber, das von der 2. Lautverschiebung nicht erfasst wurde: germ. *p, t, k* und germ. *ƀ, đ, ǥ / b, d, g* sind hier unverändert bewahrt.

Gemeinsamkeit aller hochdeutschen Mundarten ist die Verschiebung von germ. *p, t, k* in postvokalischer Stellung zu *ff, ss, hh*, außer bei *t* nach Vokal in Kleinwörtern wie *dat, et, allet*. Darüber hinaus ist *t* im Anlaut, in der Gemination und in postkonsonantischer Stellung im gesamten Hochdeutschen zur Affrikate *ts* verschoben.

Die Grenzlinie zwischen Niederdeutsch und Hochdeutsch heißt nach dem Ort, bei dem sie den Rhein überquert, Benrather Linie. Sie trennt zum Beispiel:

postvokalisch	*p*	*t*	*k*	nicht postvokalisch *t*
nd.	open	water	maken	tīd
hd.	offen	wasser	machen	zeit

Die weitere Untergliederung des Hochdeutschen ist durch die geographische Verteilung der Verschiebung von germ. *p* in nicht postvokalischer Stellung bedingt. Im westlichen Mitteldeutschen ist germ. *p* im Anlaut, postnasal und in der Gemination unverändert bewahrt. Im Ostmitteldeutschen tritt im Anlaut *f* auf, in der Gemination *pp* und postnasal *p*. Im Oberdeutschen ist *p* in allen diesen Stellungen zu *pf* verschoben.

Die Grenze zwischen den mitteldeutschen und oberdeutschen Mundarten heißt Speyerer Linie. Sie trennt also zum Beispiel:

	im Anlaut	in der Gemination	postnasal
md.	*pund* (wmd.) *fund* (omd.)	*appel*	*damp*
obd.	*pfund*	*apfel*	*dampf*

Die Verschiebung von germ. *k* in nicht postvokalischer Stellung zu *kch* gilt nur in einem südlichen Teil des Oberdeutschen, nämlich südlich der *kind/chind*-Linie im Südalemannischen, man vergleiche *kind – chind, dank – danch, lecken – lekchen*.

Durch eine Reihe von Sonderfällen wird es möglich, den westmitteldeutschen Raum weiter zu untergliedern. Die meist schwach betonten Kleinwörter *das, was, es, alles* haben *t* auch südlich der Benrather Linie bewahrt. Die *dat/das*-Linie teilt das westliche Mitteldeutsche in Mittelfränkisch und Rheinfränkisch. Nördlich dieser Linie bleiben die Kleinwörter unverschoben, südlich werden sie entsprechend der Regelung zu *ss* (im Auslaut vereinfacht zu *s*) verschoben:

mfrk.	*dat*	*wat*	*et*	*allet*
rhfrk.	*das*	*was*	*es*	*alles*

Das Mittelfränkische wird heute in nördliches Ribuarisch (Ripuarisch) und südliches Moselfränkisch gegliedert; die Grenze wird durch den Gegensatz von unverschobenem *p* nach Liquid (also *rp, lp*) und den entsprechenden verschobenen Formen (also *rf, lf*) im Süden gebildet (*dorp/dorf*-Linie):

rib.	*dorp*	*helpen*
moselfrk.	*dorf*	*helfen*

Eine weitere Gliederung des Oberdeutschen in Ostfränkisch, Bairisch und Alemannisch wird mithilfe anderer Lauterscheinungen vorgenommen, da Lautverschiebungskriterien keine weitere Untergliederung ermöglichen. Auf diese Lauterscheinungen kann hier nicht eingegangen werden. Insgesamt muss zum Verständnis der Mundartkarte (Kapitel VII, Nr. 40) betont werden, dass die einzelnen Dialektgebiete grundsätzlich nicht durch eine scharfe Grenzlinie, sondern durch einen Grenzstreifen getrennt sind. Entsprechend sind auch alle Linien stets als Repräsentanten ganzer Bündel von ähnlich verlaufenden Linien zu verstehen. So verläuft beispielsweise im Bereich der *dat/das*-Linie auch die Grenze von nördlichem *korf* mit *f* aus germ. *ƀ* gegenüber südlichem *korb*.

Aufgrund der Ergebnisse der historischen Sprachgeographie kann wenigstens für die Hauptmundartgrenzen eine im Großen und Ganzen entsprechende Lage auch für die Zeit des Althochdeutschen angenommen werden. Daher können die althochdeutschen Texte aufgrund ihres Lautverschiebungsstandes auch sprachgeographisch eingeordnet werden, man vergleiche hierzu Kapitel IV. 3. Vielfalt des Althochdeutschen.

d) Vom Althochdeutschen zum Mittelhochdeutschen

Neben den Veränderungen im Vokalismus zeigt das Mittelhochdeutsche gegenüber dem Althochdeutschen noch einige konsonantische Entwicklungen auf, die anhand der folgenden Beispiele aus der ersten Âventiure des Nibelungenliedes veranschaulicht werden können:

	mhd.	wîp	kint	tac	schœners	wunders
		(2,3)	(19,4)	(18,2)	(2,2)	(1,1)
	ahd.	uuīb	kind	tag	scōnires	wuntares
		(Tatian 87,2)	(Otfrid 12)	(Tatian 148,8)		

Die mittelhochdeutschen Formen *wîp, kint, tac* zeigen im Vergleich zu den entsprechenden althochdeutschen Formen eine wichtige Veränderung im Bereich des Konsonantismus auf: Im Wort- und auch im Silbenauslaut, wenn kein Vokal folgt, verlieren die althochdeutschen stimmhaften Verschlusslaute /b/, /d/, /g/ ihre Stimmhaftigkeit. Diese so bezeichnete Auslautverhärtung wird im Mittelhochdeutschen graphisch gekennzeichnet, indem im Auslaut *p, t* und *c* geschrieben wird: mhd. *gelouben* aber *er geloupte*; mhd. *des kindes* aber *daz kint*; mhd. *des tages* aber *der tac*.

Im Neuhochdeutschen wird diese Auslautverhärtung weiter gesprochen. Graphisch wird sie aber nicht mehr gekennzeichnet, um die morphologische Zusammengehörigkeit der verschiedenen Formen innerhalb der Flexion eines Wortes zu kennzeichnen (morphematisches Prinzip der Orthographie): nhd. *der Tag* [ta:k] – *des Tages*.

Die mittelhochdeutsche Form *schœners* zeigt im Anlaut die Schreibung *sch* für ahd. *sk*: Hier wird der Mitte des 11. Jahrhunderts stattfindende Aussprachewandel von ahd. /sk/ zum mittelhochdeutschen Zischlaut *sch* entsprechend graphisch gekennzeichnet. Da kein entsprechendes Zeichen in dem aus dem Lateinischen übernommenen Alphabet vorhanden war, sind im Mittelhochdeutschen neben *sch* verschiedene Schreibungen belegt (etwa *ss, sh, s*), auch die alten Schreibungen *sk* und *sc* bleiben noch vielfach erhalten, zum Beispiel im Nibelungenlied *scœne* (2,3).

Die Form mhd. *wunder* gegenüber ahd. *wuntar* zeigt *d* statt *t* nach Nasal. Diese Entwicklung, die zum Teil bereits im Althochdeutschen zu beobachten ist, wird im Mittelhochdeutschen regelhaft: ahd. *bintan* – mhd. *binden*; ahd. *des lantes* – mhd. *des landes*. Auch in den schwachen Präteritumsformen kann entsprechend *-de* statt *-te* erscheinen: *er diende* neben *er diente*. So erscheint auch *nd* statt *nt* bei den Präterito-Präsentien *günnen* und *künnen* im Präteritum: *er gunde/gonde* und *er kunde/konde*. Gelegentlich wird *t* auch nach *l* stimmhaft: *er solde, wolde* neben *er solte, wolte*.

Im Nibelungenlied (Strophe 1,1) erscheint ferner die Form *geseit*: Es handelt sich um eine Kontraktion aus dem Partizip Präteritum *gesaget*. Vielfach schwinden im Mittelhochdeutschen *b, d, g* oder *h* zwischen Vokalen mit folgender Vokalkontraktion. Dies begegnet, wie im Falle von *geseit*, häufig innerhalb der Verbflexion: so etwa *er leit, gît* (*er leget, gibet*).

Sieh dazu auch Kapitel II.1.b)!

2. Vokalismus

a) Vom Indogermanischen zum Germanischen

Die Entwicklung der Vokalphoneme ist zu unterscheiden nach den Kurzvokalen einerseits und den Langvokalen und Diphthongen andererseits. Der Kurzvokalismus des Indogermanischen entwickelt sich gemäß folgender Übersicht zum Germanischen:

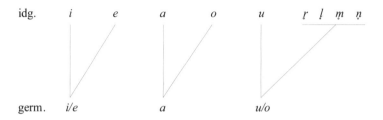

idg.　　*i*　　*e*　　*a*　　*o*　　*u*　　*r̥*　*l̥*　*m̥*　*n̥*

germ.　　*i/e*　　　　*a*　　　　　*u/o*

Zur Erläuterung dienen die folgenden Beispiele:

idg. *a* > germ. *a*: lat. *ager* – ahd. *ackar* 'Acker'
　　 o > 　　　 *a*: lat. *octo* – ahd. *ahto* 'acht'

Zu idg. *u* trat der vor silbischem *r̥*, *l̥*, *m̥*, *n̥* entwickelte Vokal *u*. [Silbische Nasale und Liquide bilden ohne Vokal den Silbenkern, wie z.B. in den Eigennamen *Srbik* oder *Krk*].

Idg. *u* wird im Germanischen zu *u* oder *o*, idg. *i* und *e* werden im Germanischen zu *i* oder *e*. Die Produkte dieser Entwicklung liegen im Althochdeutschen vor. Die Verteilung ist gleich geregelt: Vor *i*, *j*, *u* der Folgesilbe oder vor Nasalverbindung erscheinen *i* bzw. *u*, vor *a*, *e*, *o* der Folgesilbe erscheinen *e* bzw. *o*. Germ. *i/e* und *u/o* sind also komplementär verteilt, das heißt sie können nicht in derselben Umgebung auftreten.

Beispiele:

idg. *i* > germ. *i* vor *i*: lat. *piscis* – ahd. *fisk* 'Fisch'
　　 i > 　　　 *e* vor *o*: lat. *vir[os]* – ahd. *wer* 'Mann'
　　 e > 　　　 *e* vor *a*: lat. *edere* – ahd. *ezzan* 'essen'
　　 e > 　　　 *i* vor *u*: lat. *edo* – ahd. *izzu* 'ich esse'
　　 u > 　　　 *u* vor *i*: 　　　　　　　 ahd. *guldīn* 'golden', vgl. *gold*
　　 u > 　　　 *o* vor *o*: lat. *iugum* – ahd. *joh* 'Joch'

Diese Vokalentwicklungen werden Vokalsenkung und Vokalhebung genannt; manchmal begegnet auch die Bezeichnung Brechung. Die Entwicklung hat sich vor allem in den Ablautreihen der starken Verben ausgewirkt.

Die Langvokale und Diphthonge entwickeln sich gemäß der folgenden Übersicht zum Germanischen:

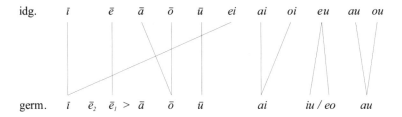

idg.   ī   ē   ā   ō   ū   ei   ai   oi   eu   au   ou

germ. ī   ē₂ ē₁ > ā   ō   ū   ai   iu / eo   au

Beispiele:

idg.		germ.				
ī	>	ī:	lat. *suīnus* Adj.	–	ahd. *swīn*	'Schwein'
ei	>	ī:	gr. *steícho*	–	ahd. *stīgu*	'ich steige'
ē	> ē₁ >	ā:	lat. *sēmen*	–	ahd. *sāmo*	'Same'
ā	>	ō:	lat. *frāter*	–	got. *brōþar*	'Bruder'
ō	>	ō:	lat. *flōs*	–	got. *blōma*	'Blüte'
ū	>	ū:	lat. *mūs*	–	ahd. *mūs*	'Maus'
ai	>	ai:	lat. *haedus*	–	got. *gaits*	'Bock'
oi	>	ai:	altlat. *oino(m)*	–	got. *ains*	'eins'
eu	>	iu:	gr. *geúomai*	–	ahd. *kiusu*	'ich wähle'
eu	>	eo:	gall. *Teuto-*	–	ahd. *deota*	'Volk'
au	>	au:	lat. *augēre*	–	got. *aukan*	'sich mehren'
ou	>	au:	idg. **roudhos*	–	got. *rauþs*	'rot'

Zu den Langvokalen ī, ā und ū traten durch Ersatzdehnung nach Nasalausfall entstandene Langvokale aus ursprünglichen Kurzvokalen, wie z.B. in *dāhta*, *dūhta* usw.; man vergleiche zum Nasalausfall Kapitel III.1.b).

Der Langvokal ē₂ ist ein in der Entwicklung von idg. ē (= germ. ē₁) unterschiedener Laut von komplexer und zum Teil unsicherer Herkunft.

b) Vom Germanischen zum Althochdeutschen

Die Kurzvokale des Germanischen erscheinen im Althochdeutschen gemäß folgender Entwicklung:

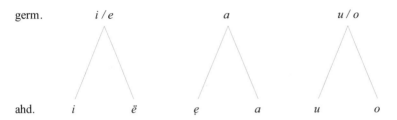

germ.   *i / e*   *a*   *u / o*

ahd.   *i*   *ë*   *ę*   *a*   *u*   *o*

Die im Germanischen nach den Folgevokalen bzw. folgender Nasalverbindung verteilten Vokale *i* und *u* einerseits (vor *i, j, u* und Nasalverbindung) sowie *e* und *o* andererseits (vor *a, e, o*) treten im Althochdeutschen verselbstständigt auf, da in vielen Fällen die ursprünglichen Bedingungen nicht mehr erhalten sind. So lautet zum Beispiel der Infinitiv eines *j*-Präsens der V. Ablautreihe *bitten*. Der Wurzelvokal *i* (statt *e* wie in *geban*) beruht auf dem ursprünglich folgenden *j* (Infinitiv *bidjan). Der aus idg. *i* oder *e* stammende *e*-Laut wird in der historischen Grammatik mit *ë* bezeichnet. Damit ist er graphisch unterschieden von *ę*, dem durch Umlaut aus *a* entstandenen *e*-Laut, der sich auch phonetisch von *ë* unterschied bzw. in manchen Dialekten bis heute unterscheidet. Germ. *a* wurde vor folgendem *i* oder *j* zu *ę* umgelautet; sieh hierzu auch Kapitel I.1.a) und III.2.c). Dieser Umlaut von *a* zu *ę* wird Primärumlaut genannt; er unterbleibt im Althochdeutschen allgemein vor den Konsonantenverbindungen *hs* und *ht* sowie vor Konsonant + *w*, im Oberdeutschen zum Teil auch vor anderen Konsonantenverbindungen.

Diese Veränderung ist der im Germanischen wirkenden Senkung oder Hebung von Vokalen in Abhängigkeit von den Folgelauten prinzipiell vergleichbar. Es wirken jeweils folgende hohe Vokale erhöhend und folgende tiefe Vokale senkend, wie sich mithilfe des Vokaldreiecks veranschaulichen lässt (Da für das Deutsche der *a*-Vokal nicht weiter differenziert werden muss, ist das Modell des Vokaltrapezes entbehrlich). Das Vokaldreieck ist eine schematische Darstellung der Orte der jeweils höchsten Zungenerhebung bei der Artikulation der verschiedenen Vokale. Zugrunde liegt eine Abstrahierung von einem Querschnitt durch den nach links gerichteten Mundraum.

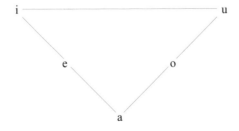

Je nach der Zungenwölbung können hohe von mittleren und tiefen Vokalen unterschieden werden (*i, u – e, o – a*) sowie vordere von hinteren (*i, e – o, u*).

Vor den mittleren Vokalen *e* und *o* sowie dem tiefen Vokal *a* stehen im Germanischen nur die mittleren Vokale *e* und *o* sowie der Diphthong *eo*. Vor den hohen Vokalen *i* (mit seiner konsonantischen Variante *j*) und *u* stehen im Germanischen nur die hohen Vokale *i* und *u* sowie der Diphthong *iu*.

In der Entwicklung zum Althochdeutschen wirkt ein folgendes *i* bzw. *j* auf ein vorausgehendes *a* ein: Die Veränderung des *a* zu *ę* vor *i/j* in der Folgesilbe ist als partielle Assimilation des *a* an *i/j* zu interpretieren und heißt *i*-Umlaut.

Beispiele für den Umlaut von *a* zu *ę* bieten alle *j*-haltigen Bildungen, also z.B. besonders die *jan*-Verben. Das kausative schwache Verb zum starken Verb *trinkan* wird von der Präteritumsform *trank* abgeleitet. Aus **trank-jan* wird durch Umlaut (und Endsilbenabschwächung) *trenken*.

Die Langvokale und Diphthonge zeigen vom Germanischen zum Althochdeutschen folgende Entwicklung:

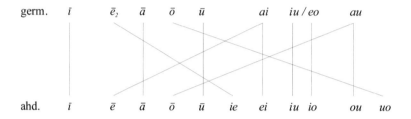

Germ. *ī, ā, ū* sind im Althochdeutschen unverändert erhalten. In einigen Wörtern werden die Kurzvokale *i, a, u* durch Nasalausfall vor Reibelaut zu Langvokalen *ī, ā, ū*, z.B. *dāhta*; sieh Kapitel II.1.b), III.1.b).

Der je nach Folgelaut wechselnde Diphthong *iu/eo* erscheint im Althochdeutschen verselbstständigt, wobei *eo* nur im ältesten Althochdeutsch erhalten ist und bald zu *io* wird. Entsprechend steht in der II. Ablautreihe

biogan im Infinitiv mit *io* vor *a*,
biugu in der 1. Pers. Sing. Ind. Präs. mit *iu* vor *u*.

Die germanischen Langvokale *ē₂* und *ō* und die Diphthonge *ai* und *au* werden durch die althochdeutsche Diphthongierung und die althochdeutsche Monophthongierung verändert.

In der althochdeutschen Diphthongierung werden die Langvokale *ē₂* und *ō* zu den Diphthongen *ie* und *uo*. Diphthonge sind Laute mit verbundener Artikulation aufeinander folgender Vokale.

Beispiele:
    as. *fōr*   –   ahd. *fuor*   'ich ging'
    as. *hēt*   –   ahd. *hiez*   'ich befahl'

In der althochdeutschen Monophthongierung werden

    germ. *ai* vor *r, w, h* und im Auslaut zu ahd. *ē*
    germ. *au* vor *h* oder Dentalen zu ahd. *ō*.

Aus einem Diphthong entsteht ein einfacher, langer Vokal (= Monophthong). In allen anderen Positionen bleiben die Diphthonge als *ei* und *ou* erhalten.

Beispiele:
got. *stains*	–	ahd. *stein*	'Stein'
got. *saiws*	–	ahd. *sē(o)*	'See'
got. *bagms*	–	ahd. *boum*	'Baum'
got. *rauþs*	–	ahd. *rōt*	'rot'

Die althochdeutsche Monophthongierung begründet die Unterklassen Ib und IIb der Ablautreihen.

c) Vom Althochdeutschen zum Mittelhochdeutschen

Die Kurzvokale des Althochdeutschen erscheinen im Mittelhochdeutschen gemäß folgender Entwicklung:

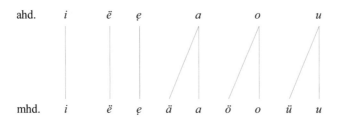

Im Mittelhochdeutschen erscheinen also weitere umgelautete Vokale: *a* wird in den Positionen zu *ä*, in denen zuvor kein Umlaut eingetreten war, nämlich vor den Konsonantenverbindungen *hs*, *ht* und vor Konsonant + *w* (sieh auch Kapitel III.2.b). Dieser Umlaut von *a* > *ä* wird als Sekundärumlaut vom Primärumlaut von *a* > *ę* unterschieden, der bereits im Althochdeutschen erscheint (z.B. *gast – gesti*). *o* und *u* werden zu *ö* und *ü*.

Beispiele:
- ahd. *mahtig* – mhd. *mähtec* 'mächtig'
- *tohti* – *töhte* 'es würde taugen'
- *kunni* – *künne* 'Geschlecht'

In allen Fällen bewirkt folgendes *i* oder *j* eine Assimilation des Vokals an *i*, also eine Palatalisierung. Sie muss eingetreten sein, solange der bewirkende Faktor noch vorhanden war. In der schriftlichen Überlieferung treten die Umlaute im Spätalthochdeutschen vereinzelt, regelmäßiger erst im Mittelhochdeutschen auf. Was durch die Endsilbenabschwächung an Differenzierung verloren geht, wird durch den Umlaut in gewisser Weise kompensiert. Der Umlaut kann somit grammatische Funktion übernehmen, man spricht in diesem Zusammenhang auch von Grammatikalisierung des Umlautes. So wird zum Beispiel die althochdeutsche Endungsopposition *tohta* (Indikativ) – *tohti* (Konjunktiv) durch die Binnenopposition bei Endungsgleichheit *tohte* (Indikativ) – *töhte* (Konjunktiv) ersetzt.

Die Langvokale und Diphthonge des Althochdeutschen zeigen zum Mittelhochdeutschen folgende Entwicklung:

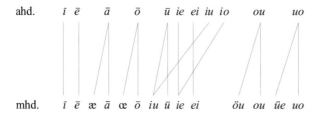

Im Langvokalismus und in den Diphthongen wirkt durchgehend der Umlaut.

Beispiele:
ahd.	*dū nāmi*	– mhd.	*dû nœme*	'du nahmst'
	rōtī	–	*rœte*	'Röte'
	hūsir	–	*hiuser*	'Häuser'
	troumen	–	*tröumen*	'träumen'
	(*jan*-Verb)			
	kuoni	–	*küene*	'kühn'

Der althochdeutsche Diphthong *iu* wird monophthongiert (ü:) und fällt mit dem Umlaut von *ū* zusammen:

ahd.	*hiutu*	– mhd.	*hiute*	'heute'

Der althochdeutsche Diphthong *io* wird zu *ie* und fällt mit *ie* aus germ. $\bar{e}_2$ zusammen:

ahd.	*biogan*	– mhd.	*biegen*	'biegen'

Charakteristisch für den mittelhochdeutschen Vokalismus sind einerseits die Umlaute, die bei allen umlautfähigen Kurzvokalen, Langvokalen und Diphthongen auftreten, andererseits die relativ große Zahl ungerundeter mittlerer vorderer Vokale *ë*, *ẹ*, *ä*, *ē* und *æ*. An diesen Stellen ist das Phonemsystem auf dem Weg zum Neuhochdeutschen reduziert worden.

Für das Mittelhochdeutsche ebenfalls charakteristisch sind wichtige Veränderungen im Bereich des Vokalismus der Nebensilben: Hier ist vor allem die Nebensilbenabschwächung zu nennen, die das Mittelhochdeutsche gegenüber dem Althochdeutschen stark verändert, indem die vollen Vokale der althochdeutschen Nebensilben zu *e* [ə] abgeschwächt werden: man vergleiche etwa ahd. *zunga* – mhd. *zunge*, ahd. *bigraban* – mhd. *begraben*. Zum Teil führt diese Nebensilbenabschwächung zu grundlegenden Umstrukturierungen im morphologischen Bereich, so etwa bei der oben erwähnten Grammatikalisierung des Umlautes im Zusammenhang mit der Endsilbenabschwächung im Verbalbereich.

Darüber hinaus ist im Bereich der Nebensilben mit dem Phänomen der Apokope und Synkope zu rechnen: Der abgeschwächte Endungsvokal *e* wird regelmäßig in einsilbigen auf *r* oder *l* ausgehenden Wörtern mit kurzer Wurzelsilbe sowie in mehrsilbigen auf -*er*, -*el*, -*em*, -*en* ausgehenden Wörtern aufgegeben. Dieser Wegfall wird im Wortinnern (*faran* > *varen* > *varn*) Synkope, am Wortende (*faru* > *vare* > *var*) Apokope genannt.

Für diese und die gesamte weitere Entwicklung vom Mittelhochdeutschen zum Neuhochdeutschen einschließlich ihrer orthographischen Konsequenzen wird verwiesen auf: Rolf Bergmann – Peter Pauly – Claudine Moulin-Fankhänel, Neuhochdeutsch, S. 29-35.

d) Die Struktur der Ablautreihen

Im Indogermanischen wirkte der Ablaut als regelmäßiger Wechsel des Wurzelvokals in etymologisch zusammenhängenden Wortformen. Ablaut begegnet daher häufig in der Etymologie germanisch-indogermanischer Erbwörter (sieh Kapitel IV.2.a). Ablaut prägt auch das verbale Flexionssystem des Indogermanischen. Im Germanischen wurde der Ablaut zur Bildung der Tempusformen systematisiert.

Der für die starken Verben charakteristische Ablaut lässt sich aufgrund der vorangehenden Behandlung des Vokalismus nun im Rückgang auf das Indogermanische in seiner Verteilung genauer beschreiben.

Die Wurzelvokale der I. Ablautreihe im Althochdeutschen, Germanischen und Indogermanischen können durch Anwendung der beobachteten Lautveränderungen aufgestellt werden:

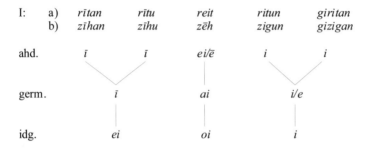

I: a)   *rītan*   *rītu*   *reit*   *ritun*   *giritan*
     b)   *zīhan*   *zīhu*   *zēh*   *zigun*   *gizigan*

ahd.   ī   ī   ei/ē   i   i

germ.   ī   ai   i/e

idg.   ei   oi   i

Die Entscheidungen für idg. *ei*, *oi* und *i* sind jeweils durch entsprechende Parallelen in anderen indogermanischen Sprachen begründet, z.B. griech. l*ei*pō – lel*oi*pa – el*i*pon.

Die Wurzelvokale der II. Ablautreihe lauten:

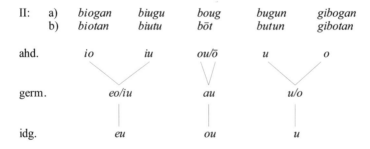

II: a)   *biogan*   *biugu*   *boug*   *bugun*   *gibogan*
     b)   *biotan*   *biutu*   *bōt*   *butun*   *gibotan*

ahd.   io   iu   ou/ō   u   o

germ.   eo/iu   au   u/o

idg.   eu   ou   u

Die Entscheidung für *ou* als Vorstufe von germ. *au* (anstelle des ebenfalls möglichen *au*) ist durch entsprechende Parallelen in anderen indogermanischen Sprachen begründet, z.B. griech. el*eu*somai – eil*ou*tha – el*y*thon.

Der Vergleich der indogermanischen Verhältnisse in den Ablautreihen I und II zeigt jeweils ein gleich bleibendes und ein wechselndes Element:

I. $e+i$ $o+i$ i
II. $e+u$ $o+u$ u

Kennzeichen der Reihe I ist das gleich bleibende Element i, Kennzeichen der Reihe II das gleich bleibende Element u. Beiden Reihen gemeinsam ist der Wechsel zwischen $e - o - \emptyset$ vor den gleich bleibenden Elementen.

Dieselben Ablautverhältnisse liegen in der Reihe III vor, wo das gleich bleibende Element die Verbindung von Nasal bzw. Liquid und Konsonant ist. Aus der Nullstufe mit silbischem Nasal bzw. Liquid entwickelte sich der Vokal u, der teils u bleibt, teils zu o gesenkt wird.

III:	a)	*bintan*	*bintu*	*bant*	*buntun*	*gibuntan*
	b)	*werfan*	*wirfu*	*warf*	*wurfun*	*giworfan*
ahd.		i/e	i	a	u	u/o
germ.		i/e		a		u/o
idg.		e		o		$\emptyset$

In Reihe IV ergeben sich folgende Ablautverhältnisse:

IV:	*neman*	*nimu*	*nam*	*nāmun*	*ginoman*
ahd.	e	i	a	$\bar{a}$	o
germ.	e/i		a	$\bar{e}_1$	u/o
idg.	e		o	$\bar{e}$	$\emptyset$

Die Ablautreihe zeigt e-/o-Ablaut vor einfachem Nasal oder Liquid. Im Präteritum Plural steht $\bar{e}$, im Partizip Präteritum entwickelt sich aus silbischem Nasal oder Liquid u, das zu o gesenkt wurde.

Die Wurzelvokale der V. Ablautreihe lauten:

V: geban   gibu   gab   gābun   gigeban

ahd.   e   i   a   ā   e

germ.   e/i   a   ē₁   i/e

idg.   e   o   ē   e

Die V. Ablautreihe zeigt in Übereinstimmung mit den ersten vier Ablautreihen im Präsens und im Singular des Präteritums *e-/o*-Ablaut. Im Plural des Präteritums und im Partizip steht im Vergleich zur dritten Ablautreihe nicht Ø, sondern ē bzw. e.

Der Ablaut zeigt in den Reihen I – V zwei grundsätzlich verschiedene Ausprägungen: Qualitativer Ablaut (oder Abtönung) erscheint als Wechsel in der Klangfarbe zwischen den Vokalen der mittleren Ebene *e* und *o*. Quantitativer Ablaut (oder Abstufung) erscheint als Wechsel in der Vokaldauer zwischen Kurzvokal (Grundstufe) und Ø (Nullstufe) bzw. Langvokal (Dehnstufe). Das dem Ablautvokal folgende Element ist in allen Formen einer Ablautreihe gleich und bildet das eigentliche Kennzeichen der Reihe (Reihe I: *i*, Reihe II: *u*, Reihe III: Nasal oder Liquid + Konsonant, Reihe IV: Nasal oder Liquid, Reihe V: Konsonant außer *r*, *l*, *m*, *n*).

Der *e-/o*-Ablaut ist für die ersten fünf Ablautreihen bestimmend; der Vokalismus der VI. Ablautreihe führt dagegen nicht auf diesen *e-/o*-Wechsel zurück, wie sich leicht ermitteln lässt.

VI: faran   faru   fuor   fuorun   gifaran

ahd.   a   a   uo   uo   a

germ.   a   a   ō   ō   a

idg.   a/o   ō/ā   a/o

Je nach Rekonstruktion liegt quantitativer Ablaut *a/ā* oder *o/ō* beziehungsweise qualitativer und quantitativer Ablaut *a/ō* oder *o/ā* zugrunde.

Die Verben der althochdeutschen VII. Ablautreihe bildeten das Präteritum ursprünglich durch Reduplikation der Wurzelsilbe und teilweise auch durch Ablaut. Der Präteritumsvokal *ie* ist hier erst sekundär entstanden, sodass eine Rückführung auf indogermanische Ablautverhältnisse nicht direkt möglich ist.

Im Gotischen sind diese Verhältnisse noch erkennbar: Nichtablautend-reduplizierend war z.B. *haldan* (ahd. *haltan*) – *haihald* (ahd. *hielt*), ablautend-reduplizierend z.B. *lētan* (ahd. *lāzan*) – *laílōt* (ahd. *liez*).

Eine zusammenfassende Übersicht über die Ablautverhältnisse der starken Verben findet sich in Kapitel VII, Nr. 38.

IV. Sprachgeschichtliche Grundlagen

1. Deutsch – Germanisch – Indogermanisch
Genetische Sprachverwandtschaft

a) Die Sprachstufen des Deutschen

Die deutsche Sprache lässt sich in ihrer historischen Dimension in verschiedene Sprachstufen einteilen. Es werden üblicherweise vier verschiedene Epochen des Deutschen unterschieden:

Althochdeutsch:	ca.	700 – 1050
Mittelhochdeutsch:	ca.	1050 – 1350
Frühneuhochdeutsch:	ca.	1350 – 1650
Neuhochdeutsch:	ca.	1650 – heute

Die Kriterien dieser Periodisierung sind unterschiedlich. Zuerst ist von der Überlieferungslage auszugehen, die eine solche Periodisierung überhaupt ermöglicht: So fällt für das Althochdeutsche, die älteste Sprachstufe des Deutschen, der Beginn mit dem Beginn der schriftlichen Überlieferung am Anfang des 8. Jahrhunderts zusammen.

Jede Sprachperiode ist ferner durch bestimmte sprachliche Merkmale charakterisiert, die sie von der vorherigen Sprachperiode unterscheiden. Man nennt solche sprachlichen Periodisierungsmerkmale auch innersprachliche Merkmale. So kennzeichnet zum Beispiel die Nebensilbenabschwächung das Mittelhochdeutsche gegenüber dem Althochdeutschen: ahd. *zunga* – mhd. *zunge*, ahd. *bigraban* – mhd. *begraben*. Das Frühneuhochdeutsche lässt sich seinerseits vom Mittelhochdeutschen etwa durch die Veränderung der mittelhochdeutschen Langvokale *î, û, iu* (= ü:) zu den Diphthongen *ei, au* und *eu* charakterisieren: mhd. *mîn* – frnhd. *mein*, mhd. *hûs* – frnhd. *haus*, mhd. *liute* – frnhd. *leute*.

Die einzelnen sprachlichen Entwicklungen treten nicht plötzlich von einem Tag zum anderen ein; sie erstrecken sich über eine gewisse Zeitspanne und zeigen oft auch regional eine unterschiedliche Ausprägung. Ferner enthält die neue Sprachperiode in der Regel eher ein Bündel an Neuerungen, so beim Mittelhochdeutschen etwa noch die Auslautverhärtung und die Apokope- und Synkopeerscheinungen. Die einzelne, konkrete Periodisierung ist also stets als Grundrichtlinie zu verstehen, die hinsichtlich des Beginns einer Sprachstufe den Zeitraum bezeichnet, an dem die wichtigsten Entwicklungen bereits deutlich eingetreten sind. Am schwierigsten ist die Periodisierung nach innersprachlichen Merkmalen dann, wenn keine deutlichen Entwicklungen, etwa im lautlichen Bereich, vorliegen. Dies ist für die Festlegung des Neuhochdeutschen im Unterschied zum Frühneuhochdeutschen der Fall, weshalb auch hier in der Forschung, bedingt durch das Heranziehen verschiedener sprachlicher Merkmale, unterschiedliche Einteilungen vorhanden sind.

Neben den Kriterien der inneren Sprachgeschichte werden bei der Periodisierung auch außersprachliche Kriterien berücksichtigt, das heißt solche Kriterien, die den Sprecher und seine Geschichte betreffen. Diese äußere Geschichte der Sprache berücksichtigt den politischen, geographischen und kulturellen Rahmen der Sprecher zu einem gewissen Zeitpunkt. Das Ende der mittelhochdeutschen beziehungsweise der Beginn der frühneuhochdeutschen Sprachperiode um die Mitte des 14. Jahrhunderts wird zum Beispiel auch im Zusammenhang mit der Regierungszeit von Karl IV. in Prag und den mit dieser verbundenen kulturellen Neuerungen gesehen. Das Ende der frühneuhochdeutschen Periode wird seinerseits mit dem Ende des Dreißigjährigen Krieges (1648) und mit dem Erscheinen der deutschen Grammatik von Justus Georg Schottelius (1641) verknüpft. Auch wenn genügend Kriterien der inneren Sprachgeschichte vorhanden sind, um eine Periodisierung zu vollziehen, oder wenn die Überlieferungsbedingungen diese begründen, wie etwa beim Beginn des Althochdeutschen, sollte stets auch die äußere Sprachgeschichte mitberücksichtigt werden, da sie die Rahmenbedingungen für die innere Sprachgeschichte liefert. Das Althochdeutsche und seine Überlieferung können zum Beispiel erst vor dem Hintergrund der karolingischen Reformen und ihrer Nachwirkungen verstanden werden.

b) Germanisch

Die deutsche Sprache hat nicht nur Vorstufen, die aus diachroner Sicht ähnlich sind, auch aus synchroner Sicht weisen andere Sprachen heute Ähnlichkeiten mit dem Deutschen auf.

Das Deutsche gehört zu einer Gruppe von verwandten Sprachen, die man germanisch nennt. Zur germanischen Sprachgruppe gehören aus heutiger Sicht die folgenden Sprachen, wobei diese sich noch untereinander weiter ordnen lassen:

Deutsch, Jiddisch, Niederländisch,   = Westgermanisch
Afrikaans, Friesisch, Englisch,
Luxemburgisch

Dänisch, Schwedisch, Norwegisch,   = Nordgermanisch
Färöisch, Isländisch

Die Verwandtschaft dieser Sprachen kann anhand von Wortgleichungen veranschaulicht werden:

Deutsch	Niederländisch	Englisch
schlafen	*slapen*	*sleep*
machen	*maken*	*make*
Wasser	*water*	*water*

c) Die altgermanischen Dialekte

Die einzelnen germanischen Sprachen sind unterschiedlich alt bezeugt und ihre Geschichte wird dementsprechend auch unterschiedlich gegliedert. Für den historischen Vergleich sind vor allem die ältesten Sprachstufen von Bedeutung, denn sie geben Auskunft über die gemeinsamen Vorstufen, über die einzelsprachlichen Charakteristika. Im Überblick kann Folgendes zu den ältesten Sprachstufen der germanischen Sprachen festgehalten werden:

Die nordgermanischen Sprachen des Mittelalters werden unter der Bezeichnung Altnordisch zusammengefasst, das vor allem aus isländischen Quellen ab der Mitte des 12. Jahrhunderts überliefert ist.

Die älteste Überlieferung der nordgermanischen Sprachen in Form von Runeninschriften aus dem 3. bis 8. Jahrhundert wird als Urnordisch bezeichnet. Das Urnordische steht dem Urgermanischen (sieh hierzu unten) noch sehr nahe.

Innerhalb der westgermanischen Sprachen lassen sich einzelne altgermanische Dialekte unterscheiden: Das Althochdeutsche (ab Anfang des 8. Jahrhunderts), das Altsächsische (= Altniederdeutsch, ab Anfang des 9. Jahrhunderts), das Altfriesische (mit spätem Überlieferungsbeginn im 13. Jahrhundert), das Altenglische (ab dem 8. Jahrhundert), das Altniederländische (mit spärlicher Überlieferung ab dem 9. Jahrhundert).

Das Jiddische, das Afrikaans und das Luxemburgische sind sekundär entstanden aus bereits vorhandenen germanischen Sprachen: Das Jiddische beruht auf mittelhochdeutschen Dialekten im 13./14. Jahrhundert und zeigt ferner romanische, slawische und hebräisch-aramäische Einflüsse. Das Afrikaans, die Sprache der Buren in Südafrika, ist aus niederländischen Dialekten des 17. Jahrhunderts entstanden. Das Luxemburgische hat sich seinerseits in jüngerer Zeit aus dem Moselfränkischen herausentwickelt.

Neben dem bereits erwähnten Westgermanischen und Nordgermanischen gab es noch das Ostgermanische, das heute keine Fortsetzer mehr hat. Die wichtigste ostgermanische Sprache war das Gotische, die Sprache der Goten, die sich seit der frühen Völkerwanderungszeit, von Südskandinavien herkommend, auf der Balkanhalbinsel, in Italien und Spanien niederließen. Man unterscheidet Ostgoten, die um und nach 500 unter Theoderich († 526) in Italien siedelten, und Westgoten, die auf dem Balkan (3./4. Jahrhundert) und in Spanien (ab dem 5. Jahrhundert) siedelten.

Das Gotische ist der älteste überlieferte germanische Dialekt. Es ist vor allem durch die im 4. Jahrhundert entstandene gotische Bibelübersetzung des Westgotenbischofs Wulfila († 383) repräsentiert. Schriftlich überliefert ist diese Übersetzung in einer ostgotischen Abschrift aus der Wende vom 5. zum 6. Jahrhundert, dem Codex Argenteus, der die Übersetzung der vier Evangelien enthält. Der Codex Argenteus (heute in Uppsala/Schweden aufbewahrt) ist ein besonders prachtvolles Zeugnis der Handschriftenüberlieferung dieser frühen Zeit: Der Text wurde mit silberner und goldener Schrift auf purpurfarbenem Pergament geschrieben.

Neben dem Gotischen gibt es ferner geringe Reste anderer ostgermanischer Stammesdialekte (etwa das Burgundische).

Die verschiedenen altgermanischen Dialekte werden im Folgenden anhand der Stammformen des starken Verbs *bieten* exemplarisch verglichen, wobei zur Veranschaulichung im weiteren sprachgeschichtlichen Kontext des Deutschen auch die neuhochdeutschen und mittelhochdeutschen Formen erwähnt werden:

nhd.	*bieten*	*bot*	*boten*	*geboten*
	[iː]	[oː]	[oː]	[oː]
mhd.	*bieten*	*bôt*	*buten*	*geboten*
ahd.	*biotan*	*bōt*	*butun*	*gibotan*
as.	*biodan*	*bōd*	*budun*	*gibodan*
ae.	*bēodan*	*bēad*	*budon*	*boden*
an.	*biōþa*	*bauþ*	*buþom*	*boþenn*
got.	*biudan*	*bauþ*	*budum*	*budans*

d) Gemeingermanisch – Urgermanisch

Die obigen Beispiele zum Verb *bieten* zeigen, dass die ältesten germanischen Dialekte insgesamt noch recht ähnlich sind. Vor den Bezeugungen der Einzeldialekte ab dem Gotischen sind einzelne Wörter und Namen bei antiken lateinischen Schriftstellern überliefert, die für die Zeit um Christi Geburt und in den ersten Jahrhunderten ein relativ einheitliches und noch nicht in verschiedene Dialekte auseinander entwickeltes Germanisch zu erkennen geben, das man Gemeingermanisch nennt.

Die Sprache der Goten nimmt im Vergleich zu den anderen auch schon früh eine selbstständigere Entwicklung, da die Goten entsprechend früh (2. Jahrhundert) bereits ihre Wanderzüge begannen. Die anderen Stämme bleiben in Skandinavien und im Nord- und Ostseeraum länger beieinander, bis auch hier die Völkerwanderung einsetzt und die Grundlagen für die verschiedenen germanischen Dialekte gelegt werden.

Die verschiedenen germanischen Formen lassen sich aber auch systematisch auf gemeinsame Ursprungsformen zurückführen, die, weil sie nicht belegt, sondern rekonstruiert sind, mit einem * gekennzeichnet werden.

Beispiel:

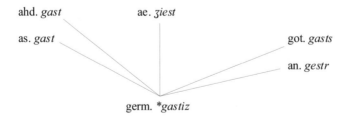

Die rekonstruierte gemeinsame Vorstufe der germanischen Einzelsprachen wird auch Urgermanisch genannt.

Dieser terminologische Unterschied zwischen Gemeingermanisch und Urgermanisch wird nicht durchgehend in der Forschungsliteratur gemacht, teilweise werden beide Termini auch synonym verwendet.

e) Indogermanische Sprachverwandtschaft

Das obige Beispiel mit ahd. *gast*, an. *gestr* usw. und der rekonstruierten Form **gastiz* kann noch mit anderen, nicht germanischen Sprachen in Beziehung gesetzt werden; man vergleiche dazu etwa lat. *hostis* 'Fremder, Gast, Feind' und ahd. *gast* 'Gast, Fremder'.

Wie die germanischen Sprachen untereinander durch Ähnlichkeiten im Wortschatz und in der Grammatik eine historisch-genetische Verwandtschaft zu erkennen geben, so lassen sich auch Gemeinsamkeiten zwischen den germanischen Sprachen (als Einheit) und anderen nicht germanischen Sprachen feststellen. Diese Verwandtschaft lässt sich besonders an den ältesten erhaltenen Stufen der einzelnen Sprachen erkennen: Gotisch für das Germanische, Latein für die romanischen Sprachen, Altgriechisch, Altindisch (Sanskrit) usw. Das folgende Beispiel illustriert diese Ähnlichkeiten anhand der 3. Person Singular des Verbs *sein*:

lat. *est*
altgriech. *estí*
altind. *ásti*
got. *ist*
usw.

Diese Formen weisen starke Ähnlichkeiten untereinander auf. Für alle diese Sprachen lassen sich auf diese Art weitere Gleichungen im morphologischen und lexikalischen Bereich aufstellen: Diese Sprachen kann man als urverwandt betrachten.

Eine Gruppe von Sprachen, die aufgrund grammatischer und lexikalischer Parallelen als miteinander verwandt bezeichnet werden können, nennt man eine Sprachfamilie. Die Sprachfamilie, zu der die oben genannten Sprachen Latein, Altgriechisch, Altindisch, Gotisch und andere gehören, ist die indogermanische (auch indoeuropäische) Sprachfamilie.

Zu den als verwandt erkannten grammatischen und lexikalischen Formen der verschiedenen Sprachen lässt sich dann jeweils eine gemeinsame, nicht als solche belegte indogermanische Urform rekonstruieren. Bei dem obigen Beispiel heißt diese rekonstruierte Form **esti*.

Die Rekonstruktion der indogermanischen Grundsprache basiert also auf dem Sprachvergleich der erhaltenen Einzelsprachen. Die Wissenschaft, die sich mit solchen Gleichungen auseinander setzt, ist die historisch-vergleichende Sprachwissenschaft.

Viel diskutiert ist die Frage nach einem Urvolk und nach einer Urheimat der Indogermanen. Es hat wohl ein so genanntes Urvolk gegeben, das die indogermanische Sprache gesprochen haben wird – jedoch ist es nicht zwingend als Einheit im ethnisch-genetischen Sinne zu verstehen. Eine ganze Reihe von Forschungsarbeiten befasst sich mit den Indogermanen und deren Urheimat. Viele Thesen sind hierzu aufgestellt worden: Die Urheimat ist sowohl in Europa als auch in Asien situiert worden. Viele setzen sie inzwischen in einem Raum nördlich des Schwarzen Meeres vor ca. 5000 bis 6000 Jahren an. Für den Beginn der Auseinanderentwicklung einzelner Gruppen wird das 3. Jahrtausend vor Christus angenommen.

f) Die indogermanischen Sprachen im Überblick

Die indogermanische Sprachfamilie lässt sich in weitere Sprachen und Sprachzweige untergliedern, von denen hier die wichtigsten mit einer geographischen Orientierung von Westen nach Osten genannt werden:

Keltisch: Der keltische Sprachzweig war früher weit in Europa verbreitet. Man unterscheidet zwischen Inselkeltisch und dem ausgestorbenen Festlandkeltisch. Heutige keltische Sprachen sind das Irische, das Schottisch-Gälische, das Kymrische (in Wales) und das Bretonische.

Italisch: Die bedeutendste alte Sprache dieser Gruppe ist das seit dem 6. Jahrhundert vor Christus belegte Lateinische, die Mundart der Landschaft Latium und der Hauptstadt Rom. Die späteren vulgärlateinischen Dialekte bilden die Grundlage für die heutigen romanischen Sprachen, unter anderem das Französische, Provenzalische, Spanische, Katalanische, Portugiesische, Italienische, Rätoromanische und Rumänische.

Germanisch: Sieh oben Kapitel IV.1.b).

Baltisch: Zur baltischen Gruppe gehören das Litauische, das Lettische und das Anfang des 18. Jahrhunderts ausgestorbene Altpreußische.

Slawisch: Der slawische Sprachzweig wird in Westslawisch (Tschechisch, Slowakisch, Polnisch, Sorbisch), Südslawisch (Bulgarisch, Mazedonisch, Serbokroatisch, Slowenisch) und in Ostslawisch (Russisch, Weißrussisch, Ukrainisch) unterteilt. Als wichtige alte slawische Sprache ist das Altkirchenslawische (auch Altbulgarische) zu nennen, das seit dem 9. Jahrhundert überliefert ist.

Albanisch: Außer in Albanien wird die albanische Sprache noch in Sprachinseln in Griechenland und in den angrenzenden Gebieten in Serbien und Mazedonien und in Süditalien gesprochen.

Griechisch: Griechisch ist eine der indogermanischen Sprachen mit alter schriftlicher Überlieferung; sie reicht bis in die Mitte des 2. Jahrtausends vor Christus. Das Neugriechische geht auf eine spätere gemeingriechische Verkehrssprache (Koiné) zurück.

Armenisch: Das Armenische wird unter anderem in Armenien, in der Türkei, im Libanon, in Syrien und im Iran gesprochen.

Iranisch, zum Beispiel Neupersisch, Afghanisch, Kurdisch, Ossetisch und Tadschikisch: Als älteste Sprachen der iranischen Gruppe sind das ab dem 6. Jahrhundert vor Christus belegte Avestische sowie das Altpersische zu nennen.

Indisch: Der indische Sprachzweig enthält heute viele Einzelsprachen, unter denen das Hindi als wichtigste Sprache neben dem Urdu und dem Bengali zu nennen ist. Auch die Zigeunersprachen sind indischen Ursprungs. Von großer Bedeutung für die vergleichende Sprachwissenschaft sind aufgrund ihres relativ hohen Alters die altindischen Sprachen, besonders in Form des Sanskrits und des Vedischen, dessen älteste Überlieferung bis in das 2. Jahrtausend vor Christus zurückreicht.

Die indische und die iranische Sprachgruppe werden auch als indo-iranische Sprachgruppe zusammengefasst.

Ausgestorben, aber überliefert, sind folgende indogermanische Sprachen: das Tocharische, das Anfang des 20. Jahrhunderts bei Ausgrabungen im nordwestlichen China entdeckt wurde und in Texten ab dem 6. Jahrhundert nach Christus überliefert ist; das Hethitische, das ebenfalls Anfang des 20. Jahrhunderts bei Ausgrabungen in der Türkei entdeckt wurde und derzeit die indogermanische Sprache mit den ältesten schriftlichen Belegen ist (seit dem Anfang des 2. Jahrtausends vor Christus).

Ferner gibt es eine Reihe von indogermanischen Sprachen, die nur eine geringe Überlieferung aufweisen oder nur erschlossen werden können, wie etwa das nur spärlich überlieferte Illyrische auf dem Balkan.

g) Die Sprachen Europas im Überblick

Die obige Zusammenstellung der einzelnen Sprachzweige der indogermanischen Sprachfamilie erfasst den größten Teil der in Europa existierenden Sprachen. Es bleiben dabei einige übrig, die nicht indogermanisch sind: Das Ungarische, das Estnische und das Finnische gehören einer anderen Sprachfamilie an, die man finno-ugrisch nennt.

Ferner gehören Türkisch und Aserbeidschanisch als Turksprachen in die altaische Sprachfamilie. In der weiteren Umgebung Europas sind noch die semitische Sprachfamilie (mit dem Hebräischen und Arabischen) sowie die kaukasische Sprachgruppe (mit dem Georgischen) zu nennen.

Völlig isoliert steht das Baskische mit ungefähr 650.000 Sprecherinnen und Sprechern in Nordspanien und Südwestfrankreich.

Die Karte Europas zeigt, dass die Sprachen nicht durchweg in geographisch zusammenhängenden Gruppen oder Familien verteilt sind. So ist etwa das Rumänische gegenüber den anderen romanischen Sprachen, das Ungarische gegenüber den anderen finno-ugrischen Sprachen relativ isoliert.

Allgemein kann bei einer Nachbarschaft mit anderen Sprachen jeweils mit Spracheinflüssen, Interferenzen, gerechnet werden, durch die sich auch nicht verwandte Sprachen zu Sprachbünden entwickeln können. Eine wichtige Erscheinung sind etwa die Lehnbeziehungen im Bereich des Wortschatzes einer Sprache: Die Übernahme fremden Wortgutes zu verschiedenen Zeiten kennzeichnet so auch die jeweilige Sprache im Rahmen ihrer äußeren Sprachgeschichte, das heißt in ihren kulturellen, politischen und religiösen Beziehungen zu anderen Kulturen. Man vergleiche hierzu etwa für das Althochdeutsche Kapitel IV.2. Erbwort – Lehnwort.

Andererseits ist festzuhalten, dass Sprachgrenzen oft nicht mit Staatsgrenzen identisch sind, sodass es Mehrsprachigkeit innerhalb einzelner Staaten geben kann, wie etwa in Italien, der Schweiz, Belgien usw. Die so genannten sprachlichen Minderheiten gehören ebenfalls in diesen Kontext, so etwa Deutsch in Frankreich, Ungarn oder Russland, oder etwa das Sorbische in der Lausitz.

Zusammenfassend sei festgehalten, dass ohne sprachliches, speziell sprachhistorisches Wissen oftmals ein Verständnis vergangener und aktueller Probleme innerhalb der politischen und kulturellen Beziehungen zwischen den Ländern nicht vollständig möglich ist.

2. Erbwort – Lehnwort

a) Etymologie eines Erbwortes

Der deutsche Wortschatz enthält viele Wörter, die schon im Mittel- und Althochdeutschen vorhanden waren, die auch in der ältesten germanischen Sprache, dem Gotischen, bezeugt sind und die durch Parallelen in anderen indogermanischen Sprachen auch schon für die indogermanische Gemeinsprache vorausgesetzt werden können. Solche Wörter nennt man Erbwörter.

Ein Beispiel für ein Erbwort ist *Fuß*. Die etymologische Behandlung dieses Wortes in einem Wörterbuch kann diesen Aspekt veranschaulichen. Zugleich wird daran deutlich, wie die lauthistorischen Veränderungen in der Geschichte des Einzelwortes wirken.

> **Fuß**: Die gemeingerm. Körperteilbezeichnung mhd. *vuoz*, ahd. *fuoz*, got. *fōtus*, engl. *foot*, schwed. *fot* beruht mit verwandten Wörtern in anderen idg. Sprachen auf der Ablautform *$p\bar{o}d$*- von idg. *$p\bar{e}d$*- »Fuß«, vgl. z. B. griech. *poús*, Genitiv *podós* »Fuß« (↑Podium) und lat. *pes*, Gen. *pedis* »Fuß« (s. die Fremdwortgruppe um *Pedal*). Aus dem germ. Sprachbereich gehört hierher auch das unter ↑¹Fessel behandelte Wort. – Im Dt. bezeichnet ›Fuß‹ den untersten Teil des Beines, landsch. auch das ganze Bein (↑Bein), im übertragenen Gebrauch den unteren [tragenden] Teil von etwas (beachte Zusammensetzungen wie ›Bergfuß‹ oder ›Lampenfuß‹). Als Längenmaß ist ›Fuß‹ – im Gegensatz zu engl. *foot* – heute nicht mehr gebräuchlich.

aus: Duden. Herkunftswörterbuch. Etymologie der deutschen Sprache, 3.A. Mannheim/Leipzig/Wien/Zürich 2001, S. 244

Der wiedergegebene Ausschnitt ist im Hinblick auf die konsonantischen Verhältnisse aufgrund der 1. und 2. Lautverschiebung verständlich (sieh Kapitel III.1.a) und c). Idg. *p* und *d* wie in lat. *pēdis*, griech. *podós* erscheinen aufgrund der 1. Lautverschiebung im Germanischen als *f* und *t* wie in got. *fōtus*, engl. *foot*. Germ. *t* wird durch die 2. Lautverschiebung im Althochdeutschen postvokalisch zum Doppelfrikativ, der im Auslaut vereinfacht ist: ahd. *fuoz*. Zu den ablautenden Wortformen lat. *pēd-is*, griech. *pod-ós* existierte auch eine dehnstufige Variante der *o*-Stufe: *$p\bar{o}d$*- (zum Ablaut sieh Kapitel III.2.d). Für das Germanische ist diese Wurzel *$p\bar{o}d$*- bestimmend, wie got. *fōtus* zeigt. Durch die althochdeutsche Diphthongierung (sieh Kapitel III.2.b) entsteht die Form *fuoz*. Zum Neuhochdeutschen tritt dann noch die neuhochdeutsche Monophthongierung von *uo* zu *u:* ein.

b) Lehnwort und Fremdwort

Die Bezeichnung der aus der indogermanischen Vorstufe des Deutschen übernommenen Wörter als Erbwörter grenzt diese ab von den in historischer Zeit aus anderen Sprachen ins Deutsche aufgenommenen Wörtern, den so genannten Lehnwörtern. Dieser Begriff ist von dem des Fremdwortes strikt zu trennen, da beide Begriffe mit ganz verschiedenen Kriterien operieren. Lehnwörter des Deutschen sind zum Beispiel:

Pfeiler	aus lat.	*pilarium*
Pein	aus lat.	*poena*
Lanze	aus altfranz.	*lance*
Liste	aus ital.	*lista*
Porto	aus ital.	*porto*
Kompositum	aus lat.	*compositum*
komponieren	aus lat.	*componere*
Tante	aus franz.	*tante*
Salon	aus franz.	*salon*
Streik	aus engl.	*strike*
Boom	aus engl.	*boom*

Wie die Beispiele zeigen, lässt sich der Begriff Lehnwort unabhängig vom Zeitpunkt der Betrachtung und der Entlehnung anwenden. Das Wort *Tante* war im 17. Jahrhundert zur Zeit seiner Entlehnung Lehnwort und ist es auch noch in heutiger Betrachtung.

Nicht alle genannten Lehnwörter sind aber zugleich auch Fremdwörter. Fremdwörter sind nur solche Wörter, die – bezogen auf einen bestimmten Sprachzustand – fremde Merkmale enthalten. Als fremd kann man Merkmale bezeichnen, die im zentralen System der deutschen Sprache nicht vorkommen.

Beispiele:

    der Nasalvokal [õ:] wie in *Salon*
    die Graphem-Phonem-Relation ⟨oo⟩ – [u:] wie in *Boom*
    die Pluralbildung -o → -i wie in *Porto – Porti*
    die Pluralbildung -um → -a wie in *Kompositum – Komposita*

Das Lehnwort *Tante* hat den französischen Nasalvokal verloren und wird somit nach den deutschen Graphem-Phonem-Beziehungen ausgesprochen. Es ist also heute nicht mehr fremd, sondern wurde integriert. Je älter ein Lehnwort im Deutschen ist, umso stärker ist es in der Regel integriert und hat dann viele historische Lautveränderungen mitgemacht.

c) Etymologie eines Lehnwortes

Pfeiler: Die nhd. Form des Wortes geht über mhd. *pfīlære* auf ahd. *pfīlāri* zurück. Das Wort gehört zu einer Reihe von Fachwörtern des römischen Steinbaues, die als Lehnwörter ins Germ. gelangten (vgl. zum Sachlichen den Artikel *Fenster*). Quelle des Lehnwortes (wie z. B. auch für entsprechend niederl. *pijler*) ist mlat. *pilarium, pilarius* »Pfeiler, Stütze, Säule«, eine Weiterbildung von lat. *pila* »Pfeiler«.

aus: Duden. Herkunftswörterbuch. Etymologie der deutschen Sprache, 3.A. Mannheim/Leipzig/Wien/Zürich 2001, S. 602

Das Wort *Pfeiler* hat die 2. Lautverschiebung mitgemacht, durch die anlautendes *p-* zu *pf-* wurde. Der übernommene Langvokal ahd., mhd. *ī* wurde in der neuhochdeutschen Diphthongierung zu *ei*. Das Wort wurde als *-ja-*Stamm in die Flexion integriert (sieh Kapitel I.2.a) und nach dem Muster der *-āri-*Bildungen behandelt. Im Mittelhochdeutschen wurde das auslautende *-e* apokopiert (sieh Kapitel III.2.c).

d) Historische Lehnwortschichten

Die Lehnwortliste in Abschnitt b) vermittelt bereits im Nebeneinander verschiedener Sprachen und Sachbereiche eine erste Ahnung von der Vielfalt der Lehnwortaufnahmen im Deutschen. Der große Umfang des deutschen Wortschatzes und seine Differenziertheit beruhen zum erheblichen Teil auf der Aufnahme und Integration immer neuer Lehnwörter. Von den allgemeinen historischen, kulturellen und ökonomischen Voraussetzungen hing jeweils ab, welche Sprachen besonders viele Lehnwörter spendeten.

Das Nebeneinander von *Pfeiler* und *Pein*, also von zwei Lehnwörtern mit anlautendem lat. *p*, das einmal verschoben ist, einmal nicht, lässt überdies erkennen, dass die lautliche Gestalt des Lehnwortes in chronologischer Hinsicht aufschlussreich sein kann. Lehnwörter, die die 2. Lautverschiebung mitgemacht haben (wie *Pfeiler*), führen jedenfalls in die vordeutsche Zeit römisch-germanischer Kontakte in den römischen Provinzen an Rhein und Donau und den ihnen vorgelagerten Gebieten. Lehnwörter, die die 2. Lautverschiebung nicht mitgemacht haben (wie *Pein*), beruhen hingegen auf einer späteren Übernahme ins Deutsche, sind also erst nach Abschluss der 2. Lautverschiebung übernommen worden.

3. Vielfalt des Althochdeutschen

a) Grenzen und Gliederung des Althochdeutschen

Die zeitliche Begrenzung des Althochdeutschen ergibt sich für den Beginn von selbst aus dem Einsetzen der schriftlichen Überlieferung in der Volkssprache zu Beginn des 8. Jahrhunderts. Das Ende der althochdeutschen Periode wird von der Sprachgeschichtsforschung unter Anwendung sprachlicher Kriterien festgelegt. Im Allgemeinen wird dieses Ende und zugleich der Anfang des Mittelhochdeutschen in die Mitte des 11. Jahrhunderts gesetzt. Es versteht sich von selbst, dass eine Sprache in einem Zeitraum von über drei Jahrhunderten nicht unverändert bleibt. Vielmehr sind in der Phonologie und in der Morphologie deutlich frühalthochdeutsche und spätalthochdeutsche Züge erkennbar.

Das Althochdeutsche ist darüber hinaus auch räumlich gegliedert. Althochdeutsch ist eine Sammelbezeichnung für die kontinentalen westgermanischen Stammesdialekte, die die 2. Lautverschiebung durchgeführt haben. Die nicht verschiebenden Dialekte heißen Altniederfränkisch, Altsächsisch und Altfriesisch. In den althochdeutschen Dialekten wurde die 2. Lautverschiebung teilweise unterschiedlich durchgeführt (sieh Kapitel III.1.c). Es gibt ferner Dialektunterschiede in der Flexion und im Wortschatz. Da für die schriftliche Verwendung der Volkssprache keine schriftsprachlichen Normen existierten, wurden die regionalen Varianten der Volkssprache verschriftet. Dabei ist in der Regel der Sprachstand des Entstehungsortes eines Werkes dominierend. So schrieb Otfrid († nach 870) im südrheinfränkischen Weißenburg Südrheinfränkisch, Notker III. von St. Gallen († 1022) im alemannischen St. Gallen Alemannisch. Das Zusammenwachsen der Dialekte auf der geschriebenen Ebene, die Ausbildung übergreifender Schreibsprachen und einer einheitlichen Schriftsprache war eine Aufgabe für Jahrhunderte.

Die althochdeutsche Überlieferung (sieh Kapitel V.1.) ist darüber hinaus nach Textfunktionen differenziert. Von einer zeilengetreuen Übersetzung des Bibeltextes wie im althochdeutschen Tatian wird man in vieler Hinsicht einen anderen Wortschatz und eine andere Syntax erwarten als von einem im archaischen Stabreimvers tradierten heroischen Lied wie dem Hildebrandslied. Sprachliche Vergleiche innerhalb der althochdeutschen Überlieferung sind daher nur in eingeschränktem Maße möglich. Der althochdeutsche und altsächsische Textanhang (Kapitel VI) ist aber so gestaltet, dass er nicht nur bei jeweiliger inhaltlicher Abgeschlossenheit passendes und ausreichendes grammatisches Material bietet, sondern auch wenigstens einige inhaltliche Vergleiche ermöglicht. Die Wahl von Textpartien mit dem gleichen Inhalt sichert eine gewisse Vergleichbarkeit im Wortschatz und, sofern die gleichen Wörter auftreten, auch im Lautstand.

b) Ostfränkisch und Südrheinfränkisch um die Mitte des 9. Jahrhunderts

Die ostfränkische Tatian-Übersetzung aus dem zweiten Viertel des 9. Jahrhunderts und die südrheinfränkische Evangeliendichtung Otfrids von Weißenburg von etwa 860/870 sind mit dem Textabschnitt von dem zwölfjährigen Jesus im Tempel vertreten (Kapitel VI, Nr. 1 und 6), was auch einen unmittelbaren inhaltlichen Vergleich ermöglicht. Im Folgenden wird nur der Lautstand der Texte verglichen.

Der althochdeutsche Tatian lässt sich zunächst nach dem Stand der 2. Lautverschiebung als oberdeutsch bestimmen. Die Tatian-Textstellen (unter Einschluss der übrigen Abschnitte) zeigen im Hinblick auf germ. *p, t, k* folgenden Befund: *gilamf* (87,1), *saz* (87,1), *zīt* (87,1), *sceffen* (87,2), *couftīn* (87,2), *ebanbrūchent* (87,2), *scefēs* (87,3), *fuzze* (87,3), *teof* (87,3), *phuzi* (87,3), *ih* (87,4), *zi* (87,5), *scephen* (87,5), *uuīzogo* (87,5), *gilimphit* (87,5). *p, t, k* sind in postvokalischer Stellung verschoben: *teof, saz, ebanbrūchent*; *t* ist auch in den übrigen Stellungen verschoben, zum Beispiel im Anlaut: *zīt*. Dieser Verschiebungsstand bestimmt den Text als hochdeutsch. Anlautendes *p* ist verschoben in *phuzi*; der Text zeigt also oberdeutschen Lautstand. *k* ist im Anlaut nicht verschoben: *couftīn*; der südliche Teil des Oberdeutschen kommt daher für die Herkunft des Textes nicht infrage. Im Hinblick auf germ. *ƀ, đ, g/ b, d, g* zeigt der Tatian-Text folgenden Befund: *gileitit* (15,1), *geiste* (15,1), *tago* (15,2), *gotes* (15,3), *brōte* (15,3), *giscriban* (15,3), *lebēt* (15,3), *burg* (15,4), *gab* (87,1), *uuīb* (87,2). In allen Stellungen treten die Verschlusslaute *b, t, g* auf, die für das Ostfränkische charakteristisch sind.

Die Produkte der althochdeutschen Diphthongierung erscheinen im Tatian als *ie* und *uo*, was wiederum zum Ostfränkischen passt: *bihielt* (12,9), *vvuohs* (12,1) usw.

Der Sprachstand von Otfrids Evangeliendichtung ist zunächst als hochdeutsch bestimmbar. Im Hinblick auf germ. *p, t, k* zeigt der Text folgenden Befund: *zuiro* (V.2), *flizzun* (V.3), *thaz* (V.3), *zen* (V.4), *gizītin* (V.4), *irzellen* (V.6), *forahtlīcho* (V.7), *iz* (V.7), *weizen* (V.7), *heizen* (V.8), *wizōdes* (V.11), *kind* (V.12), *drof* (V.16), *liazun* (V.20), *liafun* (V.31), *mihila* (V.36), *suahtun* (V.41), *grōzen* (V.54), *smerza* (V.59), *herza* (V.60), *saz* (V.71), *sprah* (V.83), *ouh* (V.93), *limphit* (V.107). *p, t, k* sind also in postvokalischer Stellung verschoben: *liafun, flizzun, mihila*; *t* ist auch in den übrigen Stellungen verschoben, zum Beispiel in postkonsonantischer Stellung: *smerza*. Dieser Verschiebungsstand bestimmt den Text als hochdeutsch. Anlautendes *p* ist bei Otfrid unverschoben, z.B. in *puzzi* (II,14,8), geminiertes *p* ist bei Otfrid verschoben, z.B. in *scephe er* (II,4,33). Die Verschiebung von *pp* führt in den Raum südlich der Speyerer Linie; die Bewahrung von *p* im Anlaut führt hingegen in den Raum nördlich der Speyerer Linie. Dieses Nebeneinander führt am ehesten in den Grenzbereich der Speyerer Linie selbst. Die Bewahrung von *k* im Anlaut (*kind* V.12) schließt den südlichen oberdeutschen Raum ohnehin aus. Germ. *ƀ, đ, g / b, d, g* sind bei Otfrid in folgender Weise vertreten: *altero* (V.1), *giūltīn* (V.3), *heilag* (V.5), *mag* (V.6), *gihugitun* (V.11), *gibetōtun* (V.13), *fruatēr* (V.21), *muater* (V.22), *wuntar* (V.25), *wīb* (V.26), *muatwillo* (V.32), *bidrogenu* (V.34), *hebīg* (V.56), *dages* (V.63), *lioban* (V.81), *biquam* (V.82). In allen Stellungen erscheinen die Verschlusslaute *b* und *g*; germ. *đ, d* ist im Anlaut als *d*, im Inlaut und Auslaut als *t* vertreten. Es treten also *b, d* und *g* auf, die ins Rheinfränkische weisen. *d* steht allerdings nur im Anlaut; inlautendes und auslautendes *t* widerspricht dem Rheinfränkischen. Dieses Nebeneinander von *d* und *t* ist wie das Nebeneinander von *p* und *ph* (= *pf*) charakteristisch für den südrheinfränkischen Übergangsraum zwischen Rheinfränkisch und Alemannisch. Zu diesem Raum passt auch die Vertretung von germ. $ē_2$ und $ō$, die bei Otfrid als *ia* und *ua* erscheinen: *liazun* (V.20), *fuarun* (V.9).

c) Hochdeutsch und Niederdeutsch um die Mitte des 9. Jahrhunderts

Mit der ostfränkischen Tatian-Übersetzung kann die altsächsische Bibeldichtung 'Heliand' aus etwa derselben Zeit verglichen werden, wofür aus beiden Werken die Darstellung der Versuchung Jesu vorliegt (Kapitel VI, Nr. 2 und 7).

Germ. *p*, *t*, *k* erscheinen im Tatian als *pf/ff*, *ts/ss*, *k/hh*, wie oben in Abschnitt b) ermittelt. Für germ. *ƀ*, *đ*, *g* / *b*, *d*, *g* hat die Tatian-Übersetzung *b*, *t*, *g*. Im altsächsischen Heliand ist jede Veränderung der germanischen Konsonanten unterblieben. Im Hinblick auf germ. *p*, *t*, *k* bietet der Text folgenden Befund: *fiortig* (V.1053), *mates* (V.1054), *antbēt* (V.1054), *grōtean* (V.1057), *that* (V.1057), *forūtar* (V.1058), *mancunnies* (V.1058), *lēt* (V.1059), *fiuuartig* (V.1061), *sprac* (V.1063), *thō* (V.1063), *hētis* (V.1065), *tungun* (V.1071), *huuilicon* (V.1073), *mikil* (V.1079), *up gisetta* (V.1082), *gelp* (V.1084), *bōcun* (V.1086), *geuuriten* (V.1086), *huuat* (V.1089), *fōtun* (V.1090), *ōc* (V.1092), *uueroldrīki* (V.1098), *sulic* (V.1099), *ic* (V.1104), *brūcan* (V.1104), *forswuuēp* (V.1108), *helpa* (V.1112), *ambahtscepi* (V.1118). *p*, *t*, *k* sind also in allen Fällen erhalten.

Germ. *ƀ*, *đ*, *g* / *b*, *d*, *g* erscheinen im Heliand in folgenden Fällen: *brōd* (V.1066), *haƀes* (V.1065), *līf* (V.1072), *drohtin* (V.1054), *uuerđan* (V.1065), *god* (V.1057), *gangan* (V.1056), *dagun* (V.1061), *hēleg* (V.1059). Germ. *b*, *d*, *g* sind also im Altsächsischen unverändert erhalten. Der Frikativcharakter des *ƀ* ist besonders deutlich in den Auslautschreibungen wie *līf*.

Besonders aufschlussreich ist die Gegenüberstellung direkter altsächsisch-althochdeutscher Wortgleichungen aus Heliand und Tatian:

germ. Phonem	Heliand	Tatian
t	*fiortig* V.1053	*fiorzug* 15,2
	fōtun V.1090	*fuoz* 15,4
k	(*uuerold-*)*rīki* V.1098	(*erd-*)*rīchu* 15,5
b	*brōd* V.1066	*brōte* 15,3
d	*drohtin* V.1054	*truhtīn* 15,4
	uuerđan V.1065	*uuerdēn* 15,3
g	*gangan* V.1056	*giengun* 15,6

d) Alemannisches Spätalthochdeutsch

Die Werke Notkers des III. von St. Gallen repräsentieren die spätalthochdeutsche alemannische Sprachform St. Gallens, wo Notker als Lehrer wirkte. Die Textprobe seiner Psalterbearbeitung (Kapitel VI, Nr. 9) zeigt die charakteristische Verwendung der deutschen und der lateinischen Sprache in der Übersetzung und Kommentierung des Textes. Dieses Verfahren hebt sich besonders deutlich von der einfachen Übersetzung ab, wie sie die älteren mittelfränkischen Psalmen bieten (Kapitel VI, Nr. 8).

In Notkers Text sind *p*, *t*, *k* wie im Hochdeutschen verschoben, also *p*, *t* und *k* postvokalisch zu Doppelfrikativen, *p* und *t* auch im Anlaut, in der Gemination und in postkonsonantischer Stellung. Darüber hinaus ist hier auch *k* im Anlaut, in der Gemination und postkonsonantisch verschoben. Diese Verschiebung kennzeichnet besonders das Alemannische: *chenun* (1,1), *cham* (1,1), *chît* (1,1), *denchet* (1,2), *uuercho* (1,3). Germ. *b, d, g* erscheinen bei Notker im Allgemeinen als *b, t, g*. Nur im Anlaut treten statt *b* und *g* auch *p* und *k* auf. Ihre Verteilung ist nach Notkers Anlautgesetz geregelt. Danach stehen im Wortanlaut *p, t, k* für ahd. *b, d, g* am Satzanfang oder wenn das vorangehende Wort desselben Satzes nicht auf Vokal oder auf *l, m, n, r* endet. Dieses Anlautgesetz betrifft demnach germ. *b* und *g* sowie germ. *þ*, ahd. *d*. Man vergleiche im Text *der bôum* (1,3) – *pirig pôum* (1,3); *sih kebrêitet* (1,1) – *uuazzere gesezzet* (1,3).

Kennzeichen des Spätalthochdeutschen ist vor allem das Eintreten der Nebensilbenabschwächung. Sie findet sich bei Notker bereits in den Verbalpräfixen und in den Flexionsendungen, wie die folgenden Beispiele zeigen:

gi-	>	*ge-*	*ne-ge-giêng* (1,1); *geluste* (1,1)
fir-	>	*fer-*	*feruuâhet* (1,4)
ir-	>	*er-*	*ne-erstânt* (1,5); aber: *irtêilent* (1,5)
-an	>	*-en*	*uuerden* (1,1)
-it	>	*-et*	*denchet* (1,2)

☞ **Übungsaufgabe:**

Die in den Abschnitten b) bis d) besprochenen Beispiele erschöpfen die Texte noch nicht. Darüber hinaus bieten auch die Texte 'Christus und die Samariterin' und das Hildebrandslied genügend Material für phonologische Übungen.

V. Einführung in die Textphilologie

1. Althochdeutsche Schriftlichkeit und ihre Überlieferung

a) Schreibung und Aussprache

Die althochdeutsche Sprache ist unmittelbar nur anhand ihrer schriftlichen Überlieferung greifbar. Die schriftliche Niederlegung althochdeutscher Texte erfolgte anhand des lateinischen Alphabets. Das lateinische Alphabet ist eine Buchstabenschrift, das heißt, dass die Einzelelemente dieser Schrift, nämlich die Buchstaben, in Beziehung zur Lautseite der Sprache und deren Einzelelementen stehen. Man nennt die zur Wiedergabe der Lauteinheiten (der Phoneme) verwendeten Buchstaben und Buchstabenkombinationen Grapheme.

Das lateinische Alphabet ist aber für die schriftliche Erfassung fremder Sprachen – in diesem Fall des Deutschen – nur bedingt geeignet, denn der Vorrat an Schriftzeichen reicht nicht aus, um die lautliche Seite der anderen Sprache vollkommen abzubilden. Die Zuordnung der Schreibweise zum gesprochenen Wort wird in der Gegenwartssprache durch die Norm der Orthographie geregelt; die Aussprache des geschriebenen Wortes folgt der Aussprachenorm.

Aus der Schreibweise allein ist jedoch auch in der Gegenwartssprache vielfach keine eindeutige Bestimmung der Aussprache möglich. Die Schreibung <v> beispielsweise hat unterschiedlichen Lautwert in den Wörtern *Vater* und *Vase*. Die Schreibungen <b>, <d> und <g> bezeichnen in anlautender und in inlautender Position, also am Wortanfang und im Wortinnern, einen anderen Laut als im Auslaut (am Wortende): *Baum, leben – Laub*; *Dach, reden – Hand*; *Golf, sagen – Weg*. Der Buchstabe *c* wird in mehreren Kombinationen verwendet: <sch>, <ch>, <ck>; die Kombination <ch> hat wiederum in verschiedenen Positionen unterschiedlichen Lautwert: *Chrom – Dach – Teich*. Der Buchstabe *e* hat sehr verschiedene Lautwerte und Funktionen, zum Beispiel in *Bett, tragen, Herd, Leib, lieb*. In allen diesen Fällen ermöglicht die Kenntnis der gesprochenen Sprache die lautliche Interpretation der geschriebenen Sprache.

Die obigen gegenwartssprachlichen Beispiele lassen bereits die Probleme erkennen, die sich bei der lautlichen Auswertung von nur geschrieben überlieferter Sprache älterer Zeiten ergeben können, zumal das Althochdeutsche nicht über eine orthographisch geregelte Normierung wie das Neuhochdeutsche verfügte. Über die grundsätzliche Schwierigkeit der lautlichen Auswertung hinaus ist im Althochdeutschen mit graphischer Variation sprachgeographischer Art (sieh hierzu Kapitel IV.3. Vielfalt des Althochdeutschen) und vor allem mit Schwankungen und Variantenreichtum im graphischen System selbst zu rechnen.

Die Aussprache des Althochdeutschen ist aus dem Vergleich mit der heutigen Aussprache in der deutschen Gegenwartssprache und in den Dialekten, aus der schriftlichen Überlieferung, insbesondere im Reim, und aus dem Vergleich mit verwandten Sprachen rekonstruiert. Für das Althochdeutsche ist von folgenden Verhältnissen auszugehen:

Im Vokalismus gilt: Alle Vokale sind kurz zu lesen, wenn sie nicht im Textabdruck durch einen waagerechten Strich als Langvokale gekennzeichnet sind. Die Wörter *geba, tage, giuuonu* (Tatian 12,1f.) enthalten also nur Kurzvokale. Die im

Neuhochdeutschen eingetretene Dehnung in offener Tonsilbe ist bei der Aussprache des Althochdeutschen durchaus zu vermeiden. Die Langvokale des Althochdeutschen werden im Textanhang dieses Buches (Kapitel VI) also ā, ē, ī, ō, ū geschrieben. Die Diphthonge *ei, ou, uo, ua, ie, ia, io* und *iu* werden als Diphthonge mit Betonung des ersten Bestandteils gesprochen, auch im Falle des <ie>, das im Neuhochdeutschen den Lautwert [i:] hat. Aufgrund des Wechsels zwischen den Buchstabenformen *u* und *v* im lateinischen Alphabet kann <v> den Lautwert *u* haben, zum Beispiel *vnde* = *unde* (Notker, Psalm 1,3).

Hinsichtlich der Betonung der Wörter ist zu merken, dass die Anfangsbetonung auf der Wurzel beizubehalten ist, auch wenn das Wort in einer anderen Silbe einen Langvokal hat: ʹstrangēta.

Im Konsonantismus kann für eine ganze Reihe von Buchstaben in etwa von den heutigen Lautwerten ausgegangen werden, so etwa bei <l>, <r>, <m> und <n>. Ferner sind <p>, <t>, <k> und <b>, <d>, <g> als die entsprechenden stimmlosen und stimmhaften Verschlusslaute zu sprechen (Belege aus Tatian 12,1):

<p>	:	*spāhidu*	<b>	:	*geba*
<t>	:	*gotes*	<d>	:	*eldiron*
<k>	:	*kneht*	<g>	:	*tage*

Auch im Auslaut sind <b>, <d>, <g> im Althochdeutschen stimmhaft, nicht stimmlos, auszusprechen; die so genannte Auslautverhärtung tritt erst in mittelhochdeutscher Zeit ein (sieh hierzu Kapitel III.1.d); man vergleiche hierzu folgende Tatian-Stellen: *uuard* (12,2), *uueg* (12,3), *gib* (87,2).

Die Schreibung <th> bezeichnete im früheren Althochdeutschen noch einen stimmhaften Reibelaut entsprechend dem heutigen englischen *th* [ð] im Artikel *the*. Die Aussprache geht dann zu *d* über. In der Tatian-Übersetzung kann schon [d] gelesen werden: *ther* (Tatian 12,1) = *der*.

Neben der Schreibung <k> begegnet mit demselben Lautwert [k] auch die Schreibung <c> wie in *gicostōt* (Tatian 15,1), *giscriban* (15,3).

Die Schreibung <ph> hat den Lautwert [pf]: *gilimphit* (Tatian 12,7).

Die Schreibung <z> kann einerseits, wie im Neuhochdeutschen, den Lautwert [ts] repräsentieren: *zi* (Tatian 12,2). Andererseits kann sie auch einen *s*-Laut darstellen: *thaz* (Tatian 12,2). Mit dem Lautwert [ts] erscheint ferner auch <c>, so etwa *cīt* neben *zīt*. Im Inlaut steht <zz> für [ts]: *sizzantan* (Tatian 12,4); diese Graphie kann jedoch auch für einen *s*-Laut stehen: *uuazzar* (Tatian 87,3).

Die Schreibung <ch> repräsentiert in manchen Fällen die Lautfolge kch [kch]: *trinchit* (Christus und die Samariterin V.37), *chenun* (Notker, Psalm 1,1). In anderen Fällen wie *erdrīchu* (Tatian 15,5) hat <ch> denselben Lautwert wie im Neuhochdeutschen in entsprechender Stellung. Dieser Lautwert wird im Althochdeutschen vor Konsonant und im Wortauslaut durch bloße <h>-Schreibung ausgedrückt: *kneht*, *vvuohs* (Tatian 12,1), *gilīh* (Tatian 148,1). Im Anlaut und intervokalisch (am Silbenanfang) repräsentiert <h> den Hauchlaut: *heim* (Tatian 12,2), *spāhidu* (Tatian 12,1).

Die Schreibung <s> verweist auf einen *s*-Laut (*uuas* Tatian 12,1); die Schreibungen <z> und <zz> wie in *thaz* (Tatian 12,2) und *uuazzar* (Tatian 87,3) bezeichnen, wie oben gesehen, ebenfalls einen *s*-Laut, der aber wohl im Althochdeutschen in der Aussprache von dem anderen *s*-Laut unterschieden wurde.

Für den Lautwert [f] standen im Althochdeutschen die Schreibungen <*f*> und <*v*> zur Verfügung, wobei <*v*> auch mit <*u*> wechseln konnte: *fol* (Tatian 12,1), *uolliste* (Christus und die Samariterin V.52) = *folliste*.

<*u*> und <*v*> drücken schließlich allein und in verschiedenen Kombinationen den Lautwert [w] (Halbvokal) aus: *zuelif* (Tatian 12,2), *uuārlīcho* (Tatian 12,1), *vvuohs* (Tatian 12,1), *vuielīh* (Christus und die Samariterin V.18).

Folgende Zusammenstellung bietet die wichtigsten Graphievarianten des Althochdeutschen, wie sie bei den Tatian-Ausschnitten und im Ausschnitt von Christus und die Samariterin (abgekürzt Ch.) des Textanhanges (Kapitel VI.) begegnen:

Graphie	Lautwert	Beispiel
<k>	k	*kneht* (Tatian 12,1)
<c>	k	*gicostōt* (Tatian 15,1)
<ph>	pf	*gilimphit* (Tatian 12,7)
<ch>	kch	*trinchit* (Ch. V.37)
<ch>	ch	*uuārlīcho* (Tatian 12,1)
<h>	ch vor Konson., im Auslaut	*kneht, vvuohs* (Tatian 12,1) *thih* (Tatian 12,6)
<h>	h im Anlaut, intervokalisch	*heim* (Tatian 12,2) *spāhidu* (Tatian 12,1)
<f>	f	*fol* (Tatian 12,1)
<v> <u>	f	*uaran* (Tatian 87,1)
<v> <u>	u	*vnsera* (Ch. V.16), *unsaremo* (Tatian 87,3)

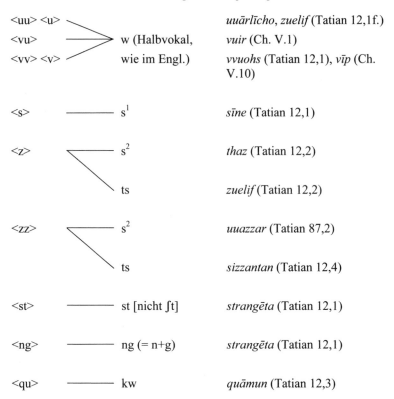

b) Schriftlichkeit im frühen Mittelalter

Die Sprachperiode des Althochdeutschen setzt mit dem Beginn der schriftlichen Überlieferung des Deutschen am Anfang des 8. Jahrhunderts ein. Der Anfang der schriftlichen Überlieferung kann zunächst die Aufmerksamkeit auf den allgemeinen geschichtlichen Rahmen lenken, auf den Beginn der karolingischen Zeit und vor allem ab der zweiten Hälfte des 8. Jahrhunderts auf Karl den Großen (768-814) und die mit ihm verbundenen Reformen im kulturellen und religiösen Bereich.

Das Althochdeutsche ist in Form einer vielfältigen schriftlichen Überlieferung erhalten. Die sprachgeschichtliche Erforschung dieser Texte muss auch ihren historischen Kontext, ihre allgemeinen Entstehungsbedingungen mitberücksichtigen, um ein möglichst umfassendes Textverständnis zu erreichen. Die Analyse der Entstehung dieser Texte ist mit der Frage nach den Funktionen der Schriftlichkeit im Mittelalter, nach den Entstehungsorten, den Überlieferungsformen und den Überlieferungsinhalten verknüpft.

Funktionen von Schriftlichkeit im frühen Mittelalter. Die Rolle des Lateinischen

Die Bedürfnisse an Schriftlichkeit im frühen Mittelalter, also etwa zur Zeit Karls des Großen um 800, können einerseits anhand der überlieferten Textsorten und Textinhalte erschlossen werden. Andererseits lassen sich erste Überlegungen anhand allgemeiner Kenntnisse entwickeln: Das Christentum ist wie die jüdische Religion und wie der Islam eine Buchreligion und somit von seinem Wesen her auf Schriftlichkeit angewiesen. Schriftliche Tradition ist notwendig in erster Linie für den Text der Bibel selbst, ferner für die Liturgie des Gottesdienstes. Hinzu kommen die Texte des Kirchenrechtes. Eine weitere wichtige Rolle spielen die Kommentierung der Bibel und theologische Wissenschaft überhaupt. Alle diese Texte wurden in lateinischer Sprache tradiert, der gemeineuropäischen Schriftsprache des Mittelalters, die auch in der Überlieferung des Christentums in den oben erwähnten Textsorten vorherrschend war. Das bedeutet etwa, dass auch die Bibel in lateinischen Übersetzungen weiter tradiert wird, von denen sich die auf Hieronymus (Ende des 4. Jahrhunderts) zurückgehende Übersetzung, die so genannte Vulgata, allmählich durchsetzt.

Aus der Latinität des mittelalterlichen europäischen Christentums ergibt sich unmittelbar die Notwendigkeit des Unterrichts der lateinischen Sprache. Zu diesem Zweck sind Grammatiken, Glossare und entsprechende Lektüretexte notwendig. Als Schultexte werden auch bestimmte antike und spätantike Autoren gelesen, die dann entsprechend in der mittelalterlichen Überlieferung tradiert sind.

Außerhalb des religiösen Zusammenhangs sind ferner – ebenfalls in Latein – Rechtstexte schriftlich überliefert. Auch das mündliche germanische Rechtswesen wird unter antikem Einfluss verschriftlicht (man vergleiche die verschiedenen Stammesrechtstexte, wie die Lex Ribuaria, Lex Alamannorum usw.). In rechtlichem Zusammenhang sind auch die zahlreichen lateinischen Urkunden zu sehen, in denen etwa Schenkungen von Grundbesitz dokumentiert werden.

Sprache und Schrift, Material und Form

Die oben genannten Textsorten sind, wie bereits erwähnt, in Latein geschrieben. Diese lateinischen Texte werden dementsprechend in der lateinischen Buchstabenschrift geschrieben. Diese Tatsache ist insofern nennenswert, als hiermit auch eine Grundlage für die Verwendung dieser Schrift für die einzelnen europäischen Volkssprachen, etwa für das Althochdeutsche, gelegt wird. Hieraus ergeben sich bis heute orthographische Probleme, da der Buchstabenvorrat des Lateinischen den Lautvorrat etwa des Deutschen nur unvollständig wiedergeben kann.

Unter schriftgeschichtlichem (paläographischem) Aspekt ist die Zeit Karls des Großen wichtig. Die Karolingerzeit wirkt in ihrem Bemühen um Ausgleich und Anknüpfung an antike Vorbilder auch auf das Schriftwesen: Es wird hier eine an antike Vorbilder anknüpfende Kleinbuchstabenschrift entwickelt, die die verschiedenen regionalen Varianten der lateinischen Schrift ablöst. Diese als karolingische Minuskel bezeichnete Schrift ergibt einen bis ins 12. Jahrhundert relativ einheitlichen, auch heute noch gut lesbaren Schrifttypus in den überlieferten Handschriften. Wichtig für die althochdeutsche Zeit ist noch die bis ins 9. Jahrhundert stellenweise verwendete angelsächsische Minuskel, die die aus England kommenden Missionare (wie etwa Bonifatius, † 754) in ihren Handschriften mitbrachten und dementsprechend weitervermittelten.

Als Beschreibstoff ist das Pergament im frühen und hohen Mittelalter vorherrschend; die regelmäßige Verwendung und die Herstellung von Papier setzen im deutschen Sprachgebiet erst im späten 14. Jahrhundert ein. Das aus Tierhäuten gewonnene Pergament war relativ kostbar. Die Pergamentstücke wurden zu gleichen Formaten zugeschnitten, in Doppelblättern zu Lagen ineinander gelegt und mit Fäden geheftet. Nach der Beschriftung wurden sie eingebunden, etwa zwischen zwei Holzdeckeln, die je nach Funktion der Handschrift mehr oder weniger geschmückt sein konnten. Ein solcher Pergamentband wird Codex genannt.

Die Herstellung einer Handschrift war auch im Hinblick auf den Schreibvorgang aufwendig und vor allem zeitraubend. Die einzelnen Exemplare eines Textes stimmen aufgrund der manuellen Herstellung natürlich auch niemals so genau überein, wie es mit der Vervielfältigungsform des Buchdrucks ab der zweiten Hälfte des 15. Jahrhunderts möglich wurde.

Schreiber, Skriptorien, Bibliotheken

Die Frage nach den Schreibern im frühen Mittelalter beantwortet sich aus den überwiegend kirchlich-religiösen Funktionen der Schriftlichkeit: Die geistliche Schicht an den Bischofssitzen und in den (benediktinischen) Klöstern war Träger der schriftlichen Kultur. Dort gab es die entsprechenden Schulen, in denen die lateinische Sprache gelehrt wurde. Die Bücher für den eigenen Bedarf wurden meist im eigenen Skriptorium, der Schreibstube des Klosters, hergestellt und in der Dom- oder Klosterbibliothek aufbewahrt. Tausch und Ausleihen von Handschriften aus anderen Bibliotheken lieferten die notwendigen Textvorlagen.

Auch die schriftlichen Texte für die staatliche Verwaltung wurden von Geistlichen betreut. Eine nennenswerte Schreib- und Lesefähigkeit von Laien bildet sich erst ab dem 12./13. Jahrhundert allmählich aus, und dann auch mit entsprechenden Folgen für die Geschichte der deutschen Literatur und Sprache.

Wichtige Klöster im karolingischen Gebiet, auch unter dem Aspekt der Erhaltung der Bestände und der Bedeutung für die althochdeutsche Überlieferung, sind unter anderem Echternach, Prüm, Lorsch, Fulda, Weißenburg, Murbach, Reichenau, St. Gallen, Tegernsee, Mondsee. Bedeutende Domschulen und andere wichtige Klöster waren etwa in den Bischofssitzen Köln, Trier, Mainz, Würzburg, Freising, Regensburg, Salzburg und Konstanz (sieh hierzu Kapitel VII, Karte 39).

c) Althochdeutsche Schriftlichkeit. Überlieferungsformen und Überlieferungsinhalte

Vor dem Hintergrund der durchgehend lateinisch geprägten Schriftlichkeit im frühen Mittelalter stellt die schriftliche Niederlegung von volkssprachigen, im deutschen Sprachraum also von althochdeutschen Texten, etwas Besonderes dar. Die folgende Quellenübersicht soll auf die Vielfältigkeit der althochdeutschen Schriftlichkeit und die funktionale Bedeutung der hauptsächlichen Überlieferungsformen aufmerksam machen und dabei die wichtigsten Textzeugen nennen. Die Reihenfolge der aufgeführten Überlieferungstypen weist teilweise allgemeine Entwicklungslinien auf, jedoch ist sie nicht als rein chronologische Ordnung zu verstehen. Viele, besonders auch frühe Überlieferungsformen, wie etwa die althochdeutsche Glossographie, bleiben über den ganzen Überlieferungszeitraum erhalten.

Inschriften

Germanische Inschriften auf Stein, Waffen oder Schmuck sind ab dem 6. Jahrhundert bezeugt. Sie wurden vorwiegend in Runen geschrieben und sind hauptsächlich im skandinavischen Raum überliefert. Die Runenschrift ist funktional und zeitlich beschränkt und diente nicht der Herstellung geschriebener Mitteilungen in einem weiteren Rahmen. Im deutschen Sprachraum sind einige Runeninschriften überliefert (6. bis 8. Jahrhundert), von denen die meisten noch nicht als althochdeutsch bezeichnet werden können. Später sind auch Inschriften in lateinischer Schrift (etwa eine kölnische aus dem 9. Jahrhundert) bekannt.

Althochdeutsche Wörter in lateinischen Texten

Eine große Anzahl von volkssprachigen Wörtern ist in lateinischen Texten des frühen Mittelalters eingebettet, entweder in althochdeutscher Form oder mit lateinischen Endungen versehen. Dieser Quellentyp begegnet vor allem in solchen Texten, wo die althochdeutschen Wörter streng mit ganz bestimmten, oft rechtlichen Bedeutungen verbunden und somit nicht übersetzbar sind. Dies ist vor allem im Bereich des Rechtswortschatzes der Fall, wo volkssprachige Ausdrücke mit rechtlicher Qualität unmittelbar wiedergegeben werden. Quellen sind dementsprechend die verschiedenen lateinischen Rechtstexte oder Urkunden, vor allem die Stammesrechte. So steht etwa in der Lex Alamannorum folgende Stelle über den Meuchelmord: *Si quis [homo] hominem occiderit, quod Alamanni mortaudo dicunt, ...* ('was die Alemannen *mortaudo* nennen').

Über diese Einzelwortüberlieferung hinaus zeichnet sich eine Ausweitung des Gebrauchs in der Volkssprache in rechtlichen Zusammenhängen ab, unter anderem in den Bruchstücken einer althochdeutschen Übersetzung der Lex Salica (Anfang 9. Jahrhundert) oder im altfranzösisch-althochdeutschen Paralleltext der Straßburger Eide (842).

Althochdeutsche Namen

Die althochdeutsche Namenüberlieferung ist sehr umfangreich; sie umfasst mehrere Zehntausende von Belegen. Neben der Überlieferung in Inschriften oder in anderen althochdeutschen Texten wie literarischen Denkmälern (so etwa im Hildebrandslied) sind Namen besonders in spezifischen Quellenformen erhalten: Geographische Namen stehen oft in Texten, die Festlegungen beziehungsweise Änderungen des Besitzverhältnisses enthalten, also in Urkunden oder Reichsgutsurbaren.

Personennamen kommen ebenfalls in Urkunden vor, etwa als Namen von Schenkern, Zeugen usw. Ferner gibt es eine außerordentlich umfangreiche Namenüberlieferung im klösterlichen Zusammenhang: Nekrologe, Mönchslisten zur Gebetsverbrüderung und Professbücher sind reich an namenkundlichem Material.

Althochdeutsche Glossen und Glossare

In Zusammenhang mit der Lektüre, dem Studium und der Übersetzung lateinischer Texte in den Kloster- und Domschulen sind einzelne althochdeutsche Wörter oder Wortgruppen als Einträge am Rand oder zwischen den Zeilen in die lateinischen Handschriften geschrieben worden, ganz ähnlich dem heutigen Gebrauch vieler, wenn sie einen Text studieren oder einen fremdsprachigen Text lesen und sich dabei Notizen in das Buch machen. Diese lateinischen Texten hinzugefügten Wörter nennt man althochdeutsche Glossen. Bisher sind ungefähr 1300 Handschriften bekannt, in die ein oder mehrere althochdeutsche Wörter eingetragen sind. Teilweise gibt es auch Handschriften mit mehreren Hunderten oder Tausenden von Glossen. Die althochdeutschen Glossen beziehen sich in der Regel auf bestimmte Wörter des lateinischen Textes, oft in Form einer Übersetzung oder Erläuterung des betreffenden lateinischen Wortes. Das betreffende lateinische Wort wird auch Lemma genannt, die althochdeutsche Glosse ist das Interpretament.

So steht zum Beispiel in einer Reichenauer Handschrift aus dem Ende des 10. Jahrhunderts mit biblischem Inhalt, die in der Staatsbibliothek Bamberg unter der Signatur Bibl. 76 aufbewahrt wird:

> *super hoc expediti Moab ululant* [Isaias 15,4]
> 'darüber wehklagen die *Gerüsteten* in Moab'

Über dem lateinischen Wort *expediti* steht in der Handschrift: *milites herechnehta*. Das Lemma *expediti* hat demnach zwei Interpretamente, ein lateinisches (*milites* 'Soldaten') und ein althochdeutsches (*herechnehta*).

Die althochdeutsche Glosse *herechnehta* kann als Nominativ oder Akkusativ Plural des starken Maskulinums *herechneht* bestimmt werden. Da das lateinische Lemma im Nominativ Plural steht, kann davon ausgegangen werden, dass *herechnehta* ebenfalls Nominativ Plural ist. Das althochdeutsche Wort *herechneht* 'Soldat' ist eine Zusammensetzung aus den Substantiven *here* (st. Neutrum 'Heer') und *kneht* (st. Maskulinum, sieh zur Bedeutungsbestimmung auch Kapitel V.2.) und dient, ähnlich wie das dazugesetzte lateinische Interpretament *milites*, der Erläuterung von lat. *expediti*.

Je nachdem, wo die Glossen in der Handschrift stehen, unterscheidet man Interlinearglossen (das heißt zwischen den Zeilen eingetragene Glossen) und Marginalglossen (Randglossen). Die Glossen sind meistens wie der Haupttext mit Feder und Tinte in die Handschrift eingetragen, sie können aber auch mit einem Rötel geschrieben oder mit einem Griffel in das Pergament eingeritzt werden. Griffelglossen sind dementsprechend schwer entzifferbar.

Glossen zu bestimmten Texten können als Wortlisten herausgezogen und zu Glossaren vereinigt werden. Glossare existierten auch schon im Lateinischen als Synonymenwörterbücher. Ein frühes Zeugnis althochdeutscher Überlieferung stellt der so genannte Abrogans dar, die Übersetzung eines spätantiken lateinischen Synonymenwörterbuchs, die in drei Handschriften vom Ende des 8. beziehungsweise Anfang des 9. Jahrhunderts überliefert ist. Auch lateinische enzyklopädische Glossare und Sachwörterbücher sind erhalten, zum Teil mit althochdeutscher Glossierung. Als wichtiges Sachglossar der althochdeutschen Überlieferung sei hier der

Vocabularius Sancti Galli (Handschrift vom Ende des 8. Jahrhunderts in St. Gallen) genannt.

Althochdeutsche Übersetzungen

Von der mehr oder weniger umfangreichen interlinearen Glossierung lateinischer Handschriften bis zur durchgehenden interlinearen Übersetzung gibt es einen stufenlosen Übergang. Neben der interlinearen Übersetzung gibt es dann auch Handschriften, die mit einer zweispaltigen Anlage für den lateinischen und den deutschen Text versehen sind (zum Beispiel die althochdeutsche Tatian-Übersetzung).

Viele Übersetzungen dienen dem erklärten, von Karl dem Großen zum Beispiel in der 'Admonitio generalis' von a. 789 geforderten Zweck der religiösen Unterweisung der Laien. In diesem Kontext sind die Übersetzungen des Vaterunsers, des Glaubensbekenntnisses, von Beichten und anderen Gebeten sowie von Predigten zu sehen.

Deutlich im Klosterzusammenhang steht die althochdeutsche (interlineare) Übersetzung der Benediktinerregel (1. Hälfte des 9. Jahrhunderts).

Im theologischen Zusammenhang stehen ferner Übersetzungen der Bibel (zum Beispiel Psalmenübersetzungen; sieh Textauswahl, Kapitel VI) und Texte zur Bibelerklärung. Für manche Übersetzungen, besonders von größeren Schriften, ist die Funktion nicht immer eindeutig zu bestimmen. Ein Beispiel ist die althochdeutsche Übersetzung der Evangelienharmonie des Syrers Tatian, der im 2. Jahrhundert lebte, nach einer weit verbreiteten lateinischen Fassung (sieh Textanhang). Die Evangelienharmonie des Tatian ist eine aus den vier Evangelien zusammengefasste Darstellung des Lebens Jesu. Die althochdeutsche Übersetzung ist sicher nicht für die Laienunterweisung bestimmt, sondern im Klosterzusammenhang zu sehen, jedoch dort wohl kaum als Schulbuch, sondern im Kontext mehrsprachiger Bibelphilologie. Die althochdeutsche Tatian-Übersetzung (auch althochdeutscher Tatian genannt) ist im Kloster Fulda im zweiten Viertel des 9. Jahrhunderts niedergeschrieben worden. Aufgrund des relativ einheitlichen, als ostfränkisch zu bestimmenden Sprachstandes wurde die Sprache des althochdeutschen Tatian als Grundlage für die Erstellung einer Grammatik des Althochdeutschen genommen.

Ein weiteres wichtiges Übersetzungswerk stellt die althochdeutsche Fassung einer theologischen Abhandlung von Bischof Isidor von Sevilla († 636) über die Trinität dar; sie ist in einer Handschrift aus der Wende des 8. zum 9. Jahrhundert überliefert und war vielleicht zum Vortrag auf einer Reichsversammlung am Ende des 8. Jahrhunderts bestimmt, die sich mit aktuellen Kontroversen um die Trinität befasste und an der auch des Lateins unkundige Adlige teilnahmen.

Eindeutig von der Klosterschule her motiviert ist das große Übersetzungswerk von Notker III. von St. Gallen († 1022), das die wichtigsten Bereiche des mittelalterlichen Bildungsgutes widerspiegelt und auch die erste wissenschaftliche Prosa des Deutschen darstellt. Unter anderem übersetzte Notker den Psalter (sieh Textanhang) und des Boethius 'De consolatione philosophiae'.

Althochdeutsche Dichtung

Die Überlieferungsinhalte althochdeutscher Dichtung sind vorwiegend christlich-religiös geprägt.

Sprachhistorisch von Bedeutung ist die Tatsache, dass neben der mündlichen Tradierung die Volkssprache in althochdeutscher Zeit auch als Sprache der Dichtung in schriftlicher Form verwendet wird. Teilweise geschieht dies sogar mit expliziter Begründung. So betitelt der Mönch Otfrid von Weißenburg im Elsass das erste Kapitel seines um a. 870 entstandenen 'Evangelienbuches' *Cur scriptor hunc librum theotisce dictaverit* ('Warum der Autor dieses Buch in der Volkssprache geschrieben hat'). In diesem einleitenden Kapitel erläutert Otfrid die Gründe seiner Verwendung der Muttersprache, indem er unter anderem auf die Vorzüge der Volkssprache, auf die Griechen und Römer sowie deren literarische Tradition hinweist.

Otfrids von Weißenburg Evangelienharmonie ist die erste große Endreimdichtung in deutscher Sprache. Der Endreim ist im Gegensatz zum Stabreim (sieh hierzu unten) keine ursprüngliche germanische Versform; seine Verwendung in der volkssprachigen Dichtung geht auf den Einfluss der christlichen lateinischen Dichtung zurück.

Neben dem Werk Otfrids ist als Bibeldichtung in Endreimform auch das Gedicht 'Christus und die Samariterin' zu nennen, das in einer Handschrift aus der Mitte des 10. Jahrhunderts überliefert ist (sieh Textauswahl, Kapitel VI).

Andere religiöse Dichtungen in Endreimvers sind zum Beispiel das 'Petruslied' und das 'Georgslied', die beide aus dem späten 9. Jahrhundert stammen und Heiligen gewidmet sind; Fürstenpreis in christlicher Tradition überliefert das 'Ludwigslied' (Ende 9. Jahrhundert). Politischen Inhalt in althochdeutsch-lateinischer Mischsprache bietet die Endreimdichtung 'De Heinrico' (um 1000), die wohl die Begegnung Kaiser Ottos III. mit Herzog Heinrich dem Zänker schildert.

In der germanisch tradierten Form des auf Alliteration beruhenden Stabreimverses sind zwei christliche Dichtungen vom Weltanfang (Wessobrunner Schöpfungsgedicht, Anfang 9. Jahrhundert) und vom Weltende (Muspilli, zweite Hälfte 9. Jahrhundert) überliefert. Ebenfalls in Stabreimform verfasst ist der altsächsische Heliand (eine Evangelienharmonie aus der Mitte des 9. Jahrhunderts; sieh Auszug im Textanhang, Kapitel VI) und die altsächsische Genesis (Mitte 9. Jahrhundert).

In (teilweise bereits zerfallener) Stabreimform ist auch das um 830 in Fulda aufgezeichnete Hildebrandslied niedergeschrieben, das einzige erhaltene Zeugnis der altgermanischen, mündlich tradierten Heldendichtung in der deutschen Literatur (sieh Textauswahl, Kapitel VI.). Das Hildebrandslied thematisiert den Vater-Sohn-Kampf innerhalb des Sagenkomplexes um Theoderich den Großen. Die handschriftliche Überlieferung des Hildebrandsliedes in Form der Fuldaer Handschrift wirft methodisch aufgrund der althochdeutsch-altsächsischen Mischsprache und des fehlenden Schlusses zahlreiche sprachliche und interpretatorische Forschungsfragen auf.

Neben den erwähnten Texten gibt es noch eine ganze Reihe kleinerer Denkmäler, wie etwa Zaubersprüche, Segenssprüche und Sprichwörter oder die Basler (medizinischen) Rezepte.

Schreibformen und Schreibnormen

Die althochdeutsche Überlieferung ist, wie auch noch die mittelhochdeutsche, dadurch charakterisiert, dass es noch keine überregionale einheitliche Schriftsprache gibt, geschweige denn eine geregelte orthographische Norm. Die Schriftlichkeit ist daher prinzipiell von den lokalen und regionalen Besonderheiten der Sprache geprägt. Man geht in der Regel davon aus, dass die geschriebene Form des Althochdeutschen in einem klösterlichen Skriptorium auch der gesprochenen Volkssprache des Ortes und der jeweiligen Landschaft entspricht. So schrieb zum Beispiel ein im alemannischen Bereich geborener, später in Tegernsee wirkender Klosterlehrer Froumund um 990/993 in Köln althochdeutsche Glossen in charakteristischer kölnischer Sprachform ab.

Zur sprachlichen Vielfalt des Althochdeutschen sieh auch Kapitel IV.3.

2. Erschließung althochdeutscher Texte mit Grammatik und Wörterbuch

a) Grammatische Problemfälle im Text

Die Form *uuestut* (Textauswahl, Kapitel VI, Nr. 1: Tatian 12,7) ist aufgrund der Endung und des Personalpronomens *ir* im Kontext als 2. Person Plural Indikativ Präteritum zu bestimmen. Wie das der Endung *-ut* vorausgehende *t* zeigt, ist die Form schwach gebildet.

Aus dem Kontext und der lateinischen Vorlage (*nesciebatis*) ist zu erkennen, dass es sich um das Verb nhd. *wissen* handeln muss. Zu diesem althochdeutschen Präterito-Präsens (sieh Kapitel I.1.c) lautet das Präteritum *wissa*. Die Frage an die Grammatik lautet also, ob es auch eine Form *westa* gibt. Die 'Althochdeutsche Grammatik' von W. Braune – I. Reiffenstein gibt zu *weiz* folgende Auskunft (§ 371 A. 1):

> Anm. 1. Im Prät. ist *wissa* allgemein obd. (noch bei N); *wëssa* und *wësta* sind frk. (T, O); *wista* ist selten, in älterer Zeit nur bei I und in M (neben obd. *wissa*) belegt. Auffällig in den St. Pauler Lukasgl (1, 737,23; Voetz 1985, 252,26 mit Anm.) *niuuisotot ir* 'nesciebatis', mit nochmaliger Anfügung der alem. Endung *-ōt* (statt *niwissōt ir*). – Vgl. § 31 A. 2; Franck Afrk. § 209, 1.

Die Form *westa*, hier 2. Person Plural *westut*, ist somit als fränkische Nebenform bestimmt, die gerade auch für die vorliegende Quelle (Tatian) genannt wird.

Die Form *bispurnēs* (Tatian 15,4) ist aufgrund der Endung und des Personalpronomens *thū* im Kontext als 2. Person Singular zu bestimmen. Das lange *ē* weist auf Konjunktiv Präsens. Als Infinitiv wäre **bispurnen*, schwaches *jan*-Verb, anzusetzen. Es könnte aber auch ein schwaches *ēn*-Verb vorliegen. Das 'Althochdeutsche Wörterbuch' von R. Schützeichel bestimmt aber *bispurnan* als starkes Verb. Dem Konsonantismus nach (Liquid + Konsonant) müsste das Verb in Reihe IIIb gehören, wozu aber der Wurzelvokal im Infinitiv nicht passt. Das Wortregister der 'Althochdeutschen Grammatik' von W. Braune – I. Reiffenstein führt an die Stelle, an der die Reihe IIIb behandelt ist (§ 337 A.5):

> – Nur bei O findet sich zweimal *i* als Präsensvokal: *firspirnit* (Ind. Präs.) u. *firspirne* (Opt. Präs.). An 3 anderen Stellen aber lautet der Opt. Präs. *firspurne* (Hs. V), in einem Fall davon ist in Hs. V *i* zu *u* korrigiert, in einem andern hat Hs. P ursprüngliches *firspirne* korrigiert in *firspyrne* (vgl. § 22; Kelle 63, 5). Seebold 1970, 453f.; Riecke 1996, 156f.

Das Verb ist also hinsichtlich seines Infinitiv- und Präsens-Vokals eine Ausnahme zu Reihe IIIb.

b) Zum Nachschlagen in althochdeutschen Wörterbüchern

Die Form *eldiron* (Tatian 12,1) ist als Subjekt zu der Verbform *fuorun* zu bestimmen. Es muss sich also um ein Substantiv im Nominativ Plural handeln. Wenn man die vermutete Bedeutung 'Eltern' im Wörterbuch kontrollieren will, stößt man im 'Althochdeutschen Wörterbuch' von R. Schützeichel (S. 90) an der Stelle *eld-* auf einen Verweis nach *elt-*. Das heißt, dass die mit der Buchstabenfolge *eld-* beginnenden Schreibungen wie *elt-* eingeordnet sind. Entsprechend findet sich auch der Eintrag eldiron nach *elten, eltī*:

> (h)elten *sw. V., (ver)zögern, verlängern; versäumen, unterlassen; vorenthalten.* O.
> eltī, altī *st. F., Alter, Dauer; alte Art, altes Wesen.* N. NG. O.
> eldiron, elthiron *sw. M. Pl., Eltern.* OT. T

Das Wörterbuch verfährt also folgendermaßen:
− Die Form *eldiron* aus Tatian 12,1 wird so in einen Ansatz gebracht.
− Die Form *eldiron* wird aber nicht ihrer Schreibung gemäß alphabetisch eingeordnet. Vielmehr wird sie so eingeordnet, als ob sie mit *t* geschrieben wäre. Scheinbar ist so das Alphabet gestört.
− Es ergibt sich aber aus der Abfolge *elm-, elna-* usw. schließlich eindeutig, dass *eldiron* an der Stelle von *eltiron* steht.
− Durch dieses Verfahren steht *eldiron* bei *elten, eltī*, wohin es auch etymologisch gehört. Es wäre denkbar, dass es in anderen Texten mit *t*-Schreibung belegt wäre.

Das Einordnungsprinzip des Wörterbuchs beruht auf einem angenommenen einheitlichen ostfränkischen Lautstand. Soweit die Belege einen Ansatz in ostfränkischer Gestalt ergeben, wird dieser an den Artikelanfang gestellt. Soweit das nicht der Fall ist, bildet eine andere belegte Form den Ansatz. Damit das Wort von der belegten Form aus gefunden werden kann, sind Verweise eingefügt.

Wo ein regelmäßiges Nebeneinander von Veränderungen in vielen Wörtern auftritt, gibt das Wörterbuch pauschale Verweise, zum Beispiel am Anfang des Buchstaben K: 'S. auch G'. Derartige Verweise sind bei oberdeutschen Texten zu berücksichtigen. So steht in dem alemannisch geprägten Text 'Christus und die Samariterin' (Vers 13) *kerōst*, 2. Pers. Sing. Ind. Präs., sw. V., zu dem der zugehörige Infinitiv *kerōn* nicht unter *k* (S. 181) erscheint. *kerōn* findet sich als Variante zu *gerōn* auf S. 133.

> gerōn, gorōn, geran, kerōn, keroon *sw. V., (m. Gen., Akk.), (etwas) begehren, (nach etw.) verlangen, wünschen, ersehnen.* B. Ch. GB. I. MF. MH. N. NG. O. OT. T. WH.

Im Einzelnen ist zu dieser Regelung die Einleitung des Wörterbuchs zu vergleichen: Abschnitt VII (4), VIII (2).

c) Lexikalische Problemfälle im Text

Ahd. *ther kneht* − nhd. *der Knecht*

Das althochdeutsche Wort *kneht* in der Tatian-Stelle (12,1) *Ther kneht uuārlīcho vvuohs* ist ausdrucksseitig ohne weiteres mit nhd. *Knecht* zu identifizieren. Schreibung und Lautung des Wortes haben sich nur wenig verändert (Großschreibung, *ch*-

Schreibung). Im Hinblick auf den durch die Überschrift vermittelten Kontextbezug auf den zwölfjährigen Jesus erscheint die Annahme einer Bedeutungsgleichheit von ahd. *kneht* und nhd. *Knecht* jedoch fraglich. Die lateinische Vorlage liefert als Ausgangswort der althochdeutschen Übersetzung *puer* 'Knabe'. Die neuhochdeutsche Übersetzung des althochdeutschen Wortes *kneht* durch 'Knabe' wird im 'Althochdeutschen Wörterbuch' von R. Schützeichel bestätigt:

> **kneht,** kneth, c(h)neht, c(h)anēt, knēt,
> gneht *st. M., Knabe, Kind; Diener, Jünger; Krieger, Soldat, Mann. I. MH. N.
> NG. O. OT. PG. T. WH.*

Dieser Artikel enthält graphische und lautliche Varianten des Wortes, die grammatische Bestimmung als maskulines Substantiv mit starker Flexion, Bedeutungsangaben und Siglen für die Texte, in denen das Wort im Althochdeutschen auftritt. Der althochdeutsche Tatian wird mit der Sigle T. ausgewiesen. Der Mehrzahl der Schreibungen und Bedeutungen entspricht eine Mehrzahl von Textquellen. Mithilfe der in der Einleitung des Wörterbuchs angegebenen Editionen und Spezialwörterbücher lassen sich die tatsächlichen Belege mit ihrem Kontext ermitteln. Die Sigle MH. führt auf die Murbacher Hymnen, in denen *chnehta* als Übersetzung von *milites* 'Soldaten' vorkommt (XXII, 2, 3)[11]:

celestis aule milites – himiliskera chamara chnehta

Die Sigle I. führt auf die althochdeutsche Isidor-Übersetzung, in der *chneht* neben *chind* als Wiedergabe von lat. *puer* auftritt, wie das 'Vollständige lateinisch-althochdeutsche Wörterbuch zur althochdeutschen Isidor-Übersetzung' von H. Eggers (Berlin 1960, S. 93) nachweist:

> **puer** *m., Knabe:*
> 1. **chind** *stn. (a)*
> 2. **chneht** *stm. (a)*
> 1. puer parvulus minans (*s. d.*) eos: liuzil
> chind *41.14*
> 2. ecce, inquit, puer meus: quhad got, see
> miin chneht *18.17* (*s.* suscipere) -dicente
> Abraham ad puerum suum: huueo Abrahames chibot uuas zi sinemu chnehte
> *33.5* (*s.* ostendere *5*) -pater filium dilectum
> puerum vocat (*s. d.*): fater meinida dhar
> sinan sun, dhuo ir chiminnan chneht
> nemnida *18.22*

Aufgrund dieser und weiterer Belege sind dem althochdeutschen Wort *kneht* die im Wörterbuch angegebenen Bedeutungen zuzuordnen.

---

11 Die Murbacher Hymnen. Nach der Handschrift herausgegeben von E. Sievers. Mit einer Einführung von E. Scherabon Firchow, New York – London 1972, S. 51.

Nhd. *Knecht* und der Bedeutungswandel

Als Bedeutungen des neuhochdeutschen Wortes *Knecht* werden im 'Duden. Deutsches Universalwörterbuch' (5.A. Mannheim/Leipzig/Wien/Zürich 2003) angegeben (S. 916):

> **Knecht,** der; -[e]s, -e [mhd., ahd. kneht = Knabe; Jüngling; Diener; urspr. viell. = Stock, Knüppel, Klotz, verw. mit ↑ Knagge(n); zur Bedeutungsentwicklung vgl. Bengel, Flegel]: **1.** (veraltend) *männliche Person, die für einen Bauern arbeitet, auf einem Bauernhof angestellt ist:* der Hof beschäftigt drei -e; sich als K. verdingen.
> **2.** (meist abwertend) *jmd., der [willenlos] Befehlen od. Zwängen zu gehorchen hat:* Herr und K.; ein K. der Reichen, der Herrschenden sein;

Der Vergleich der neuhochdeutschen Bedeutungen mit den althochdeutschen Bedeutungen desselben Wortes lässt einen Bedeutungswandel erkennen, der eine Übersetzung von ahd. *kneht* mit nhd. *Knecht* ausschließt.

Den Bedeutungswandel dokumentieren historische Wörterbücher, wie beispielsweise das 'Deutsche Wörterbuch' von H. Paul – H. Henne – H. Kämper – G. Objartel, 10.A. Tübingen 2002 (S. 543f.):

> **Knecht** ahd. mhd. *kneht*, wgerm. (engl. *knight* ›Ritter‹), berührt sich in der Bed. urspr. nahe mit ↑↑ *Knabe, Knappe*. Die Bedeutungen ›männliches Kind‹ und ›junger Mann‹ setzen sich in der Literatur bis ins 16.Jh. fort und leben in Resten noch mundartlich. Doch tritt frühzeitig der Bezug auf dienende Stellung in den Vordergrund. Mhd. erscheint *K*. häufig in dem gewöhnlichen Sinn von ↑ *Knappe*, auch für den ritterbürtigen (*edeler kneht, Edelknecht*). Mit dem Aufkommen des Söldnerwesens die Bed. ›Soldat‹, nicht bloß in Zuss. wie *Kriegs-, Lands-, Fußk.* (fnhd.), sondern auch für sich stehend. Wie *Knappe* war *K.* Bez. für den Gesellen in verschied. Handwerken; Beckmann, Techn. (1777) VI nennt Müller, Bäkker, Schuster, Brauer, Gerber; *Müllerk.* noch bei Goe. Auch Beamte in öffentl. Diensten hießen *K*.: *Amts-, Stadt-, Kirchenk.* u.dgl. Allmählich wurde es auf niedrige Stellungen beschränkt, nicht mehr den Gegensatz zu ↑ *Meister*, sondern nur zu ↑ *Herr* bildend, außerdem durch das als vornehmer geltende ↑ *Diener* zurückgedrängt (bis in die wilhelminische Zeit fortlebend). Es blieb für die in der Landwirtschaft beschäftigten Leute: *Hof-, Pferde-, Stallk.* (vergleichbar ↑ *Magd*, veraltend), aber auch für andere Stellungen: *Haus-, Boots-, Fuhr-, Reit-, Brau-, Schinderk*. Andererseits ist *K*. in der älteren Zeit auch geradezu ›Unfreier, Sklave‹, genauer *(leib)eigener K.*

Bedeutungswandel ist, wie die Veränderung von Lauten und Flexionsformen, Bestandteil der Sprachgeschichte. Die Personenbezeichnungen zeigen über das Beispiel *kneht* hinaus vielfältige Formen des Bedeutungswandels, wie die Bedeutungsangaben zu den althochdeutschen Wörtern im Vergleich zur Bedeutung ihrer neuhochdeutschen lautlichen Entsprechungen zeigen:

ahd.	*magad*	'Jungfrau'	–	nhd.	*Magd*
ahd.	*wīb*	'Frau, Mädchen'	–	nhd.	*Weib*
ahd.	*thiorna*	'Jungfrau, Mädchen'	–	nhd.	*Dirne*
ahd.	*frouwa*	'(vornehme, hohe) Frau, Herrin'	–	nhd.	*Frau*

Die lautliche Identifikation eines althochdeutschen Wortes im Neuhochdeutschen ist eine wichtige Hilfe bei der grammatischen Bestimmung und beim ersten Verstehen des Textes. Es muss aber im grammatischen Bereich prinzipiell mit Veränderungen gerechnet werden, zum Beispiel dem Übergang von der starken zur schwachen Flexion beim Verb. Ebenso muss mit dem Bedeutungswandel gerechnet werden, der gerade häufig gebrauchte Wörter erfasst haben kann. Nach dem ersten Schritt der lautlichen Identifikation von ahd. *kneht* mit nhd. *Knecht* muss also stets der zweite Schritt der Kontrolle in den Wörterbüchern erfolgen, welche Bedeutung das betreffende Wort im Althochdeutschen tatsächlich gehabt hat.

3. Mittelhochdeutsche Schriftlichkeit und ihre Überlieferung

a) Schreibung und Aussprache

Da die für die deutsche Sprache verwendete Schrift eine Buchstabenschrift ist, stehen ihre Einzelelemente, nämlich die Buchstaben, in Beziehung zur Lautseite der Sprache und ihren Einzelelementen. Man nennt die zur Wiedergabe der Lauteinheiten, der Phoneme, verwendeten Buchstaben und Buchstabenkombinationen Grapheme. Die Zuordnung der Schreibweise zum gesprochenen Wort wird in der Gegenwartssprache durch die Norm der Orthographie geregelt. Die Aussprache des geschriebenen Wortes folgt der Aussprachenorm.

Aus der Schreibweise allein ist aber in der Gegenwartssprache vielfach keine eindeutige Ableitung der Aussprache möglich. Die Schreibweise <v> beispielsweise hat unterschiedlichen Lautwert in *Vater* und in *Vase*. Die Schreibungen <b>, <d>, <g> bezeichnen in anlautender und inlautender Position einen anderen Laut als im Auslaut: *Baum, leben – Laub; Dach, reden – Hand; Golf, sagen – Weg*. Der Buchstabe *c* wird in mehreren Kombinationen verwendet: <sch>, <ch>, <ck>; die Kombination <ch> hat wiederum in verschiedenen Positionen unterschiedlichen Lautwert: *Chrom – Dach – Teich*. Der Buchstabe *e* hat sehr verschiedene Lautwerte und Funktionen, zum Beispiel in *Bett, tragen, Herd, Leib, lieb*.

In allen diesen Fällen ermöglicht die Kenntnis der gesprochenen Sprache die lautliche Interpretation der geschriebenen Sprache. Von hier aus kann abgeschätzt werden, welche Probleme sich bei der lautlichen Auswertung von nur geschrieben überlieferter Sprache älterer Zeiten ergeben können.

Die Aussprache des Mittelhochdeutschen ist aus dem Vergleich mit der heutigen Aussprache in der Standardsprache und in den Dialekten, aus der schriftlichen Überlieferung, insbesondere im Reim, und auch aus dem Vergleich mit verwandten Sprachen zu rekonstruieren. Für das Mittelhochdeutsche ist von folgenden Verhältnissen auszugehen:

Im Vokalismus gilt: Alle Vokale sind kurz zu lesen, wenn sie nicht im Textabdruck durch einen Zirkumflex ^ als Langvokale gekennzeichnet sind. Die Wörter *klagen, edel, vil, loben, tugent* enthalten also nur Kurzvokale. Die im Neuhochdeutschen eingetretene Dehnung in offener Tonsilbe ist bei der Aussprache des Mittelhochdeutschen durchaus zu vermeiden. Die Langvokale des Mittelhochdeutschen werden also <â>, <ê>, <î>, <ô>, <û> geschrieben, sowie <æ> und <œ> für die umgelauteten Langvokale *ä* und *ö*. Der Langvokal *ü* wird im Mittelhochdeutschen <iu> geschrieben: *triuten* [trü:ten]. Die Diphthonge <ei>, <öu>, <ou> und <ie>, <üe>, <uo> werden als Diphthonge mit Betonung des ersten Bestandteils gesprochen, auch im Falle des <ie>, das ja im Neuhochdeutschen den Lautwert [i:] hat.

Im Konsonantismus kann für eine ganze Reihe von Buchstaben in etwa von den heutigen Lautwerten ausgegangen werden. Besonders wichtig ist die Schreibung der *s*-Laute. Außer der Schreibung <s> wie in *wunders, geseit* usw. gibt es im Mittelhochdeutschen auch die Schreibungen <z>, <zz> mit dem Lautwert *s*, wobei sich die *s*-Laute zunächst unterschieden haben, zum Neuhochdeutschen hin aber zusammengefallen sind. Beispiele sind etwa *grôz, wazzer*. <z> im Anlaut hat wie heute den Lautwert [ts].

Zum Teil sind in der heutigen Aussprache und Schreibung noch die Reflexe der mittelhochdeutschen Verhältnisse erkennbar:

mhd.	*sagen*	*lesen*	*hûs*	*küssen*
nhd.	*sagen*	*lesen*	*Haus*	*küssen*

mhd.	*wazzer*	*vuoz*	*grôz*
nhd.	*Wasser*	*Fuß*	*groß*

Im Mittelhochdeutschen ist die schriftliche Überlieferung nicht an einer kodifizierten Rechtschreibnorm wie in der Gegenwartssprache orientiert. Es muss daher damit gerechnet werden, dass ein Wort in unterschiedlichen Texten, aber auch in ein und demselben Text in verschiedenen Schreibungen erscheint. In den Editionen ist diese Variation der handschriftlichen Überlieferung vielfach von den Herausgebern vereinfacht worden.

b) Überlieferungsformen und Überlieferungsinhalte

Die Quellenlage für die mittelhochdeutsche Zeit ist charakterisiert durch eine immer stärkere Ausweitung des schriftlichen Gebrauchs der deutschen Sprache in der Literatur, im Rechtswesen, im religiösen Bereich usw. Die Überlieferung bleibt, von den selteneren Inschriften abgesehen, an das Pergament und an die handschriftliche Eintragung gebunden. Neben dem Pergament kommt ab dem 14. Jahrhundert Papier als Beschreibstoff auf, womit sich die Handschriftenherstellung erheblich verbilligt, was zur weiteren Zunahme des Überlieferungsumfangs führt.

Die Formen der handschriftlichen Überlieferung reichen von den Einzelblättern der Urkunden über schlichte schmucklose Gebrauchshandschriften aller möglichen kleinen wie großen Formate bis zu den kostbaren, aufwendig illustrierten und ausgeschmückten großformatigen literarischen Sammelhandschriften. Ein besonders berühmtes und herausragendes Beispiel ist der Codex Manesse (Universitätsbibliothek Heidelberg, Cod. Pal. germ 848), heute die umfangreichste Sammelhandschrift mittelhochdeutscher Lyrik.

Die Überlieferung umfasst literarische und nicht literarische Texte. Bedeutende literarische Quellengattungen sind etwa:

– die höfische, heroische, historische und legendarische Epik
  Textbeispiele im Anhang: 'Nibelungenlied', Hartmann von Aue: 'Der arme Heinrich', Wolfram von Eschenbach: 'Willehalm'
– die Lyrik (Minnelyrik, politische, religiöse Lyrik)
  Textbeispiel im Anhang: Walther von der Vogelweide
– das religiöse Drama

Bedeutende nicht literarische Gattungen sind etwa:

– Predigten
– Chroniken

- Urkunden
- Rechtssammlungen
- Fachliteratur, zum Beispiel medizinische Texte
- Vokabularien

Vielfach ist die Überlieferung deutlich jünger als die Entstehung der Texte selbst, was die Beurteilung der sprachlichen Formen erschwert.

Für die Erschließung dieser Überlieferung ist auf die Handbücher und Lexika zur mittelalterlichen Literaturgeschichte zu verweisen, die in der Auswahlbibliographie angegeben sind.

c) Schreibformen und Schreibnormen

Die mittelhochdeutsche Überlieferung ist wie die althochdeutsche dadurch charakterisiert, dass es noch keine überregionale einheitliche Schriftsprache gibt. Die Schriftlichkeit ist daher prinzipiell von den lokalen und regionalen Besonderheiten der Sprache geprägt. Doch sind in mittelhochdeutscher Zeit schon verschiedene Ansätze zur Ausbildung überregionaler Schreibnormen erkennbar. Es sind Texte mit sehr starker lokaler Bindung der Schreibformen von solchen zu unterscheiden, die lokale und regionale Formen bewusst vermeiden. Den Dichtern der höfischen Blütezeit um 1200 wird die Ausbildung einer überregionalen Schreibsprache, der so genannten höfischen Dichtersprache, zugeschrieben. In spätmittelhochdeutscher Zeit beginnt in Zusammenhang mit der Entstehung der Territorialstaaten die Ausformung großlandschaftlicher Schreibsprachen durch die Kanzleien. Für die Ausbildung der neuhochdeutschen Schriftsprache werden später auch die Erfindung des Buchdrucks, die Reformation und die Anfänge der Grammatikschreibung wichtig.

4. Erschließung mittelhochdeutscher Texte mit Grammatik und Wörterbuch

a) Grammatische Problemfälle im Text

Die Form *dahte* (Textauswahl, Kapitel VI, Nr. 13: Walther von der Vogelweide, Vers 2) ist als 1. Pers. Sing. Ind. Prät. eines schwachen Verbs zu bestimmen. Sie ist durch den Kurzvokal *a* von der Form *dâhte* unterschieden, die in Vers 6 desselben Gedichts vorkommt. *dâhte* gehört zu *denken* (sieh Kapitel II.1.b). Bei der Bildung des Infinitivs zu *dahte* ist (wegen des Wurzelvokals *a* und wegen des fehlenden Bindevokals) davon auszugehen, dass in *dahte* Rückumlaut vorliegt, der Infinitiv also mit Umlaut anzusetzen ist. Ein Infinitiv *dehen lässt sich aber im Wörterbuch nicht nachweisen. Das Wortregister der 'Mittelhochdeutschen Grammatik' von H. Paul – P. Wiehl – S. Grosse führt die Form *dahte* nicht auf.

Einen Weg zur Identifizierung der Form bietet der Kontext, die Beschreibung einer bestimmten Haltung beim Sitzen, bei der die Beine übereinander geschlagen werden. Als Verständnishilfe lässt sich folgende wörtliche Übersetzung angeben: '... und bedeckte Bein mit Bein'. Bei dem vermuteten Infinitiv *decken* wird im 'Mittelhochdeutschen Taschenwörterbuch' von M. Lexer auch die Präteritumsform *dahte* aufgeführt. In der 'Mittelhochdeutschen Grammatik' führt das Wortregister unter *decken* für den Aspekt *ct* – *ht* zu § L 66 Anm. Dort heißt es mit Bezug auf den primären Berührungseffekt (sieh dazu Kapitel III.1.b):

> Anm.: Anders zu erklären ist, dass die swV. mit /ck/ im Präs. das Prät. und Part. mit *ht* [xt] neben *ct* bilden: *dahte, gedaht* – *dacte, gedact* von *decken*; *strahte* – *stracte* von *strecken*; *strihte* – *stricte* von *stricken*; *druhte* – *dructe* von *drücken*; *marhte* – *marcte* von *merken*. Ahd. hieß es auch: *knufta, stafta* von *knüpfen, stepfen*, mhd. nur *knupfte, stapfte*. Die Formen mit Frikativ sind die älteren; sie sind Verschiebungsprodukt der einfachen Tenuis, die im Prät., wo kein /j/ vorlag, vorahd. nicht geminiert worden war; die Verschlußlaute beruhen auf Ausgleich mit dem Präs. (vgl § L 68; Ahd. Gr. I, § 362, Anm. 1; anders Fourquet 1954, 9f., mit Blick auf parallele Erscheinungen im As. u. Ags.; vgl. auch § M 89, § M 68). Erst spätmhd. (bes. alem.?) ist der Übergang des *z/ȝ* in *s* in *saste, kraste, swiste* usw. für *sazte, krazte, swizte*; zu *saste*, *gesast* im Reim vgl. Zwierzina 1901, 47; Schirokauer 1923, 23; zu vornehml. alem. *saste, gesast* in Urk. des 13. Jh.s s. WMU 2, 1559.

aus: H. Paul, Mittelhochdeutsche Grammatik, § L 66, S. 125f.

Das heißt: Der Infinitiv *decken* aus *pakjan enthält durch folgendes *j* geminiertes *kk*, das außer im südlichen Oberdeutschen in der 2. Lautverschiebung bewahrt blieb und graphisch durch <ck> bezeichnet wird. Im Präteritum stand ursprünglich der Bindevokal *i*, sodass kein primärer Berührungseffekt eintreten konnte: *pak-i-da. Das *i* fiel aus, bevor der Umlaut eingetreten war: *pak-da. In dieser Position ohne nachfolgendes *j* trat auch keine Gemination ein, sodass einfaches postvokalisches *k* in der 2. Lautverschiebung zu Doppel-*h* wurde, das im Morphemauslaut vereinfacht wurde: *dah-te*. Die im Mittelhochdeutschen daneben auftretende Form *dacte* passt das Präteritum im Konsonantismus wieder an das Präsens an. Im Neuhochdeutschen ist dann auch der Rückumlaut aufgehoben und eine völlig regelmäßige Formenbildung erreicht: *decken – deckte.*

Das Beispiel kann veranschaulichen, wie problematische grammatische Formen mithilfe der großen wissenschaftlichen Grammatik des Mittelhochdeutschen angegangen werden. Das vorliegende Arbeitsbuch kann die umfassende Dokumentation und Diskussion der großen Grammatiken keineswegs ersetzen. Auf diese Grammatiken muss daher immer wieder im Einzelfall zurückgegriffen werden.

b) Lexikalische Problemfälle im Text

Das mittelhochdeutsche Wort *dienstman* in Vers 5 des 'Armen Heinrich' ist ausdrucksseitig ohne weiteres mit nhd. *Dienstmann* zu identifizieren. Im Kontext der Stelle wird dieselbe Person *Hartman* auch als *ritter* bezeichnet, wofür sich die neuhochdeutsche Entsprechung *Ritter* aufdrängt. Neuhochdeutsche und mittelhochdeutsche Wörterbücher führen in die Problematik der geschichtlichen Verhältnisse dieser Bezeichnungen.

> **Dienst|mann,** der [2: mhd. dienestman, ahd. dionōstman = Diener]: 1. ⟨Pl. ...männer [österr. nur so], auch: ...leute⟩ (veraltend) *Gepäckträger* (1).
> 2. ⟨Pl. ...mannen⟩ (hist.) *Höriger, Lehnsmann.*

aus: Duden. Deutsches Universalwörterbuch, 5.A. Mannheim/Leipzig/ Wien/Zürich 2003, S. 378

> **dienest-man** *stm.* (II. 36ᵇ—39ᵃ) *pl.* dienestman *u.* dienestliute (*s. das.*) *diener; der sich in den dienst eines andern begeben hat, dienstmann, ministeriale, allgem. bes. in den rechtsdenkm. vgl. noch* Loh. 3257. Troj. 10080. 17824. 23538. die vrien und die dienestman Kchr. *W.* 7727. gotes d. *ib.* 5109. Rul. 145, 1. des tiuvels d. Ulr. *Wh.* 167ᵈ. ich - - dienstman in Osterrich Stz. 187. 315 *u. oft in urk.*

aus: M. Lexer, Mittelhochdeutsches Handwörterbuch, I, Sp. 428

dienestman *stm. ist ein unterschied zwischen dem plural* dienestman *und* dienestliute? *in der bedeutung nr. 1 erinnere ich mich nur selten dem letztern begegnet zu sein, der vielleicht nur für nr. 2 gilt* (*vgl. dagegen das überwiegen des plur.* ambetliute). 1. *dienstmann, der sich in den dienst eines andern begeben hat. diese dienstmannen gehörten zum gesinde des herrn,* Scherz 237. *waren nicht vollfrei, mit ausnahme derer, die die 4 höchsten hofämter bekleideten, aber sie waren turnierfähig, also* ritter genôʒ, *und dies hob sie nicht nur über die* eigenliute, *sondern auch über die freien bauern. daher wird für die vornehmeren statt* dienestman *auch* dienestherre *gesagt:* herzogen gråven vrîen unde dienestherren

aus: G.F. Benecke – W. Müller – F. Zarncke, Mittelhochdeutsches Wörterbuch, II, S. 36[b] (Artikelanfang)

Rit|ter, der; -s, - [mhd. ritter < mniederl. riddere, Lehnübertragung von afrz. chevalier; vgl. mhd. rîter, rîtære = Kämpfer zu Pferd, Reiter, zu ↑ reiten]: **1. a)** *(im MA.) Krieger des gehobenen Standes, der in voller Rüstung mit Schild, Schwert [Lanze o. Ä.] zu Pferd in den Kampf zieht;* **b)** *Angehöriger des Ritterstandes:* der Knappe wird zum R. geschlagen *(durch Ritterschlag in den Ritterstand aufgenommen).* **2.** *jmd., der einen bestimmten hohen Orden verliehen bekommen hat:* die R. des Hosenbandordens; R. des Ordens Pour le Mérite. **3.** *Ordensritter.* **4.** (veraltend) *Kavalier* (1). **5. *ein irrender R.** (bildungsspr.; *jmd., der nur kurze Zeit an einem Ort bleibt, der immer wieder auf der Suche nach neuen Abenteuern ist;* nach frz. chevalier errant, dem Beinamen eines Ritters der Artusrunde); **ein R. ohne Furcht und Tadel** (1. *[im MA.] ein vorbildlicher, tapferer Ritter;* nach frz. chevalier sans peur et sans reproche, dem Beinamen des Ritters Bayard [1476–1524]. 2. *ein mutiger u. sich vorbildlich benehmender Mann);* **ein R. des Pedals** (scherzh.; *Rad[renn]fahrer);* **ein R. von der Feder** (scherzh.; *Schriftsteller);* **ein R. von der traurigen Gestalt** (abwertend; *jmd., der sehr lang u. hager ist, dazu eine schlechte Haltung hat u. außerdem heruntergekommen wirkt;* nach span. el caballero de la triste figura, dem Beinamen des ↑ Don Quichotte). **6. *arme R.** (Kochk.; *in Milch eingeweichte Brötchen od. Weißbrotscheiben, die paniert u. in der Pfanne gebacken werden).*

aus: Duden. Deutsches Universalwörterbuch, 5.A. 2003, S.1318

DFG. 206ᵇ. 361ᵃ, *n. gl.* 154ᵃ. ritter des streitz, miles *ib.* 253ᵃ. curiensis, decurio: reuter Voc. 1482. athleta DFG. 57ᵇ. VET. *b.* 2, 6. ritter machen, *den ritterschlag erteilen* LOH. 6878. KARLM. 46, 13. 53. KSR. 161. zum ritter schlagen ZIMR. *chr.* 4, 705ᵇ, *vgl.* ritterslac. Joseph dar reit, mit im manic rîter gemeit GEN. *D.* 101, 29. ein rîter Putifar *ib.* 77, 5. gotes riter EXOD. *D.* 139, 12. der gotes riter, *der in ein kloster geht* ORL. 15188. ritters man, *ritter* BELIAND 1106. Achilles der edele ritter ALBR. 24, 226. schiere quam er aber dar als ein riter gevar *ib.* 24, 226. ritters reht brechen KRONE 22676. reiter und kneht Mz. 422 *a.* 1298. her Otte und her Haime, di êrsamen reiter STZ. 457. DM. 1. *bildl.* pfui dich, dû schanden ritter MGB. 228, 34); *springer im schachspiele* Ms. MASSM. *schachsp.* 212ᵇ. *f.* TÜRL. *Wh.* 56ᵇ. (riter). LCR. 142, 13. CHR. 8. 283, 4; riter, *münze mit dem bilde eines reiters ib.* 9. 989, 3. OBERL. 1292; arme ritter, *ein backwerk* BUCH *v. g. sp.* 51, *vgl.* DWB. 1, 558 *und* armer man *unter* man.

aus: M. Lexer, Mittelhochdeutsches Handwörterbuch, II, Sp. 462

ritære, riter, daneben **ritter** *u.* **riter** *stm. ahd.* rîtâri, *Graff* 2, 477. rittare *noch in den hss. des Demantin u. Darifant. ursprünglich allgemein der reiter. seitdem aber die veränderung des kriegsdienstes seit dem 10. jahrh. einen besonderen stand vornehmer krieger zu ross hervorgerufen hatte, den ritterstand, dient das wort hauptsächlich zur bezeichnung dieses.*

aus: G.F. Benecke – W. Müller – F. Zarncke, Mittelhochdeutsches Wörterbuch, II, S. 739ᵃ (Artikelanfang)

An der vorliegenden Textstelle kann aufgrund der Wörterbuchbefunde *ritter* mit 'Ritter' und *dienstman* mit 'Dienstmann' oder 'Ministeriale' übersetzt werden. Das eigentliche Problem ist hier aber die Frage nach der mit diesen Wörtern bezeichneten historischen Wirklichkeit.

Mit dem neuhochdeutschen Wort *Ritter* ist durch seine Verwendung insbesondere im 19. Jahrhundert eine ganze Fülle von historischen Vorstellungen und Assoziationen gegeben, die nicht unbesehen auf Texte des 12./13. Jahrhunderts übertragen werden dürfen. Das neuhochdeutsche Wort *Ministeriale* dagegen ist als Fachwort der Geschichtswissenschaft zunächst lediglich ein Terminus, der ohne entsprechende fachliche Kenntnisse leer bleibt.

Zum vollen Verständnis des Textes und der darin von Hartmann gegebenen Selbstbezeichnung als *ritter* und als *dienstman* ist es also erforderlich, die hochmittelalterliche Gesellschaft und ihre Schichtung mitzuerfassen. Für den Philologen als Texterklärer ergibt sich damit die Aufgabe, die Ergebnisse der Geschichtswissenschaft für das Verständnis historischer Texte nutzbar zu machen. Dies führt in den weiten Bereich der Mittelalterforschung oder Mediävistik mit all ihren Einzeldisziplinen. Der praktische Weg des Philologen führt in der Regel über die Allgemeinenzyklopädien zu den Spezialexika einzelner Wissenschaften. Als Beispiele seien die Artikel 'Dienstmann', 'Ministerialität', 'Ministerialen', 'Ritter, -tum, -stand' im Lexikon des Mittelalters (III, Sp. 1004f., VI, Sp. 636-639, VII, Sp. 865-872) gekürzt abgebildet:

Dienstmann. Der Begriff selbst enthält in zweifacher Hinsicht eine Aussage über die gemeinte Sache, nämlich funktional im Sinne der Ausübung eines Dienstes sowie ständ. und rechtl. mit dem Hinweis auf die (ursprgl.) Abhängigkeit und Unfreiheit. In seiner volkssprachl. Form seit dem 12. Jh. gebräuchlich, entsprechen ihm im 11. Jh. die lat. Termini 'serviens/servitor', 'cliens', 'famulus' und 'minister', seit der Wende vom 11. zum 12. Jh. mehr und mehr der Begriff des 'ministerialis' und dann auch der des 'miles' *(riter/ritter)*. Bei den D.en (Dienstleuten) oder Ministerialen handelt es sich also um Gruppen abhängiger Leute (→ Dienstrecht), die in dieser Gestalt seit der Wende vom 10. zum 11. Jh. in Erscheinung treten, wichtige Amtsfunktionen (Verwaltung, Wirtschaft, Gerichtsbarkeit, Militärwesen) und die herausgehobenen → Hofämter (Truchseß, Kämmerer, Schenk und Marschall) wahrnehmen, im Zuge von → Investiturstreit, Territorialpolitik und Reichspolitik in → Italien an Selbstbewußtsein, Ansehen und polit. Einfluß stark gewinnen und seit dem 13. Jh. z. T. in den sich formierenden niederen Adel, z. T. in die städt. Führungsschicht über- und aufzugehen beginnen. → Ministerialität. K. Schulz

Ministerialität, Ministerialen. Die M. als Rechtsform und Institution war auf der einen Seite durch Elemente der persönl. Bindung, auf der anderen durch polit., wirtschaftl. und militär. Funktionszuweisungen charakterisiert, die sie schließlich oft in eine ritterl. und adelsgleiche Stellung hineinrücken ließ. Sie stellte eine Besonderheit des Dt. Reiches einschließl. des lothring.-flandr. Grenzraums dar und gestaltete den Gesellschaftswandel des HochMA (vom frühen 11. bis zum 13./14. Jh.) im starken Maße mit.

[1] *Vorstufen:* Beides, Funktion und Begriff, sind wesentl. älter als die Entstehung des eigtl. Instituts. In merow. Zeit wurden mit den pueri regis (ministeriales) ab-

hängige Gefolgsleute, die das Vertrauen des Kg.s genossen, zu militär. Aufgaben und zur Wahrnehmung der Hausämter herangezogen. Im 8. Jh. erhielten sie bereits Lehen. Der in der späteren Karolingerzeit benutzte Begriff des ministerialis bezeichnete aber noch ständ. unspezif. – vom Bf. bis zum → Knecht – Inhaber kgl. Amtsfunktionen.

Ritter, -tum, -stand

Nicht zufällig zeigt sich um die gleiche Zeit eine Erweiterung der militia. Seit dem 10. Jh. setzt nämlich allg. ein kräftiges Bevölkerungswachstum ein, das v. a. der Grundherrschaft zugute kommt. In deren Rahmen steigt in den → Ministerialen eine bewährte Schicht von Unfreien auf, denen es gelingt, durch ihre Herren von den niedrigen Diensten (munera sordida) befreit und stattdessen auf die höheren Hof- und Kriegsdienste beschränkt zu werden. Damit gleichen sie sich durch ihren bevorzugten Dienst mehr und mehr den Vasallen an: sie werden, obwohl sie rechtl. noch Unfreie bleiben, wie jene milites genannt, führen ein Wappen wie sie und sind bestrebt, genauso aufzutreten wie sie. Und obwohl ihre Lehen Amtslehen sind, die der Herr ihnen mit dem Amt wieder entziehen kann, gelingt es ihnen, daneben auch echte Lehen zu erwerben. So treten die Merkmale der Unfreiheit bei ihnen immer mehr zurück; im 11. Jh. sind sie jedenfalls vollwertige Mitglieder der militia geworden.

Der weiteren literaturwissenschaftlichen Interpretation der mittelalterlichen Texte muss es dann vorbehalten bleiben, zu erkennen und zu erklären, in welchen Ausschnitten und in welcher Brechung die historische Wirklichkeit des Mittelalters in den Texten erscheint.

Zur philologischen Arbeit mit Hilfe der Wörterbücher vergleiche man auch: Rolf Bergmann, Wörterbücher als Hilfsmittel der philologischen Arbeit, in: Wörterbücher. Dictionaries. Dictionnaires. Ein internationales Handbuch zur Lexikographie, I, Berlin. New York 1989, S. 152-159.

VI. Textauswahl

1. Althochdeutsche und altsächsische Texte

1. Tatian 12,1-9 (Der zwölfjährige Jesus im Tempel)

Lucas 2,40. Puer autem crescebat et confortabatur plenus sapientia, et gratia dei erat in illo, 41. et ibant parentes eius per omnes annos in Hierusalem in die solenni paschę.

42. Et cum factus fuisset annorum duodecim, ascendentibus illis in Hierusolymam secundum consuetudinem diei festi, 43. consummatisque diebus cum redirent, remansit puer Ihesus in Hierusalem, et non cognoverunt parentes eius.

44. Existimantes autem esse in comitatu, venerunt iter diei et requirebant eum inter cognatos et notos, 45. et non invenientes regressi sunt in Hierusalem requirentes eum.

46. Et factum est, post triduum invenerunt illum in templo sedentem in medio doctorum, audientem illos et interrogantem eos.

47. Stupebant autem omnes qui eum audiebant super prudentiam et responsis eius 48. et videntes admirati sunt.

Et dixit mater eius ad illum: fili, quid fecisti nobis sic? ecce pater tuus et ego dolentes quaerebamus te.

49. Et ait ad illos: quid est quod me quęrebatis? nesciebatis, quia in his quae patris mei sunt oportet me esse?

12,1. Ther kneht uuārlīcho vvuohs inti strangēta fol spāhidu, inti gotes geba uuas in imo, inti fuorun sīne eldiron giiāro in Hierusalem in itmālemo tage ōstrōno.

2. Inti mit thiu her uuard giuuortan zuelif iāro, in ūfstīgantēn zi Hierusalem after thero giuuonu thes itmālen tages, gifultēn tagun mit thiu sie heim vvurbun, uuonēta ther kneht Heilant in Hierusalem, inti ni forstuontun thaz sīne eldiron.

3. Uuāntun in uuesan in thero samantferti, quāmun eines tages uueg inti suohtun inan untar sīnen māgun inti sīnen kundon inti inan ni findanti fuorun uuidar zi Hierusalem inan suochenti.

4. Uuard thō, after thrīn tagun fundun inan in themo temple sizzantan untar mittēn thēn lērārin, hōrantan thie inti frāgēntan.

5. Arquāmun thō alle thie inan gihōrtun ubar sīnan uuīstuom inti sīn antvvurti, inti sehente vvuntorōtun.

6. Thō quad sīn muoter zi imo: "sun, ziu tāti thū uns sō? ih inti thīn fater sērēnte suohtumēs thih."

7. Inti her quad zi in: "uuaz ist thaz ir mih suohtut? ni uuestut ir, thaz in thēn thiu mīnes fater sint gilimphit mir uuesan?"

50. Et ipsi non intellexerunt verbum quod locutus est ad illos, 51. et discendit cum eis et venit Nazareth et erat subditus illis.

Et mater eius conservabat omnia verba haec in corde suo, 52. et Ihesus proficiebat sapientia aetate et gratia apud deum et homines.

8. Inti sie ni forstuontun thaz uuort thaz her sprah zi in, inti nidarstīgenti mit in quam zi Nazareth, uuas in untarthiutit.

9. Inti sīn muoter bihielt allu thisu uuort in ira herzen, inti ther heilant thēh in spāhidu inti in altere inti in gebu mit gote inti mit mannun.

Anmerkungen zum althochdeutschen Text:

12,2: *uuard*: *werdan* hat hier Hilfsverbfunktion und ist mit 'sein' zu übersetzen.

zuelif iāro: nach Kardinalzahl (hier *zuelif*) steht das Substantiv im Genitiv (Genitivus partitivus; hier: Gen. Plur. von *iār*).

in ūfstīgantēn: Die Dativ-Plural-Formen *in* (Personalpronomen der 3. Person) und *ūfstīgantēn* (flektiertes Part. Präs. des starken Verbs *ūfstīgan*) sind Nachbildungen der lateinischen Ablativ-Konstruktion (man vergleiche *ascendentibus illis*). Das Part. Präs. ist wie ein Adjektiv flektiert (hier: Dat. Plur. Mask., pronominal stark). Bei der Übersetzung sind solche Konstruktionen in Nebensätze aufzulösen; hier kann dieser Nebensatz parallel zu dem vorangehenden gebildet werden: "Und nachdem er zwölf Jahre alt geworden war, und sie nach Jerusalem hinaufgestiegen waren ...".

gifultēn tagun: Hier gilt dasselbe wie für *in ūfstīgantēn*.

12,3: *in uuesan*: Der Akk. Sing. des Personalpronomens der 3. Pers. Mask. *in* und der Infinitiv *wesan* sind der lateinischen Akkusativ-Infinitiv-Konstruktion (a.c.i.) nachgebildet. Bei der Übersetzung sind solche Konstruktionen in entsprechende Nebensätze aufzulösen: "Sie glaubten, dass er ... sei" oder "Sie glaubten, er sei ... "

12,4: *fundun*: normalahd. *funtun* zum starken Verb *findan*. Die Form *fundun* (3. Pers. Plur. Ind. Prät.) zeigt Ausgleich des grammatischen Wechsels.

inan ... sizzantan ... hōrantan ... frāgēntan: Die Partizip-Präsens-Formen beziehen sich auf das Personalpronomen der 3. Pers. Akk. Mask. *inan* und sind adjektivisch flektiert. *sizzantan* und *hōrantan* sind ferner Varianten zu *sizzentan* und *hōrentan*.

12,5: *sehente*: Die Form ist ein flektiertes Part. Präs. zum starken Verb *sehan*. Sie zeigt die starke Adjektivendung *-e* (Nom. Plur. Mask.), ferner ist im Vergleich zum eigentlichen Part. Präs. *sehanti* durch das *i* der Endung das *a* zu *e* umgelautet worden.

12,6:   *ziu*: Die Form ist kontrahiert aus *zi* und *wiu*, einer besonderen Kasusform (Instrumental) des Interrogativpronomens *waz*; *ziu* bedeutet 'warum'.
tāti: 2. Pers. Sing. Ind. Prät. zu *tuon*, einem unregelmäßig flektierten Verb. Es ist hier in Verbindung mit dem Dativ *uns* zu übersetzen als 'verfahren mit (jemandem)'.
suohtumēs: normalahd. *suohtun*. Die Variante mit der Endung *-mēs* im Ind. Prät. 1. Pers. Plur. ist aus dem Präsens übertragen.

12,7:   *uuestut*: normalahd. *wissut*. Die vorliegende Variante ist fränkisch.
thēn, thiu: Pluralformen zu *thaz*; sie sind hier – wie auch sonst häufig – singularisch zu übersetzen.

12,9:   *ira*: Personalpronomen der 3. Pers. Fem. im Gen. Sing. Die Form fungiert als Ersatz für das im Althochdeutschen fehlende Possessivpronomen des Fem. Sing.

2. Tatian 15,1-6 (Die Versuchung)

Matthaeus 4,1. Tunc Ihesus ductus est in deserto a spiritu, ut temptaretur a diabulo.

15,1. Thō ther heilant uuas gileitit in vvuostinna fon themo geiste, thaz her vvurdi gicostōt fon themo diuuale.

2. Et cum ieiunasset quadraginta diebus et XL noctibus, postea esuriit.

2. Inti mit thiu her thō fastēta fiorzug tago inti fiorzug nahto, after thiu hungirita inan.

3. Et accedens temptator dixit ei: si filius dei es, dic ut lapides isti panes fiant. 4. Qui respondens dixit: scriptum est: non in solo pane vivit homo, sed in omni verbo quod procedit de ore dei.

3. Gieng thō zuo thie costāri inti quad imo: "oba thū gotes sun sīs, quid thaz these steina zi brōte uuerdēn." Her antlingōta thō inti quad: "iz ist giscriban, thaz in themo einen brōte ni lebēt thie man, ūzouh fon iogiuuelīhemo uuorte thaz thār framquimit fon gotes munde."

5. Tunc assumit eum diabolus in sanctam civitatem et statuit eum supra pinnaculum templi 6. et dixit ei: si filius dei es, mitte te deorsum; scriptum est enim, quia angelis suis mandavit de te, et in manibus tollent te, ne forte offendas ad lapidem pedem tuum. 7. Ait illi Ihesus: rursum scriptum est: non temptabis dominum deum tuum.

4. Thō nam inan ther diuual in thie heilagūn burg inti gisazta inan ubar obanentīga thekkī thes tempales, inti quad imo: "oba thū gotes sun sīs, senti thih thanne hera nidar; iz ist giscriban, thaz her sīnēn engilun gibiote fon thir, thaz sie mit iro hantun thih nemēn, zi thiu thaz thū ni bispurnēs in steine thīnan fuoz." Thō quad imo ther heilant: "ouh ist giscriban, thaz thū ni costōs truhtīn got thīnan."

8. Iterum assumit eum diabolus in montem excelsum valde et ostendit ei

5. Abur nam inan ther diuual thō in hōhan berg thrāto inti araugta imo

omnia regna mundi et gloriam eorum 9. et dixit illi: haec tibi omnia dabo, si cadens adoraveris me. 10. Tunc dicit ei Ihesus: vade Satanas! scriptum est: dominum deum tuum adorabis et illi soli servies.

L. 4,13. Et consummata omni temptatione (Mt. 4,11.) tunc reliquit eum diabolus (L. 4,13.) usque ad tempus; (Marcus 1,13.) eratque cum bestiis, (Mt. 4,11.) et ecce angeli accesserunt et ministrabant ei.

allu thisu erdrīchu inti iro diurida inti quad imo: "thisu allu gibu ih thir, oba thū nidarfallenti betōs mih." Thō quad imo ther heilant: "far Satanas! iz ist giscriban, thaz thū truhtīn got thīnan betōs inti imo einemo thionōs."

6. Inti gientōtero allero theru costungu thō furliez in ther diuual zi sihuuelīheru zīti; uuas her thō mit uuildirun, giengun thō zuo gotes engila inti ambahtitun imo.

Anmerkungen zum althochdeutschen Text:

15,2: *fastēta*: Die althochdeutschen Prätertitumsformen erfüllen verschiedene temporale Funktionen. Der Kontext lässt erkennen, dass hier die Vorvergangenheit angesprochen ist; zu übersetzen ist: "... gefastet hatte".
fiorzug: Kardinalzahl, danach steht das Substantiv im Genitiv (Genitivus partitivus).

15,3: *thie*: Nebenform zu *ther*.
sīs: 2. Pers. Sing. Konj. Präs. des unregelmäßig flektierten Verbs *sīn*. Die Verwendung des Konjunktivs ist im Althochdeutschen und im Neuhochdeutschen unterschiedlich geregelt; hier ist indikativisch zu übersetzen.

15,4: *iro*: Personalpronomen der 3. Pers. Plur. im Genitiv. Die Form fungiert als Ersatz für das im Althochdeutschen fehlende Possessivpronomen im Plural aller Genera.
bispurnēs: Die Form gehört zum starken Verb *bispurnan*, einem Sonderfall der Ablautreihe IIIb mit *u* im Infinitiv, Präsens und Partizip Präteritum.

15,5: *erdrīchu*: Akk. Plur. zu *thaz erdrīchi* (*ja*-Stamm).
iro: sieh oben 15,4.

15,6: *gientōtero allero theru costungu*: Dativ-Singular-Konstruktion, die dem Lateinischen nachgebildet ist; man vergleiche dazu die Anmerkung zu Tatian 12,2.
uuildirun: Dat. Plur. zu *thaz wild*.

3. Tatian 87,1-5 (Christus und die Samariterin)

Johannes, 4,4. Oportebat autem eum transire per Samariam. 5. Venit in civitatem Samariae quae dicitur Sychar, iuxta predium quod dedit Iacob Ioseph filio suo. 6. Erat ibi fons Iacob. Ihesus ergo fatigatus ex itinere sedebat sic super fontem; hora erat quasi sexta.

7. Venit mulier de Samaria haurire aquam. Dicit ei Ihesus: da mihi bibere. 8. Discipuli enim eius abierant in civitatem, ut cibos emerent. 9. Dicit ergo ei mulier illa Samaritana: quomodo tu Iudeus cum sis bibere a me poscis quae sum mulier Samaritana? non enim coutuntur Iudei Samaritanis.

10. Respondit Ihesus et dixit ei: si scires donum dei et quis est qui dicit tibi: da mihi bibere, tu forsitan petisses ab eo, et dedisset tibi aquam vivam. 11. Dicit ei mulier: domine, neque in quo haurias habes et puteus altus est: unde ergo habes aquam vivam? 12. Numquid tu maior es patre nostro Iacob qui dedit nobis puteum, et ipse ex eo bibit et filii eius et pecora eius?

13. Respondit Ihesus et dixit ei: omnis qui bibet ex aqua hac sitiet iterum, qui autem biberit ex aqua quam ego dabo ei, non sitiet in aeternum, 14. sed aqua quam ego dabo ei fiet in eo fons aquae salientis in vitam aeternam.

15. Dicit ad eum mulier: domine, da mihi hanc aquam, ut non sitiam neque veniam huc haurire. 16. Dicit ei Ihesus: vade, voca virum tuum et veni. 17. Respondit mulier et dixit: non habeo virum. Dicit ei Ihesus: bene

87,1. Gilamf inan uaran thuruh Samariam. Inti quam thō in burg Samariae thiu dār ist giquetan Sychar, nāh uodile, den dār gab Iacob Iosebe sīnemo sune. Uuas dār brunno Iacobes. Der heilant uuas giuueigit fon dero uuegeuerti, saz sō oba themo brunnen; uuas thō zīt nāh sehsta.

2. Quam thō uuīb fon Samariu sceffen uuazzar. Thō quad iru der heilant: "gib mir trinkan." Sīne iungōron giengun in burg, thaz sie muos couftīn. Thō quad imo uuīb thaz samaritānisga: "uueo thū mit thiu Iudeisg bis trinkan fon mir bitis, mit thiu bin uuīb samaritānisg? ni ebanbrūchent Iudei Samaritanis."

3. Thō antlingita ther heilant inti quad iru: "oba thū uuessīs gotes geba inti uuer ist thē dir quidit: gib mir trinkan, thū odouuān bātīs fon imo thaz hē dir gābi lebēnti uuazzar." Thō quad imo thaz uuīb: "hērro, thū nū ni habēs mit hiu scefēs inti thiu fuzze teof ist: uuanān habēs lebēnti uuazzar? Eno thū bistū mēra unsaremo fater Iacobe thē dār gab uns den phuzi: her tranc fon imo inti sīna suni inti sīn fihu."

4. Thō antuurtanti der heilant in quad iru: "giuuelīh dē dār trinkit fon uuazzare thesemo, thurstit inan abur, dē dār trinkit fon thesemo uuazzare thaz ih gibu, ni thurstit zi ēuuidu, ouh uuazzar thaz ih imo gibu ist in imo brunno uuazzares ūfspringanti in ēuuīn līb.

5. Thō quad zi imo thaz uuīb: "hērro, gib mir thaz uuazzar, thaz mih ni thurste noh ni queme hera scephen." Thō quad iru der heilant: "uar inti halo thīnan gomman inti quim hara." Antuurtanti daz uuīb inti quad: "ni ha-

dixisti, quia non habeo virum; 18. quinque enim viros habuisti, et nunc quem habes non est tuus vir: hoc vere dixisti. 19. Dicit ei mulier; domine, video quia propheta es tu. 20. Patres nostri in monte hoc adoraverunt, et vos dicitis quia in Hierusolymis est locus ubi adorare oportet.

bu gomman." Thō quad iru der heilant: "uuola quādi thaz thū ni habēs gomman: thū habētōs finf gomman, inti den thū nū habēs nist dīn gomman: thaz quādi dū uuār." Thō quad imo daz uuīb: "hērro, ih gisihu daz thū uuīzogo bist. Unsara fatera in thesemo berge betōtun, inti ir quedent, uuanta in Hierusalem ist stat dār gilimphit zi bettōnne."

Anmerkungen zum althochdeutschen Text:

87,2: *bis*: 2. Pers. Sing. Ind. Präs. des Verbs *sīn*; seltene Variante zu *bist*.

87,3: *wessīs*: fränkische Variante zu *wissīs*.
thē: Nebenform zu *thēr*.
sīna: -a ist eine ältere Variante zu -e (*sīne*).

87,4: *in*: Variante zu *inti*.

87,5: *habu*: Variante zu *habēn*, 1. Pers. Sing. Ind. Präs.
nist: kontrahierte Form aus *ni* und *ist*.
quedent: Variante zu *quedet*, 2. Pers. Plur. Ind. Präs.
bettōnne: Dativ des Infinitivs.

4. Tatian 148,1-8 (Die fünf klugen und die fünf törichten Jungfrauen)

Mt. 25,1. Tunc simile erit regnum caelorum decem virginibus, quae accipientes lampadas suas exierunt obviam sponso et sponsæ.

148,1. Thanne gilīh ist himilo rīhhi zehen thiornōn, thio intfāhenti iro liohtfaz giengun ingegin themo brūtigomen inti brūti.

2. Quinque autem ex eis erant fatuę et quinque prudentes. 3. Sed quinque fatuę acceptis lampadibus non sumserunt oleum secum, 4. prudentes vero acceperunt oleum in vasis suis cum lampadibus.

2. Fimui fon thēn uuārun dumbo inti fimui uuīso. Oh fimf dumbo intfanganēn liohtfazzon ni nāmun oli mit in, thio uuīsūn uuārlīhho intfiengun oli in iro faz mit liohtfazzon.

5. Moram autem faciente sponso dormitaverunt omnes et dormierunt. 6. Media autem nocte clamor factus est: ecce sponsus venit, exite obviam ei!

3. Tuuuāla tuonti themo brūtigomen naffezitun allo inti sliefun. In mitteru naht ruoft uuard gitān: "sēnu nū cumit ther brūtigomo, gēt ingegin imo!"

7. Tunc surrexerunt omnes virgines ille et ornaverunt lampadas suas.

4. Thō erstuontun allo thio thiornūn inti gigarauuitun iro liohtfaz.

8. Fatuę autem sapientibus dixerunt: date nobis de oleo vestro, quia lampades nostre extinguntur. 9. Responderunt prudentes dicentes: ne forte non sufficiat nobis et vobis: ite potius ad vendentes et emite vobis!

10. Dum autem irent emere, venit sponsus, et quae paratæ erant intraverunt cum eo ad nuptias, et clausa est ianua.

11. Novissime veniunt et relique virgines dicentes: domine, domine, aperi nobis! 12. At ille respondens ait: amen dico vobis, nescio vos.

13. Vigilate itaque, quia nescitis diem neque horam.

5. Thio tumbūn thēn spāhōn quādun: "gebet uns fon iuuueremo ole, bithiu uuanta unseru liohtfaz sint erlosganu." Thō antlingitun thio uuīsūn quedento: "min odouuān ni ginuhtsamo uns inti iu: gēt mēr zi thēn forcoufentōn inti coufet iu!"

6. Thō sio fuorun coufen, quam ther brūtigomo, inti thio dār garauuo uuārun ingiengun mit imo zi theru brūtloufti, inti bislozzano uuārun thio duri.

7. Zi iungisten quāmun thio andro thiornūn quedenti: "trohtīn, trohtīn, intuo uns!" Her thō antlingita, quad: "uuār quidih iu, ih ni uueiz iuuuih."

8. Uuahhēt giuuesso, uuanta ir ni uuizzut then tag noh thia zīt."

Anmerkungen zum althochdeutschen Text:

148,2: *liohtfazzon*: Variante zu *liohtfazzum*, Dat. Plur.

148,3: *Tuuuāla tuonti*: Anstelle des zu erwartenden Dat. *tuontemo* steht hier die Nullform des Part. Präs. zu *tuon*. *Tuuuāla tuon* bedeutet 'sich verspäten'.
cumit: Variante zu *quimit* (Inf. *queman*); der Infinitiv lautet *cuman*.

148,5: *unseru, erlosganu*: Die Endung -*u* ist eine Variante zu -*iu* (Nom. Plur. Neutr., pronominal stark). Das Part. Prät. *erlosganu* (Infinitiv *erlescan*) ist adjektivisch flektiert, und zwar in Kongruenz mit dem Subjekt des Satzes *unseru liohtfaz*. Das starke Verb *erlescan* gehört einer Sondergruppe der Ablautreihe IIIb an: Das *r* bzw. hier das *l* steht in dieser Sondergruppe nicht nach dem Stammvokal (wie etwa bei *werfan* oder *helfan*), sondern davor: *erlescan, erliscu, erlasc, erluscun, erloscan*.
ginuhtsamo: Das Subjektpronomen steht im Althochdeutschen häufig nicht; zu *ginuhtsamo* ist daher 'es' zu ergänzen: 'Damit es nicht vielleicht für uns und für euch nicht genüge.'

148,7: *quidih*: kontrahierte Form aus *quidu ih*.

5. Christus und die Samariterin

1 Lesēn vuir, thaz fuori
 ther heilant fartmuodi.
 ze untarne, vuizzun thaz,
 er zeinen brunnon kisaz.
5 Quam fone Samario
 ein quena sārio
 scephan thaz vuazzer:
 thanna noh sō saz er.
 Bat er sih ketrencan
10 daz vīp, thaz ther thara quam:
 vuurbon sīna thegana
 be sīna līpleita.
 "Biuuaz kerōst thū, guot man,
 daz ih thir geba trinkan?
15 iā neniezant, vuizze Christ,
 thie Iudon vnsera vuist."
 "Uuīp, obe thū vuissīs,
 vuielīh gotes gift ist,
 vnte den ercantīs,
20 mit themo dū kōsōtīs,
 tū bātīs dir unnen
 sīnes kecprunnen."
 "Disiu buzza ist sō tiuf,
 ze dero ih heimina liuf,
25 noh tū nehabis kiscirres,
 daz thū thes kiscephēs:
 vuār maht thū, guot man,
 neman quecprunnan?
 Nebistū liuten kelop
30 mēr than Iacob.
 ther gab uns thesan brunnan,
 tranc er nan ioh sīna man:
 sīniu smalenōzzer
 nuzzon thaz vuazzer."
35 "Ther trinkit thiz vuazzer,
 be demo thurstit inan mēr,
 der afar trinchit daz mīn,
 then lāzit der durst sīn:
 iz sprangōt imo'n pruston
40 in ēuuōn mit luston."
 "Hērro, ih thicho ze dir,
 thaz vuazzer gābīst dū mir,
 daz ih mēr ubar tac
 neliufi hera durstac."

45   "Vuīb, tū dih anneuært,
hole hera dīnen uirt."
siu quat, sus libiti,
commen nehebiti.
"Vueiz ih, daz dū uār segist,
50   daz dū commen nehebist.
dū hebitōs ēr finfe
dir zi uolliste.
des mahttū sichure sīn:
nū hebist ēnin der nis dīn."
55   "Hērro, in thir uuigit scīn,
daz thū maht forasago sīn.
for uns ēr giborana
betōton hiar in berega.
Vnser altmāga
60   suohtun hia genāda:
thoh ir sagant kicorana
thia bita in Hierosolima."

Anmerkungen zum althochdeutschen Text:

Z. 4:   *zeinen*: kontrahiert aus *zi* und *einen*.
        kisaz: 3. Pers. Sing. Ind. Prät. des starken Verbs der V. Ablautreihe *kisizzan*.

Z. 9:   Das ahd. Reflexivpronomen *sih* (Akk.) ist hier als Personalpronomen (bezogen auf *er*) zu übersetzen.

Z. 14:   *geba*: 1. Pers. Sing. Konj. Präs. des starken Verbs der V. Ablautreihe *geban*.

Z. 21:   *bātīs*: 2. Pers. Sing. Konj. Prät. des starken Verbs der V. Ablautreihe *bittan*.

Z. 32:   *nan*: verkürzt aus *inan*, Akk. Sing. des Personalpronomens der 3. Pers. Mask.

Z. 39:   *imo'n*: Verkürzung aus *imo* (Dat. Sing. des Personalpronomens der 3. Pers. Mask.) und *in* (Präp.).

Z. 47-49:   Die Formen *libiti*, *hebiti*, *segist* sind nach der I. Klasse gebildete Varianten der schwachen Verben der III. Klasse *lebēn*, *habēn* und *sagēn*.

Z. 54:   *nis*: Verbindung von *ni* und *is* (3. Pers. Sing. Ind. Präs. von *sīn*).

Z. 61:   *kicorana*: Akk. Sing. Fem. des Part. Prät. des starken Verbs der II. Ablautreihe *kiosan*.

6. Otfrid I, 22, 1-62 (Der zwölfjährige Jesus im Tempel)

```
1     Sō er thō ward altero,
      zuiro sehs jāro:
      sie flizzun thaz sie giīltīn
      zen hōhen gizītin.
5     Thie zīti sint sō heilag
      thaz man irzellen ni mag;
      wir forahtlīcho iz weizen
      joh ōstoron heizen.
      Zen wīhen zītin fuarun,
10    sō siu giwon wārun,
      thes wizōdes gihugitun,
      thaz kind mit in frumitun.
      Sō sie thō thār gibetōtun,
      thie fīra gientōtun,
15    sō īltun sie heim sār,
      drof ni duālētun thār.
      Thaz kind gidualta thia fart,
      ni wurtun siu es anawart
      joh then einegon sun
20    goumilōsan liazun.
      Josep wānta fruatēr,
      er wāri mit ther muater;
      si wānta in alawāri,
      thaz er mit imo wāri.
25    Ni sī thih thes wuntar:
      thiu wīb thiu giangun suntar;
      thie gomman fuarun thanne
      in themo afteren gange;
      thiu kind thiu folgētun
30    sō wedar sō siu woltun,
      liafun miti stillo,
      sō in was muatwillo.
      Sus mit unredinu
      sō wurtun siu bidrogenu;
35    gigiangun si es in ernust,
      in thrāta mihila angust.
      Sō siu thō heim quāmun,
      sih umbi bisāhun
      sār io thes sinthes:
40    sō mistun siu thes kindes.
      Sie suahtun untar kundon
      joh untar gatilingon,
      ni funtun sie nan wergin thār,
      sie ni brāhtun nan sar;
45    thō hintarquam thiu muater
```

(ther sun ther ist sō guatēr!),
joh ruartun thio iru brusti
thō manago angusti.
Thio sluag si mit then hanton,
50 bigan iz harto antōn,
kūmta sēro then grun;
iz was ira einego sun.
Siu wuntun ernustin,
mit grōzen angustin
55 sār io thia wīla;
hebīg was in thiu īla.
Theru muater was es filu nōt,
bi thiu īltun siu sār widarort;
ruarta sia thiu smerza
60 innan ira herza;
siu fuarun filu gāhun
zi theru burg thār siu wārun;
thō thes thritten dages sār,
sō funtun siu thaz kind thār.
65 Er was thār, er giang sār in
mit thēn bredigārin,
sih fuagt er io zi nōte
zi themo hērōte;
er losōta iro worto
70 joh giwāro harto,
in mittēn saz er eino
inti frāgēta sie kleino.
Wuntar was sie harto
thes jungen kindes worto,
75 joh losētun mit giwurti
thero sīnero antwurtī.
In lante wārun manage
wīsduames biladane;
ni was er io sō māri,
80 ni thiz bifora wāri!
Sō siu gisah then lioban man,
int iru thaz herza biquam,
thō sprah si zi themo kinde
mit gidrōstemo sinne:
85 "Wio ward thaz ih ni westa,
manno liobōsta,
thaz thū hiar irwunti
mir untar theru henti;
joh thaz thū hiar gidualtōs,
90 mīn muat mir sō irfaltōs,
mīn sun guatēr,

thera einīgun muater?
Ruarta mih ouh thes thiu mēr
in mīn herza thaz sēr,
95 thaz ih iz ēr ni westa,
so gāhun thīn firmista!
Sō ih ērist mista thīn, sun,
sō īlt ih sār herasun,
joh hintarquam ih sār thīn,
100 thū bist einego mīn!
Wir wārun suorgēnti
ther thīneru gisuntī;
waz mag ih quedan mēra,
mīn einega sēla?"
105 "Waz ist", quad er, "so hebīgaz,
thaz ir mih suahtut bī thaz?
jā limphit mir theih werbe
in mīnes fater erbe."
Siu sō heim quāmun,
110 es wiht ni firnāmun
zi niheineru heiti,
waz er mit thiu meinti.
Untarthio was er in,
ni was er druhtīn thes thiu min,
115 noh sīn giwalt sih wanōta,
thaz er in thionōta.
Er wolta unsih lēren,
wir unsan fater ērēn,
joh thia muater thārmit;
120 bī thiu ist iz hiar gibilidit.
Thaz kind thēh io filu fram
sō selben gotes sune zam,
in wahsmen joh giwizze
uns allēn io zi nuzze.

Anmerkungen zum althochdeutschen Text:

Z. 16: Anlautendes *d* bei Otfrid entspricht anlautendem *t* bei Tatian und ist im Wörterbuch unter *t* eingeordnet. So steht etwa *duālētun* unter *twālēn*, *gidualta* unter *gitwellen*.

Z. 18: *es*: Gen. Sing. des Personalpronomens der 3. Pers. Neutr. *iz*; der Genitiv ist abhängig von dem Verb *anawart werden*. Die nhd. Bedeutung 'erkennen' fordert demgegenüber den Akkusativ.

Z. 34: *siu*: Nom. Plur. Neutr. des Personalpronomens der 3. Pers.; die Neutrumform steht hier und im Folgenden neben der Maskulinumform *sie*.

Z. 35: *es*: Der Gen. Sing. Neutr. ist hier adverbiell mit 'deshalb' zu übersetzen.

Z. 67: *fuagt*: verkürzt aus *fuagta*.

Z. 84: *gidrōstemo*: Dat. Sing. Mask., pronominal stark, des Part. Prät. des schwachen Verbs *drōsten*.

Z. 98: *īlt*: verkürzt aus *īlta*.

Z. 102: *ther*: Gen. Sing. Fem. des Artikels, Variante zu *thera*.

Z. 107: *theih*: kontrahierte Form aus *thaz ih*.

Z. 118: *unsan*: Akk. Sing. Mask. des Possessivpronomens *unsēr*, das in zwei Formen flektiert wird: Neben *unsan* steht *unseran*, neben *unses unseres*.

7. Heliand V. 1052-1120 (Die Versuchung)

Altsächsischer Text

Uuas im the landes uuard
an fastunnea fiortig nahto,
manno drohtin,   sō he thar mates ni antbēt;
1055 than langa ni gidorstun im   dernea uuihti,
nīđhugdig fīund,   nāhor gangan,
grōtean ina geginuuarđan: uuānde that he god ēnfald,
forūtar mancunnies uuiht   mahtig uuāri,
hēleg himiles uuard.   Sō he ina thō gehungrean lēt,
1060 that ina bigan bi thero menniski   mōses lustean
aftar them fiuuartig dagun,   the fīund nāhor geng,
mirki mēnscađo: uuānda that he man ēnfald
uuāri uuissungo,   sprac im thō mid is uuordun tō,
grōtta ina the gērfīund;   "ef thu sīs godes sunu", quađ he,
1065 "behuuī ni hētis thu than uuerđan,   ef thu giuuald habes,
allaro barno bezt,   brōd af thesun stēnun?
Gehēli thīnna hungar."   Thō sprac eft the hēlago Crist:
"ni mugun eldibarn", quađ he,   "ēnfaldes brōdes,
liudi libbien,   ac sie sculun thurh lēra godes
1070 uuesan an thesero uueroldi   endi sculun thiu uuerc frummien,
thea thar uuerđad ahlūdid   fon thero hēlogun tungun,
fon them galme godes: that is gumono līf
liudeo sō huuilicon,   sō that lēstean uuili,
that fon uualdandes   uuorde gebiudid."
1075 Thō bigan eft niuson   endi nāhor geng
unhiuri fīund   ōđru sīđu,
fandoda is frōhan.   That friđubarn tholode
uurēđes uuilleon   endi im giuuald forgaf,
that he umbi is craft mikil   coston mōsti,
1080 lēt ina thō lēdean   thana liudscađon,

Althochdeutsche und altsächsische Texte

```
          that he ina an Hierusalem    te them godes uuīha,
          alles oƀanuuardan,    up gisetta
          an allaro hūso hōhost,    endi hoscuuordun sprac,
          the gramo thurh gelp mikil:    "ef thu sīs godes sunu", quađ he,
1085      "scrīd thi te erđu hinan.    Gescriƀan uuas it giu lango,
          an bōcun geuuriten,    huuō giboden haƀad
          is engilun    alomahtig fader,
          that sie thi at uuege gehuuem    uuardos sinđun,
          haldad thi undar iro handun.    Huuat, thu huuargin ni tharft
1090      mid thīnun fōtun    an felis bespurnan,
          an hardan stēn."    Thō sprac eft the hēlago Crist,
          allaro barno bezt:    "sō is ōc an bōcun gescriƀan," quađ he,
          "that thu te hardo ni scalt    hērran thīnes,
          fandon thīnes frōhan:    that nis thi allaro frumono negēn."
1095      Lēt ina thō an thana thriddean sīđ    thana thiodscađon
          gibrengen uppan ēnan berg then hōhon:    thar ina the balouuīso
          lēt al oƀarsehan    irminthiode,
          uuonodsaman uuelon    endi uueroldrīki
          endi all sulic ōdes,    sō thius erđa bihaƀad
1100      fagororo frumono,    endi sprac im thō the fīund angegin,
          quađ that he im that al sō gōdlīc    forgeƀen uueldi,
          hōha heridōmos,    "ef thu uuilt hnīgan te mi,
          fallan te mīnun fōtun    endi mi for frōhan haƀas,
          bedos te mīnun barma.    Than lātu ic thi brūcan uuel
1105      alles thes ōduuelon,    thes ic thi hebbiu giōgit hīr."
          Thō ni uuelda thes lēđan uuord    lengeron huuīle
          hōrean the hēlago Crist,    ac he ina fon is huldi fordrēf,
          Satanasan forsuuēp,    endi sān aftar sprac
          allaro barno bezt,    quađ that man bedon scoldi
1110      up te them alomahtigon gode    endi im ēnum thionon
          suuīđo thiolico    thegnos managa,
          heliđos aftar is huldi:    "thar is thiu helpa gelang
          manno gehuuilicun."    Thō giuuēt im the mēnscađo,
          suuīđo sēragmōd    Satanas thanan,
1115      fīund undar ferndalu.    Uuarđ thar folc mikil
          fon them alouualdan    oƀana te Criste
          godes engilo cumen,    thie im sīđor iungardōm,
          scoldun ambahtscepi    aftar lēstien,
          thionon thiolīco:    sō scal man thiodgode,
1120      hērron aftar huldi,    heƀancuninge.
```

Übersetzung

Der Beschützer des Landes fastete vierzig Tage, der Herr der Menschen, sodass er da keine Speise zu sich nahm; da wagten die heimtückischen Teufel, der feindselige

Widersacher, lange nicht, sich ihm zu nähern, ihn, den Gegenüberstehenden, anzureden: Er glaubte, dass er wahrer Gott wäre, mächtig ohne etwas Menschliches, der heilige Beschützer des Himmels. Als er ihn dann hungern ließ, sodass er anfing, aufgrund seiner menschlichen Natur nach Essen zu verlangen, näherte sich ihm nach den vierzig Tagen der Teufel, der grauenvolle Unheilstifter. Er glaubte, dass er gewiss wahrer Mensch wäre und sprach da mit seinen Worten zu ihm; es redete ihn der Todfeind an: "Wenn du Gottes Sohn bist", sagte er, "weshalb befiehlst du dann nicht, wenn du die Macht hast, aller Menschen Höchster, dass aus diesen Steinen Brot wird? Stille deinen Hunger." Da antwortete der heilbringende Christus: "Die Menschenkinder können nicht", sagte er, "von Brot allein leben, die Menschen, sondern sie sollen um der Lehre Gottes willen in dieser Welt sein und sollen die Werke vollbringen, die verkündet werden von dem heiligen Mund, von der Stimme Gottes: Das ist der Menschen Leben, für jeden Menschen, dass er das erfüllen will, was durch das Wort des Herrn befohlen ist." Da begann er es wieder zu versuchen und näherte sich ihm, der furchtbare Feind, zum zweiten Male, und versuchte seinen Herrn. Der Sohn des Friedens duldete die Absicht des Bösen und verlieh ihm die Macht, dass er seine große Kraft auf die Probe stellen durfte; er ließ sich dann von dem Menschenverderber geleiten, sodass er ihn in Jerusalem auf den Tempel Gottes ganz oben hinstellte, auf die höchste Stelle aller Gebäude, und die Hohnrede sprach, der Feind, voller Spott: "Wenn du Gottes Sohn bist", sagte er, "gleite von hier zur Erde. Es ist schon seit langem geschrieben, in Büchern eingetragen, dass der allmächtige Vater es den Engeln befohlen hat, dass sie auf allen Wegen deine Beschützer sind, dich in ihren Händen halten. Wie, du brauchst doch nicht irgendwo mit deinen Füßen an einen Felsen zu stoßen, an einen harten Stein." Da antwortete der heilbringende Christus, der Höchste aller Menschen: "Es ist aber auch in Büchern geschrieben", sagte er, "dass du nicht deinen Herrn zu sehr versuchen sollst, deinen Gebieter: Das bringt dir keinerlei Gewinn." Er ließ sich dann bei dem dritten Mal von dem Menschenverderber auf einen Berg führen, einen hohen: Dort ließ ihn der Verführer die ganze Menschheit überblicken, den begehrenswerten Besitz und die Welt und all den Reichtum, was diese Erde enthält an herrlichen Gütern; und der Feind sprach dann zu ihm, er sagte, dass er ihm all dies Herrliche übergeben wolle, die erhabenen Reiche: "Wenn du dich vor mir verneigen, zu meinen Füßen fallen willst und mich als Herrn anerkennst, zu meinem Schoße betest. Dann lasse ich dich den ganzen Reichtum genießen, den ich dir hier gezeigt habe." Da wollte der heilbringende Christus nicht länger die Rede des Verhassten anhören, sondern er vertrieb ihn aus seiner Gunst, verjagte den Satan; und sofort danach sprach der Höchste aller Menschen, er sagte, dass der Mensch beten solle zu dem allmächtigen Gott und ihm allein alle Menschen dienen sollen, sehr demütig, die Menschen um seiner Gnade willen: "Dort ist die Rettung bereit für alle Menschen." Da ging der Unheilstifter, der Satan, der Feind, schmerzerfüllt davon, in die Abgründe der Hölle. Es war da eine große Schar der Engel Gottes von dem Allmächtigen von oben zu Christus gekommen, die ihm danach Verehrung, Dienst erweisen, demütig dienen sollten: Ebenso soll es der Mensch gegenüber Gott, dem Herrn, dem Himmelskönig, um seiner Gnade willen tun.

8. Mittelfränkische Psalmen

Psalm 1

1. Beatus uir qui non abiit in consilio impiorum, et in uia peccatorum non stetit, et in cathedra pestilentiae non sedit;

2. Sed in lege dei uoluntas eius: et in lege eius meditabitur die ac nocte.

3. Et erit tanquam lignum quod plantatum est secus decursus aquarum, quod fructum suum dabit in tempore suo; et folium eius non decidet, et omnia quaecumque faciet prosperabuntur.

4. Non sic impii, non sic: sed tanquam puluis, quem proiicit uentus a facie terrae.

5. Ideo non resurgent impii in iudicio, neque peccatores in consilio iustorum,

6. Quoniam nouit deus uiam iustorum, et iter impiorum peribit.

1. Sēlīg man ther niuueht uuor in gerēde ungonēthero, inde in uuege sundīgero ne stūnt[1] , inde in stuole sufte ne saz;

2. Noua in ēuuen godes uuilleo sīn: inde in ēuuen sīnro thenken sal[2] dages inde nahtes.

3. Inde uuesan sal also holz that gesazt uuart bī fluzze uuassere, that uuahsemo sīnan geuan sal in stunden sīnro; inde louff sīn niuueht nitheruallen sal, inde alla[3] sōuuelīxo[4] duen sal gesunt uuerthan sulen.

4. Niuueht sō ungonēthe, niuueht sō: noua also stuppe, that foruuirpet uuint fan antlucce erthen.

5. Bethiu ne upstandunt ungenēthege in urdeile, ne ōch sundege in gerēde rechtero.

6. Uuanda uuēz[5] got uueh rechtero, in[6] geuuerthe[7] ungonēthero feruuerthan sal.

Anmerkungen zum althochdeutschen Text:

1   *stūnt*: Variante zu *stuont*.

2   *sal*: Variante zu *scal*, dient hier zur Umschreibung des Futurs.

3   *alla*: Nom. Plur. Neutr.

4   *sōuuelīxo* (*x* wohl für *h*): Akk. Plur. Neutr.

5   *uuēz*: Variante zu *weiz*.

6   *in*: steht für *inde*.

7   *geuuerthe*: Schreibung für *geferthe*, Nom. Sing. st. Neutr.

9. Notker, Psalter (Psalm 1,1-6)

[1.] *Beatus vir qui non abiit in consilio impiorum*[1]. DER . MÁN[2] . IST . SÂLIG . der in dero argon rât ne-ge-giêng. So ADÂM téta . dô er déro chénun râtes fólgeta uuider Góte. *Et in uia peccatorum non stetit.* Noh an déro súndigon uuége ne-stuônt. So er téta. Er chám dar ána . er cham an dén brêiten uueg ter[3] ze héllo gât . unde stuônt târ ána[4] . uuanda er hangta sînero geluste. Héngendo stuônt er. *Et in cathedra pestilentię non sedit.* Noh án démo súhtstuôle ne-saz . ih mêino daz er rîcheson ne-uuólta . uuánda diû suht stûret sie náh alle. So sî adâmen teta . do er got uuólta uuerden. Pestis chît[5] latine

	fiêho	niderslahinde[6]	
er got uuólta uuerden. Pestis chît[5] latine	pecora	sternens.	Sô pestis
	uuîto	uuállonde	stérbo
sih kebrêitet[7] . sô ist iz pestilentia . idest	late	peruagata	pestis.

[2.] *Sed in lege domini uoluntas eius . et in lege eius meditabitur die ac nocte.* Nube der ist sâlig . tes[8] uuillo an gótes êo[9] ist . unde der dára ána denchet . tag unde naht.

[3.] *Et erit tanquam lignum quod plantatum est secus decursus aquarum.* Vnde der gediêhet also uuóla . so der bôum . der bîdemo rînnenten uuazzere gesezzet ist. *Quod fructum suum dabit in tempore suo.* Der zîtigo sînen uuûocher gíbet. Daz rinnenta uuazzer ist gratia sancti spiritus . gnâda des hêiligen gêistis. Den sî nezzet . ter ist pírig pôum gûotero uuercho. *Et folium eius non defluet.* Noh sîn lôub ne-rîset. Taz chît . noh sîn uuórt ne-uuírt[10] uuéndig. *Et omnia quęcumque faciet prosperabuntur.* Vnde frám diêhent álliû . diu der boum bíret unde bringet . ioh

uuôcher	pléter		uuerch	uuort
fructus . ioh	folia . ih mêino		facta et	dicta.

[4.] *Non sic impii . non sic.* So uuóla ne-gediêhent áber diê argen. So ne-gediêhent sie. *Sed tamquam puluis quem proicit uentus a facie terrę.* Nube sie zefárent also daz stuppe déro erdo . daz ter uuint feruuâhet. Fóne demo gótes rîche uuérdent sie feruuâhet.

[5.] *Ideo non resurgunt impii in iudicio.* Pediû ne-erstânt árge ze dero urtêildo. Doh sie erstánden . sie ne-bîtent dánne urtêildo . uuanda ín îu[11] irtêilet ist. IAM ENIM IVDICATI SVNT. *Neque peccatores in consilio iustorum.* Noh súndige ne-sizzent dánne in demo râte dero rec<h>ton. Êne[12] ne-írstânt . daz sie irtêilet uuérden. noh tíse ne-irstânt daz sie irtêilen. Éne sint tie uuírsesten . díse ne-sínt tie bézzesten . uuanda sie béide sundig sint. Tie aber die bezzesten sint . tie irtêilent tîen métemen.

[6.] *Quoniam nouit dominus uiam iustorum.* Vuanda got uuêiz ten uueg tero réhton. Er geuuérdet sie uuízen . unde iro uuerch. *Et iter impiorum peribit.* Vnde déro argon fart uuirt ferlóren. Vuanda sie selben ferlóren uuerdent. pediû uuirt íro fart ferlôren . daz sint íro uuerch.

Anmerkungen zum althochdeutschen Text:

1   Der lateinische Psalmtext ist kursiv gesetzt.

2   Die Akzente beruhen auf der Überlieferung; sie sind also nicht mit den sonst erwendeten Längenbezeichnungen zu verwechseln.

3   Bei Notker stehen im Wortanlaut *p, t, k* für *b, d, g*, und zwar am Satzanfang oder wenn das vorangehende Wort desselben Satzes nicht auf Vokal oder *m, n, l, r* endet. Hier steht *ter* anstelle von *der*, weil das vorhergehende Wort *uueg* mit *g* endet. Diese von Notker durchgeführte Regelung heißt 'Notkers Anlautgesetz'.

4   *târ ana* steht aufgrund des Anlautgesetzes für *dâr ána*.

5   *chît* ist kontrahiert aus *chidit*.

6   Die über lateinischen Wörtern stehenden althochdeutschen Interlinearglossen stammen wohl nicht von Notker selbst.

7   *k-* in *kebrêitet* steht aufgrund des Anlautgesetzes.

8   *tes* steht am Satzanfang aufgrund des Anlautgesetzes.

9   *êo* steht für *ēwo*.

10 *uuírt* ist kontrahiert aus *wirdit*.

11 *îu* steht für *ju*.

12 *Êne* steht für *jene*.

10. Das Hildebrandslied

1 Ik gihorta ðat seggen,
   ðat sih urhettun   ænon muotin
   Hiltibrant enti Haðubrant   untar heriun tuem,
   sunufatarungo.   iro saro rihtun,
5 garutun se iro guðhamun,   gurtun sih iro suert ana,
   helidos, ubar hringa,   do sie to dero hiltiu ritun.
   Hiltibrant gimahalta Heribrantes sunu   – her uuas heroro man,
   ferahes frotoro –;   her fragen gistuont
   fohem uuortum,   wer sin fater wari
10 fireo in folche,
                      'eddo welihhes cnuosles du sis.
   ibu du mi ęnan sages,   ik mi de odre uuet,
   chind, in chunincriche: chud ist mir al irmindeot.'
   Hadubrant gimahalta,   Hiltibrantes sunu
15 'dat sagetun mi   usere liuti,
   alte anti frote,   dea erhina warun,
   dat Hiltibrant hætti min fater;   ih heittu Hadubrant.
   forn her ostar giweit   – floh her Otachres nid –
   hina miti Theotrihhe   enti sinero degano filu.
20 her furlaet in lante   luttila sitten
   prut in bure,   barn unwahsan
   arbeo laosa.   he raet ostar hina,
   sid Detrihhe   darba gistuontun
   fateres mines.   dat uuas so friuntlaos man.
25 her was Otachre   ummet irri,
   degano dechisto   miti Deotrichhe.
   her was eo folches at ente,   imo was eo fehta ti leop:
   chud was her chonnem mannum.
   ni waniu ih iu lib habbe.'
30 'wettu irmingot quad Hildibrant   obana ab heuane,
   dat du neo dana halt mit sus sippan man
   dinc nigileitos.'
   want her do ar arme   wuntane bauga,
   cheisuringu gitan,   so imo se der chuning gap,
35 Huneo truhtin: 'dat ih dir it nu bi huldi gibu.'
   Hadubrant gimalta,   Hiltibrantes sunu
   'mit geru scal man   geba infahan,
   ort widar orte.
   du bist dir alter Hun,   ummet spaher,
40 spenis mih mit dinem wortun,   wili mih dinu speru werpan.
   pist also gialtet man,   so du ewin inwit fuortos.
   dat sagetun mi   sęolidante
   westar ubar wentilsęo,   dat inan wic furnam:
   tot ist Hiltibrant,   Heribrantes suno.'

45	Hiltibrant gimahalta,	Heribrantes suno

45 Hiltibrant gimahalta,   Heribrantes suno
    'wela gisihu ih in dinem hrustim,
    dat du habes heme   herron goten,
    dat du noh bi desemo riche   reccheo niwurti.'
    'welaga nu, waltant got, quad Hiltibrant   wewurt skihit.
50 ih wallota sumaro enti wintro   sehstic ur lante,
    dar man mih eo scerita   in folc sceotantero:
    so man mir at burc ęnigeru   banun nigifasta,
    nu scal mih suasat chind   suertu hauwan,
    breton mit sinu billiu,   eddo ih imo ti banin werdan.
55 doh maht du nu aodlihho,   ibu dir din ellen taoc,
    in sus heremo man   hrusti giwinnan,
    rauba birahanen,   ibu du dar enic reht habes.'
    'der si doh nu argosto quad Hiltibrant   ostarliuto,
    der dir nu wiges warne,   nu dih es so wel lustit,
60 gudea gimeinun: niuse de motti,
    werdar sih hiutu   dero hregilo rumen muotti
    erdo desero brunnono   bedero uualtan.
    do lęttun se ærist   asckim scritan,
    scarpen scurim: dat in dem sciltim stont.
65 do stoptun to samane   staimbortchludun,
    heuwun harmlicco   huittę scilti
    unti im iro lintun   luttilo wurtun,
    giwigan miti wabnum

2. Mittelhochdeutsche Texte

11. Das Nibelungenlied, 1. Âventiure

1 Uns ist in alten mæren wunders vil geseit[1]
  von helden lobebæren, von grôzer arebeit,
  von fröuden, hôchgezîten, von weinen und von klagen,
  von küener recken strîten, muget ir nu wunder hœren sagen.

2 Ez wuohs in Búrgónden ein vil édel magedîn,
  daz in allen landen niht schœners mohte sîn,
  Kriemhilt geheizen: si wart ein scœne wîp.
  dar umbe muosen degene vil verlíesén den lîp.

3 Der minneclîchen meide triuten wol gezam.
  ir muoten[2] küene recken, niemen was ir gram.
  âne mâzen schœne sô was ir edel lîp.
  der juncvrouwen tugende zierten ándériu wîp.

4 Ir pflâgen drîe künege edel unde rîch,
  Gunther unde Gêrnôt, die recken lobelîch,
  und Gîselher der junge, ein ûz erwelter degen.
  diu frouwe was ir swester, die fürsten hetens[3] in ir pflegen.

5 Die herren wâren milte, von arde hôhe erborn,
  mit kraft unmâzen küene, die recken ûz erkorn.
  dâ zen Búrgónden sô was ir lant genant.
  si frumten starkiu wunder sît in Étzélen lant.

6 Ze Wormez bî dem Rîne si wonten mit ir kraft.
  in diente von ir landen vil stolziu ritterscaft
  mit lobelîchen êren unz an ir endes zît.
  si stúrben sît jǽmerlîche von zweier edelen frouwen nît.

7 Ein rîchiu küneginne, frou Uote ir muoter hiez.
  ir vater der hiez Dancrât der in diu erbe liez
  sît nâch sîme[4] lebene, ein ellens rîcher man,
  der ouch in sîner jugende grôzer êren vil gewan.

8 Die drîe künege wâren, als ich gesaget hân,
  von vil hôhem ellen. in wâren undertân
  ouch die besten recken, von den man hât gesaget,
  stárc únd vil küene, in scarpfen strîten unverzaget.

9   Daz was von Tronege Hagene   und ouch der bruoder sîn,
    Dancwart der vil snelle,   von Metzen Ortwîn,
    die zwêne marcgrâven   Gêre und Ekkewart,
    Volkêr von Alzeye,   mit ganzem ellen wol bewart.

10 Rûmolt der kúchenmeister,   ein ûz erwelter degen,
    Sindolt und Hûnolt,   dise hérren muosen pflegen,
    des hoves unt der êren,   der drîer künege man.
    si heten noch manegen recken,   des ich genennen niene kan.

11 Dancwart der was marscalch,   dô was der neve sîn
    trúhsǣze des küneges,   von Metzen Ortwîn.
    Sindolt der was scenke,   ein ûz erwelter degen.
    Hûnolt was kámerǣre.   si kunden hôher êren pflegen.

12 Von des hoves krefte   und von ir wîten kraft,
    von ir vil hôhen werdekeit   und von ir ritterscaft,
    der die herren pflâgen   mit vröuden al ir leben,
    des enkúnde iu ze wâre   niemen gar ein ende geben.

13 In disen hôhen êren   tróumte Kriemhíldè,
    wie si züge einen valken,   starc, scœn' und wíldè,
    den ir zwêne arn erkrummen.   daz si daz muoste sehen,
    ir enkúnde in dirre werlde   leider nímmér gescehen.

14 Den troum si dô sagete   ir muoter Úotèn.
    sine kúndes[5] niht besceiden   baz der gúotèn:
    "der valke, den du ziuhest,   daz ist ein edel man.
    in welle got behüeten,[6]   du muost in sciere vloren hân."

15 "Waz saget ir mir von manne,   vil liebiu muoter mîn?
    âne recken mínne   sô wil ich immer sîn.
    sus scœn' ich wil belîben   unz an mînen tôt,
    daz ich von mannes minne   sol gewinnen nimmer nôt."

16 "Nu versprích ez niht ze sêre",   sprach aber ir muoter dô.
    "soltu ímmer herzenlîche   zer werlde werden vrô,
    daz gescíht von mannes minne.   du wirst ein scœne wîp,
    ob dir noch got gefüeget   eins rehte guoten riters lîp."

17 "Die rede lât belîben",   sprach si, "frouwe mîn.
    ez ist an manegen wîben   vil dicke worden scîn,
    wie líebé mit leide   ze jungest lônen kan.
    ich sol si mîden beide,   sone kán mir nimmer missegân."

18 Kriemhilt in ir muote   sich minne gar bewac.
    sît lebte diu vil guote   vil manegen lieben tac,
    daz sine wesse niemen,   den minnen wolde ir lîp.
    sît wart si mit êren   eins vil küenen recken wîp.
19 Der was der selbe valke,   den si in ir troume sach,
    den ir besciet ir muoter. wie sêre si daz rach
    an ir næhsten mâgen,   die in sluogen sint!
    durch sîn eines sterben   starp vil maneger muoter kint.

Anmerkungen zum mittelhochdeutschen Text:

1 *geseit* ist kontrahiert aus *gesaget*.

2 *muoten* ist verkürzt aus *muot-ten*.

3 *hetens* ist zusammengezogen aus *heten si*.

4 *sîme* ist kontrahiert aus *sîneme*.

5 *kundes* ist kontrahiert aus *kunde es*.

6 'Wenn Gott ihn nicht beschützt'.

12. Hartmann von Aue, Der arme Heinrich

```
        Ein ritter sô gelêret was
        daz er an den buochen las
        swaz er dar an geschriben vant:
        der was Hartman genant,
5       dienstman was er zOuwe.
        er nam im manige schouwe
        an mislîchen buochen:
        dar an begunde er suochen
        ob er iht des vunde
10      dâ mite er swære stunde
        möhte senfter machen,
        und von sô gewanten sachen
        daz gotes êren töhte
        und dâ mite er sich möhte
15      gelieben den liuten.
        nu beginnet er iu diuten
        ein rede die er geschriben vant.
        dar umbe hât er sich genant,
        daz er sîner arbeit
20      die er dar an hât geleit
        iht âne lôn belîbe,
        und swer nâch sînem lîbe
        si hœre sagen ode lese,
        daz er im bittende wese
```

```
25      der sêle heiles hin ze gote.
        man giht, er sî sîn selbes bote
        und erlœse sich dâ mite,
        swer vür des andern schulde bite.
            Er las daz selbe mære,
30      wie ein herre wære
        ze Swâben gesezzen:
        an dem enwas vergezzen
        nie deheiner der tugent
        die ein ritter in sîner jugent
35      ze vollem lobe haben sol.
        man sprach dô nieman alsô wol
        in allen den landen.
        er hete ze sînen handen
        geburt und rîcheit:
40      ouch was sîn tugent vil breit.
        swie ganz sîn habe wære,
        sîn geburt unwandelbære
        und wol den vürsten gelîch,
        doch was er unnâch alsô rîch
45      der geburt und des guotes
        so der êren und des muotes.
            Sîn name was gnuoc erkennelich:
        er hiez der herre Heinrich
        und was von Ouwe geborn.
50      sîn herze hâte versworn
        valsch und alle dörperheit
        und behielt ouch vaste den eit
        stæte unz an sîn ende.
        âne alle missewende
55      stuont sîn êre und sîn leben.
        im was der rehte wunsch gegeben
        von werltlîchen êren:
        die kunde er wol gemêren
        mit aller hande reiner tugent.
60      er was ein bluome der jugent,
        der werltvreude ein spiegelglas,
        stæter triuwe ein adamas,
        ein ganziu krône der zuht.
        er was der nôthaften vluht,
65      ein schilt sîner mâge,
        der milte ein glîchiu wâge:
        im enwart über noch gebrast.
        er truoc den arbeitsamen last
        der êren über rücke.
70      er was des râtes brücke
```

und sanc vil wol von minnen.
alsus kunde er gewinnen
der werlte lop unde prîs.
er was hövesch unde wîs.
75 　　Dô der herre Heinrich
alsus geniete sich
êren unde guotes
und vrœlîches muotes
und werltlîcher wünne
80 (er was vür al sîn künne
geprîset unde gêret),
sîn hôchmuot wart verkêret
in ein leben gar geneiget.
an im wart erzeiget,
85 als ouch an Absalône,
daz diu üppige krône
werltlîcher süeze
vellet under vüeze
ab ir besten werdekeit,
90 als uns diu schrift hât geseit.
ez sprichet an einer stat dâ:
'mêdiâ vîtâ
in morte sûmus'.
daz diutet sich alsus,
95 daz wir in dem tôde sweben
so wir aller beste wænen leben.
　　Dirre werlte veste,
ir stæte und ir beste
und ir grœste magenkraft,
100 diu stât âne meisterschaft.
des muge wir an der kerzen sehen
ein wârez bilde geschehen,
daz si zeiner aschen wirt
iemitten daz si lieht birt.
105 wir sîn von brœden sachen.
nû sehet wie unser lachen
mit weinenne erlischet.
unser süeze ist vermischet
mit bittere gallen.
110 unser bluome der muoz vallen
so er aller grüenest wænet sîn.
an hern Heinrîche wart
wol schîn:
der in dem hœhsten werde
lebet ûf dirre erde,
115 derst der versmâhte vor gote.

```
        er viel von sînem gebote
        ab sîner besten werdekeit
        in ein smæhlîchez leit:
        in ergreif diu miselsuht.
120     dô man die swæren gotes zuht
        gesach an sînem lîbe,
        man unde wîbe
        wart er dô widerzæme.
        nû sehet wie genæme
125     er ê der werlte wære,
        und wart nû als unmære
        daz in niemen gerne sach:
        als ouch Jôbe geschach,
        dem edeln und dem rîchen,
130     der vil jæmerlîchen
        dem miste wart ze teile
        iemitten in sînem heile.
```

13. Walther von der Vogelweide (8,4 - 8,27)

```
1       Ich saz ûf eime steine,
        und dahte bein mit beine:
        dar ûf sazte ich den ellenbogen:
        ich hete in mîne hant gesmogen
5       mîn kinne und ein mîn wange.
        dô dâht ich mir vil ange,
        wes man zer welte solte leben:
        deheinen rât konde ich gegeben,
        wie man driu dinc erwurbe,
10      der deheinez niht verdurbe.
        diu zwei sint êre und varnde guot,
        daz dicke ein ander schaden tuot.
        daz dritte ist gotes hulde,
        der zweier übergulde.
15      die wolte ich gerne in einen schrîn,
        jâ leider des enmac niht sîn,
        daz guot und weltliche êre
        und gotes hulde mêre
        zesame in ein herze komen.
20      stîg unde wege sint in benomen:
        untriuwe ist in der sâze,
        gewalt vert ûf der strâze,
        fride unde reht sint sêre wunt.
        diu driu enhabent geleites niht, diu zwei enwerden ê gesunt.
```

14. Wolfram von Eschenbach, Willehalm (1,1 - 5,14)

      (1) Ane valsch dû reiner,
dû drî unt doch einer,
schepfære über alle geschaft,
âne urhap dîn stætiu kraft
5 ân ende ouch belîbet.
ob diu von mir vertrîbet
gedank*e*, die gar vlüstic sint,
sô bistû vater unt bin ich kint.
hôch edel ob aller edelkeit.
10 lâ dîner tugende wesen leit,
dâ kêre dîne erbarm*e* zuo,
swâ ich, herre, an dir missetuo!
lâz, herre, mich niht übersehen
swaz mir sælden ist geschehen
15 und endelôser wünne!
dîn kint und dîn künne
bin ich bescheidenlîche,
ich arm und dû vil rîche:
dîn mennischeit mir sippe gît
20 dîner gotheit mich âne strît
der pâter noster nennet
z'einem kinde erkennet.
sô gît der touf mir einen trôst,
der mich zwîvels hat erlôst
25 (ich hân gelouphaften sin):
daz ich dîn genanne bin,
wîsheit ob allen listen:
dû bist Krist, sô bin ich kristen.
dîner hœhe und dîner breite,
30 dîner *tiefen* antreite
      (2) *wart* nie gezilt anz ende.
ouch loufet in dîner hende
der siben sterne gâhen,
daz si den himel wider vâhen.
5 luft, wazzer, viur und erde
wont in dînem werde.
ze dînem gebot ez allez stêt,
dâ wilt unt zam mit umbe gêt.
ouch hât dîn götlîchiu maht
10 den liehten tac, die trüeben naht
gezilt und underscheiden
mit *den sternenlouften* beiden.
niemer wirt, nie wart dîn ebenmâz.
al der steine kraft, der würze wâz

15 hâstû bekant unz an den ort.
    der rehten schrift dôn und wort
    dîn geist hât gesterket.
    mîn sin dich kreftec merket.
    swaz an den buochen stât geschriben,
20 des bin ich künstelôs beliben.
    niht anders ich gelêret bin:
    wan hân ich kunst, *die* gît mir sin.
    diu helfe dîner güete
    sende in mîn gemüete
25 unlôsen sin sô wîse,
    der in dînem namen geprîse
    einen rîter, der dîn nie vergaz.
    swenn er gediende dînen haz
    mit sündehaften dingen,
30 dîn erbarm*e* kunde in bringen
        (3) *a*n diu werc daz sîn manheit
    dînen hulden wandels was bereit.
    dîn helfe in dicke brâhte ûz nôt.
    er liez en wâge iewedern tôt,
5   (der sêle und des lîbes)
    durh minne ein*es* wibes
    er dicke herzenôt gewan.
    lantgrâve von Düringen Herman
    tet mir diz mære von im bekant.
10 er ist en franzois genant
    kuns Gwillâms de *Orangis*.
    ieslîch rîter sî gewis,
    swer sîner helfe in angest gert,
    daz er der niemer wirt entwert,
15 ern sage die selben nôt vor got*e*.
    der unverzagete werde bot*e*,
    der erkennet rîter kumber gar.
    er was selbe dicke harnaschvar.
    den stric bekande wol sîn hant,
20 der den helm ûf*ez houb*et* bant
    gein sîns verhes koste.
    er was ein zil der tjoste:
    bi vîenden man in dicke sach.
    der schilt von arde was sîn dach.
25 man hœret in Francrîche jehen,
    swer sîn geslehte kunde spehen,
    daz stüende über al ir rîche
    der vürsten kraft gelîche:
    sîne mâge wârn die hœhsten ie.
30 âne den keiser Karl*e*n nie

(4) sô werder Franzoiser wart erborn:
dâ vür was und ist sîn prîs erkorn.
dû hâst und hetest werdekeit,
helfære, dô dîn kiusche erstreit
5   mit diemüete vor der hœhsten hant
daz si *die* helfe tet erkant.
helfære, hilf in und ouch mir,
die helfe wol getrûwent dir,
sît *daz* diu wâren mære
10 sagent, daz dû vürste wære
hie n'erde – als bist ouch dort.
dîn güete enphâhe mîniu wort,
herre sanct Willehalm.
mînes sündehaften mundes galm
15 dîn heilikeit an schrîet:
sît daz dû bist gevrîet
vor allen hellebanden,
sô bevoget ouch mich vor schanden!
ich, Wolfram von Eschenbach,
20 swaz ich von Parzivâl *gesprach*,
des sîn âventiure mich wîste,
etslîch man daz prîste –
ir was ouch vil, die'z smæhten
unde baz ir rede wæhten.
25 gan mir got sô vil der tage,
sô sag ich minne und ander klage,
der mit triuwen pflac wîp und man,
sît Jêsus in den Jordân
durh toufe wart gestôzen.
30 unsanfte mac genôzen
    (5) diutscher rede deheine
dirre die ich nû meine,
ir letze und ir beginnen.
swer werdekeit wil minnen,
5   der lat dise âventiure
in sînem hûse ze viure:
diu vert hie mit den gesten.
Franzoiser die besten
hânt ir des die volge lân,
10 daz süezer rede wart nie getân
mit wirde *noch* mit wârheit.
underswanc noch underreit
valschete dise rede nie:
des jehent si dort – nu hœrt se ouch hie!

Quellennachweis zum Textanhang

Nr. 1-4: Tatian. Lateinisch und altdeutsch mit ausführlichem Glossar hg. von E. Sievers, 2.A. 1892 (Nachdruck 1960); Die lateinisch-althochdeutsche Tatianbilingue Stiftsbibliothek St. Gallen Cod. 56. Unter Mitwirkung von E. De Felip-Jaud herausgegeben von A. Masser, Studien zum Althochdeutschen 25, Göttingen 1994 [handschriftennahe Edition, der hier aus praktischen Gründen einer Einführung nicht gefolgt werden konnte; vgl. zu Text Nr. 1 dort S. 98f. und die Abbildung aus der Handschrift, hier S. 236]

Nr. 5: E. von Steinmeyer, Die kleineren althochdeutschen Sprachdenkmäler, 1916 (Nachdruck 1971), S. 89-91

Nr. 6: Otfrids Evangelienbuch. Herausgegeben von O. Erdmann, 6. Auflage von L. Wolff, Altdeutsche Textbibliothek 49, Tübingen 1973

Nr. 7: Heliand und Genesis. Herausgegeben von O. Behaghel, 9. Auflage von B. Taeger, Altdeutsche Textbibliothek 4, Tübingen 1984

Nr. 8: Die altostniederdeutschen Psalmenfragmente, die Lipsius'schen Glossen und die altsüdmittelfränkischen Psalmenfragmente. Herausgegeben von W. L. van Helten, 1902

Nr. 9: Notker der Deutsche. Der Psalter. Psalm 1-50. Herausgegeben von P. W. Tax, Die Werke Notkers des Deutschen. Neue Ausgabe 8, Altdeutsche Textbibliothek 84, Tübingen 1979

Nr. 10: E. von Steinmeyer, Die kleineren althochdeutschen Sprachdenkmäler, 1916 (Nachdruck 1971), S. 1-8

Nr. 11: Das Nibelungenlied. Nach der Ausgabe von K. Bartsch herausgegeben von H. de Boor, 22. revidierte und von R. Wisniewski ergänzte Auflage, Nachdruck Wiesbaden 1996

Nr. 12: Hartmann von Aue, Der arme Heinrich. Herausgegeben von H. Paul, 15., neu bearbeitete Auflage besorgt von G. Bonath, Altdeutsche Textbibliothek 3, Tübingen 1984

Nr. 13: Walther von der Vogelweide, Leich, Lieder, Sangsprüche, 14., völlig neu bearbeitete Auflage der Ausgabe K. Lachmanns mit Beiträgen von Th. Bein und H. Brunner herausgegeben von Chr. Cormeau, Berlin – New York 1996

Nr. 14: Wolfram von Eschenbach, Willehalm. Nach der Handschrift 857 der Stiftsbibliothek St. Gallen. Mittelhochdeutscher Text, Übersetzung, Kommentar. Herausgegeben von J. Heinzle. Mit den Miniaturen aus der Wolfenbütteler Handschrift und einem Aufsatz von P. und D. Diemer, Bibliothek des Mittelalters 9, Frankfurt/ Main 1991. Sieh auch die digitale Faksimileausgabe, die einen Vergleich von Edition und konkretem Handschriftenbefund ermöglicht: Sankt Galler Nibelungenhandschrift (Cod. Sang. 857). Parzival, Nibelungenlied. Klage. Karl der Große. Willehalm. Herausgegeben von der Stiftsbibliothek St. Gallen und dem Basler Parzival-Projekt. Konzept und Einführung: M. Stolz, Codices Electronici Sangallensis 1, Zweite, erweiterte Auflage St. Gallen - Basel 2005.

VII. Tabellen und Übersichten

Vorbemerkung: Das Kapitel enthält Übersichten zur Grammatik, insbesondere Flexionstabellen, Übersichten zur historischen Phonologie, Karten usw. Es bietet somit eine systematische Zusammenfassung des in den einzelnen Kapiteln erarbeiteten und erklärten Stoffes. Diese Zusammenfassung dient dem leichteren Nachschlagen, dem Lernen und der Lernkontrolle.

1. Althochdeutsche Grammatik

Übersicht Nr. 1: Starkes Verb im Althochdeutschen: Ablautreihen

Ablaut-reihe		Infinitiv	1. Pers. Sing. Ind.Präs.	1.u.3. Pers. Sing. Ind.Prät.	1.u.3. Pers. Plur. Ind.Prät.	Part.Prät.
I.	a)	*rītan*	*rītu*	*reit*	*ritun*	*giritan*
	b)	*zīhan*	*zīhu*	*zēh*	*zigun*	*gizigan*
II.	a)	*biogan*	*biugu*	*boug*	*bugun*	*gibogan*
	b)	*biotan*	*biutu*	*bōt*	*butun*	*gibotan*
III.	a)	*bintan*	*bintu*	*bant*	*buntun*	*gibuntan*
	b)	*werfan*	*wirfu*	*warf*	*wurfun*	*giworfan*
IV.		*neman*	*nimu*	*nam*	*nāmun*	*ginoman*
V.		*geban*	*gibu*	*gab*	*gābun*	*gigeban*
VI.		*faran*	*faru*	*fuor*	*fuorun*	*gifaran*
VII.		*rātan*	*rātu*	*riet*	*rietun*	*girātan*

Erläuterungen zu den althochdeutschen und mittelhochdeutschen Ablautreihen

Reihe I: a) *rītan*   *rītu*   *reit*   *ritun*   *giritan*
             rîten   *rîte*   *reit*   *riten*   *geriten*
         Kennzeichen: Vokalfolge *ī – ei – i*

Grammatischen Wechsel zeigt z.B. *snīdan snīdu sneid snitun gisnitan* 'schneiden'.

         b) *zīhan*   *zīhu*   *zēh*   *zigun*   *gizigan*
            zîhen   *zîhe*   *zêh*   *zigen*   *gezigen*
         Kennzeichen: *ē* in 1. und 3. Pers. Sing. Ind. Prät. vor *h* oder *w*

Das Beispiel zeigt grammatischen Wechsel zwischen *h* und *g*.

Reihe II: a) *biogan   biugu   boug   bugun   gibogan*
           biegen   biuge   bouc   bugen   gebogen
           Kennzeichen: Vokalfolge ahd. *io – iu – ou – u – o*,
           mhd. *ie – iu* [ü] *– ou – u – o*

        b) *biotan   biutu   bōt   butun   gibotan*
           bieten   biute   bôt   buten   geboten
           Kennzeichen: *ō* in 1. und 3. Pers. Sing. Ind. Prät. vor *h* oder
           Dentalen (*t, d, z, s*)
           Varianten: Im Althochdeutschen erscheint der Vokal *io* im Infinitiv
           auch in den Varianten *eo, iu, ie.*

Grammatischen Wechsel zeigen z.B. *ziohan ziuhu zōh zugun gizogan* 'ziehen' und
kiosan kiusu kōs kurun gikoran 'wählen'.

Sondergruppe: Zur II. Ablautreihe gehören auch einige Verben mit dem Präsensvokal *ū*: ahd. *lūhhan* 'schließen', *sūfan* 'saufen' und *sūgan* 'saugen'; mhd. *sûfen, sûgen*.

Reihe III: a) *bintan   bintu   bant   buntun gibuntan*
              binden   binde   bant   bunden gebunden
              Kennzeichen: *i* im Infinitiv vor Nasal + Konsonant (z.B. *m + b*,
              m + m, n + d, n + g, n + n, n + t usw.)

           b) *werfan   wirfu   warf   wurfun giworfan*
              werfen   wirfe   warf   wurfen geworfen
              Kennzeichen: *e* im Infinitiv vor Liquid + Konsonant (z.B. *l + g,
              l + l, r + b, r + f* usw.)

Grammatischen Wechsel zwischen *d* und *t* zeigen in Reihe IIIa ahd. *findan findu fand funtun funtan*, in Reihe IIIb ahd. *werdan wirdu ward wurtun wortan* u.a.

Sondergruppe: Zur Ablautreihe IIIb gehören auch einige Verben, deren Grundmorphem auf mehrfache Konsonanz ausgeht und bei denen teilweise *r* oder *l* vor dem Vokal des Grundmorphems stehen: ahd. *brestan* 'bersten', *flehtan* 'flechten', *fehtan* 'fechten' usw.; mhd. *bresten, vlehten, vehten*.

Reihe IV: *neman   nimu   nam   nāmun   ginoman*
           nemen   nime   nam   nâmen   genomen
           Kennzeichen: *e* im Infinitiv vor einfachem Nasal oder Liquid

Sondergruppe: Verben auf *-hh* oder *-ff* wie z.B. ahd. *brehhan, sprehhan, treffan*, mhd. *brechen, sprechen, treffen*.

Reihe V: *geban   gibu   gab   gābun   gigeban*
            geben   gibe   gap   gâben   gegeben
            Kennzeichen: *e* im Infinitiv vor Konsonant außer Nasal oder Liquid

Grammatischen Wechsel zwischen *s* und *r* zeigen ahd. *wesan wisu was wārun* (Partizip nicht belegt), mhd. Prät. *wâren*, Part. *gewesen*, ahd. *lesan lisu las lārun gileran*. Grammatischen Wechsel zwischen *d* und *t* zeigt ahd. *quedan quidu quad quātun giquetan*.

Sondergruppe: Die *j*-Präsentien der V. Ablautreihe zeigen im Infinitiv und im ganzen Präsens *i* statt *e*, die Infinitivendung *-en* statt *-an* sowie Gemination des Konsonanten im Auslaut des Grundmorphems: *bitten* 'bitten', *liggen* 'liegen', *sizzen* 'sitzen'. Die anderen Formen entsprechen Reihe V: ahd. *bitten bittu*, aber: *bat bātun gibetan*, mhd. *bitten bitte bat bâten gebeten*.

Reihe VI: *faran   faru   fuor   fuorun gifaran*
            varn   var   vuor   vuoren gevarn
            Kennzeichen: Vokalfolge *a - uo - a*, meist vor einfachen Konsonanten

Grammatischen Wechsel zwischen *h* und *g* zeigt ahd. *slahan slahu sluog sluogun gislagan*, mhd. *slahen/slân slahe sluoc sluogen geslagen*. In Reihe VI tritt der grammatische Wechsel so auf, dass auch die Präteritum-Singular-Form den Konsonanten des Plurals und des Partizips hat.

Sondergruppe: Die *j*-Präsentien der VI. Ablautreihe zeigen im Infinitiv und im ganzen Präsens *e* statt *a*, die Infinitivendung *-en* statt *-an* sowie Gemination des Konsonanten im Auslaut des Grundmorphems: *heffen* 'heben', *skepfen* 'schaffen', *swerien* 'schwören'. Die anderen Formen entsprechen Reihe VI: ahd. *skepfen skepfu*, aber: *skuof skuofun giskaffan*. *heffen* zeigt zusätzlich grammatischen Wechsel zwischen *f* und *b*: ahd. *heffen heffu huob huobun gihaban*, mhd. *heven/heben heve/hebe huop huoben erhaben*.

Reihe VII: *rātan   rātu   riet   rietun girātan*
            râten   râte   riet   rieten gerâten
            Kennzeichen: *ie* im Präteritum, übereinstimmende Vokale im Präsens und im Partizip Präteritum. Diese Vokale können sein:
            a (*haltan*), *ā* (*rātan*), *ei* (*heizan*), *ou* (*loufan*), *uo* (*ruofan*), *ō* (*stōzan*).

Übersicht Nr. 2: Überblick über die Ablautverhältnisse im Althochdeutschen

Ablautreihe	Infinitiv	1. Pers. Sing. Ind. Präs.	1. u. 3. Pers. Sing. Ind. Prät.	1. u. 3. Pers. Plur. Ind. Prät.	Part. Prät.
Ia	*ī* + Kons. (nicht *h* oder *w*)	*ī*	*ei*	*i*	*i*
Ib	*ī* + *h* oder *w*	*ī*	*ē*	*i*	*i*
IIa	*io* + Kons. (nicht *h* oder Dental)	*iu*	*ou*	*u*	*o*
IIb	*io* + *h* oder Dental	*iu*	*ō*	*u*	*o*
IIIa	*i* + Nasal + Kons.	*i*	*a*	*u*	*u*
IIIb	*e* + Liquid + Kons.	*i*	*a*	*u*	*o*
IV	*e* + Nasal oder Liquid	*i*	*a*	*ā*	*o*
V	*e* + Kons.	*i*	*a*	*ā*	*e*
VI	*a* + Kons.	*a*	*uo*	*uo*	*a*
VII	*ā, a, ei, ou, uo* oder *ō*	*ā, a, ei, ou, uo* oder *ō*	*ie*	*ie*	*ā, a, ei, ou, uo* oder *ō*

Übersicht Nr. 3: Starkes Verb im Althochdeutschen: Flexionsformen

Infinite Formen		Infinitiv	*werfan*
		Partizip Präsens	*werfanti, werfenti*
		Partizip Präteritum	*giworfan*
Finite Formen		Präsens	Präteritum
Indikativ	Sing.	1. P. *ih wirfu*	*warf*
		2. P. *dū wirfis*	*wurfi*
		3. P. *er, siu, iz wirfit*	*warf*
	Plur.	1. P. *wir werfemēs, werfēn*	*wurfun*
		2. P. *ir werfet*	*wurfut*
		3. P. *sie, sio, siu werfent*	*wurfun*
Konjunktiv	Sing.	1. P. *ih werfe*	*wurfi*
		2. P. *dū werfēs*	*wurfīs*
		3. P. *er, siu, iz werfe*	*wurfi*
	Plur.	1. P. *wir werfemēs, werfēn*	*wurfīmēs, wurfīn*
		2. P. *ir werfēt*	*wurfīt*
		3. P. *sie, sio, siu werfēn*	*wurfīn*
Imperativ		2. P. Sing. *wirf*	
		2. P. Pl. *werfet*	

Übersicht Nr. 4: Schwaches Verb im Althochdeutschen

			-jan	-ōn	-ēn
Infinite Formen	Inf.		zellen	suochen	salbōn	habēn
	Part. Präs.		zellenti	suochenti	salbōnti	habēnti
	Part. Prät.		gizelit	gisuochit	gisalbōt	gihabēt
Finite Formen	Sing.	1. ih	zellu	suochu	salbōn	habēn
		2. dū	zelis	suochis	salbōs	habēs
		3. er	zelit	suochit	salbōt	habēt
Präs. Ind.	Plur.	1. wir	zellemēs	suochemēs	salbōmēs	habēmēs
		2. ir	zellet	suochet	salbōt	habēt
		3. sie	zellent	suochent	salbōnt	habēnt
Präs. Konj.	Sing.	1. ih	zelle	suoche	salbōe	habēe
		2. dū	zellēs	suochēs	salbōēs	habēēs
		3. er	zelle	suoche	salbōe	habēe
	Plur.	1. wir	zellemēs	suochemēs	salbōēmēs	habēēmēs
		2. ir	zellēt	suochēt	salbōēt	habēēt
		3. sie	zellēn	suochēn	salbōēn	habēēn
Prät. Ind.	Sing.	1. ih	zelita	suohta	salbōta	habēta
		2. dū	zelitōs	suohtōs	salbōtōs	habētōs
		3. er	zelita	suohta	salbōta	habēta
	Plur.	1. wir	zelitun	suohtun	salbōtun	habētun
		2. ir	zelitut	suohtut	salbōtut	habētut
		3. sie	zelitun	suohtun	salbōtun	habētun
Prät. Konj.	Sing.	1. ih	zeliti	suohti	salbōti	habēti
		2. dū	zelitīs	suohtīs	salbōtīs	habētīs
		3. er	zeliti	suohti	salbōti	habēti
	Plur.	1. wir	zelitīmēs	suohtīmēs	salbōtīmēs	habētīmēs
		2. ir	zelitīt	suohtīt	salbōtīt	habētīt
		3. sie	zelitīn	suohtīn	salbōtīn	habētīn
Imp.	Sing.	2.	zeli	suochi	salbo	habe
	Plur.	2.	zellet	suochet	salbōt	habēt

Übersicht Nr. 5: Präterito-Präsentien im Althochdeutschen

Ab-laut-reihe	Präsens Indikativ			Infini-tiv	Präteritum Indikativ	Bedeutung
	1. u. 3. Pers. Sing.	2. Pers. Sing.	1. u. 3. Pers. Plur.		1. u. 3. Pers. Sing.	
I.	weiz	weist	wizzun eigun	wizzan	wissa	wissen, erkennen haben, besitzen
II.	toug		tugun		tohta	taugen, sich eignen, nützen
III.	an kann darf gitar	kanst darft gitarst	unnun kunnun durfun giturrun	unnan kunnan durfan	onda konda dorfta gitorsta	gönnen kennen, können bedürfen, brauchen wagen
IV.	scal ginah	scalt	sculun	sculan	scolta	sollen, müssen im Überfluss haben
V.	mag	maht	magun mugun	magan mugan	mahta mohta	können, vermögen
VI.	muoz	muost	muozun		muosa	können, dürfen

Übersicht Nr. 6: Das Verb *sīn* im Althochdeutschen

Präsens		Indikativ	Konjunktiv
Singular	1. P. *ih*	bim, bin	*sī*
	2. P. *dū*	bist	*sīs, sīst*
	3. P. *er, siu, iz*	ist	*sī*
Plural	1. P. *wir*	birum, birun	*sīn*
	2. P. *ir*	birut	*sīt*
	3. P. *sie, sio, siu*	sint	*sīn*

Übersicht Nr. 7: Das Verb *tuon* im Althochdeutschen

			Indikativ	Konjunktiv
Präsens	Singular	1. P. *ih*	tuon	tuoe, tuo
		2. P. *dū*	tuos, tuost	tues
		3. P. *er, siu, iz*	tuot	tuoe, tuo
	Plural	1. P. *wir*	tuomēs, tuon	tuoēn
		2. P. *ir*	tuot	tuot
		3. P. *sie, sio, siu*	tuont	tuoēn, tuon
Präteritum	Singular	1. P. *ih*	teta	tāti
		2. P. *dū*	tāti	tātīs, tātīst
		3. P. *er, siu, iz*	teta	tāti
	Plural	1. P. *wir*	tātum, tātun	tātīn
		2. P. *ir*	tātut	tātīt
		3. P. *sie, sio, siu*	tātun	tātīn

Übersicht Nr. 8: Das Verb *wellen* im Althochdeutschen

Präsens		Indikativ	Konjunktiv
Singular	1. P. *ih*	willu, wili	welle
	2. P. *dū*	wili	wellēs, wellēst
	3. P. *er, siu, iz*	wili	welle
Plural	1. P. *wir*	wellemēs, wellen	wellēm, wellēn
	2. P. *ir*	wellet	wellēt
	3. P. *sie, sio, siu*	wellent, wellant	wellēn

Übersicht Nr. 9: Das Verb *gān* im Althochdeutschen

Präsens		Indikativ
Singular	1. P. *ih*	gān
	2. P. *dū*	gās, gāst
	3. P. *er, siu, iz*	gāt
Plural	1. P. *wir*	gāmēs, gān
	2. P. *ir*	gāt
	3. P. *sie, sio, siu*	gānt

Das kontrahierte Verb *stân* flektiert dementsprechend.

Übersicht Nr. 10: Substantivflexion im Althochdeutschen

		1. n	2. ō	3. a	4. i
Mask.	Sing.				
	Nom.	der boto		der tag	der gast
	Gen.	des boten		des tages	des gastes
	Dat.	demo boten		demo tage	demo gaste
	Akk.	den boton		den tag	den gast
	Plur.				
	Nom.	dia boton		dia taga	dia gesti
	Gen.	dero botōno		dero tago	dero gestio
	Dat.	dēm botōm		dēm tagum	dēm gestim
	Akk.	dia boton		dia taga	dia gesti
Neutr.	Sing.				
	Nom.	daz herza		daz wort	
	Gen.	des herzen		des wortes	
	Dat.	demo herzen		demo worte	
	Akk.	daz herza		daz wort	
	Plur.				
	Nom.	diu herzun		diu wort	
	Gen.	dero herzōno		dero worto	
	Dat.	dēm herzōm		dēm wortum	
	Akk.	diu herzun		diu wort	
Fem.	Sing.				
	Nom.	diu zunga	diu geba		diu kraft
	Gen.	dera zungūn	dera geba		dera krefti
	Dat.	deru zungūn	deru gebu		deru krefti
	Akk.	dia zungūn	dia geba		dia kraft
	Plur.				
	Nom.	dio zungūn	dio gebā		dio krefti
	Gen.	dero zungōno	dero gebōno		dero kreftio
	Dat.	dēm zungōm	dēm gebōm		dēm kreftim
	Akk.	dio zungūn	dio gebā		dio krefti

Übersicht Nr. 11: Das Personalpronomen der 1. und 2. Person im Althochdeutschen

		1. Person	2. Person
Sing.	Nom.	*ih*	*dū*
	Gen.	*mīn*	*dīn*
	Dat.	*mir*	*dir*
	Akk.	*mih*	*dih*
Plur.	Nom.	*wir*	*ir*
	Gen.	*unsēr*	*iuwēr*
	Dat.	*uns*	*iu*
	Akk.	*unsih*	*iuwih*

Übersicht Nr. 12: Das Personalpronomen der 3. Person im Althochdeutschen

		Maskulinum	Neutrum	Femininum
Sing.	Nom.	*er*	*iz*	*siu, sī, si*
	Gen.	*sīn*	*es*	*ira, iru, iro*
	Dat.	*imo, imu*	*imu, imo*	*iru, iro*
	Akk.	*innan, in*	*iz*	*sia, sie*
Plur.	Nom.	*sie*	*siu*	*sio*
	Gen.	*iro*	*iro*	*iro*
	Dat.	*im, in*	*im, in*	*im, in*
	Akk.	*sie*	*siu*	*sio*

Neben der Form *er* treten im Nominativ Singular Maskulinum vornehmlich im Norden des hochdeutschen Sprachgebiets die Formen *hē* und *her* auf. Sieh auch Tatian 12,2 und 12,7: *her*.

Übersicht Nr. 13: Das Reflexivpronomen im Althochdeutschen (3. Person)

		Maskulinum	Neutrum	Femininum
Sing.	Gen.	*sīn*	*sīn*	*ira*
	Dat.	*imu*	*imu*	*iru*
	Akk.	*sih*	*sih*	*sih*
Plur.	Gen.	*iro*		
	Dat.	*im*		
	Akk.	*sih*		

Übersicht Nr. 14: Artikel und Demonstrativpronomen im Althochdeutschen

		Maskulinum	Neutrum	Femininum
Sing.	Nom.	*der*	*daz*	*diu*
	Gen.	*des*	*des*	*dera, deru, dero*
	Dat.	*demu, demo*	*demu, demo*	*deru, dero*
	Akk.	*den*	*daz*	*dia*
Plur.	Nom.	*dia, die*	*diu*	*dio*
	Gen.	*dero*	*dero*	*dero*
	Dat.	*dēm, dēn*	*dēm, dēn*	*dēm, dēn*
	Akk.	*dia, die*	*diu*	*dio*

Als Nebenformen zu *der* (Nom. Sing. Mask.) erscheinen im Tatian auch die Formen *thie* und *thē*.

Im Althochdeutschen existiert ferner noch eine Instrumentalform *diu*, die häufig in enger Verbindung mit Präpositionen als Konjunktion verwendet wird: *mit thiu* (Tatian 12,2) 'nachdem, als'.

Übersicht Nr. 15: Das Interrogativpronomen im Althochdeutschen

Das Interrogativpronomen tritt nur im Singular, und da auch nur in den Formen des Maskulinums und des Neutrums auf. Für das Femininum gelten die maskulinen Formen.

		Maskulinum/ Femininum	Neutrum
Sing.	Nom.	*wer*	*waz*
	Gen.	*wes*	*wes*
	Dat.	*wemu, wemo*	*wemu, wemo*
	Akk.	*wenan, wen*	*waz*

Im älteren Althochdeutschen ist meist noch das dem *w* vorausgehende *h* bewahrt: *hwer, hwaz* usw. Der Instrumentalform *diu* beim Demonstrativpronomen entspricht die Instrumentalform *wiu*, die z.B. in der Verschmelzung mit der Präposition *zi* als *ziu* 'warum' (Tatian 12,6) belegt ist.

Übersicht Nr. 16: Das zusammengesetzte Demonstrativpronomen im Althochdeutschen

		Maskulinum	Neutrum	Femininum
Sing.	Nom.	dese		desiu
		desēr		
		disēr	diz	disiu
	Gen.	desse	desse	desera
		desses	desses	derera
				derra
		disses	disses	dirro
	Dat.	desemu	desemu	deseru
		desemo	desemo	dereru
				derru
		disemo	disemo	dirro
	Akk.	desan		desa
		disen	diz	disa
Plur.	Nom.	dese	desiu	deso
		dise	disiu	dise
	Gen.	desero	desero	desero
		derero	derero	derero
		derro	derro	derro
		dirro	dirro	dirro
	Dat.	desēm	desēm	desēm
		desēn	desēn	desēn
		disēn	disēn	disēn
	Akk.	dese	desiu	deso
		dise	disiu	dise

Die Neutrumform *diz* enthält die Affrikate *ts*.

Übersicht Nr. 17: Das Possessivpronomen im Althochdeutschen

	1. Person	2. Person	3. Person
Singular	*mīn*	*dīn*	Mask. / Neutr: *sīn* [Fem.: *ira*]
Plural	*unsēr*	*iuwēr*	[alle Genera: *iro*]

Das Possessivpronomen im Althochdeutschen ist aus verschiedenen anderen Pronomina gebildet worden; es zeigt teilweise unterschiedliches Verhalten.

In der ersten und zweiten Person Singular und Plural ist das Possessivpronomen aus dem Genitiv des Personalpronomens entstanden, das heißt aus *mīn*, *dīn*, *unsēr* und *iuwēr*.

Für die 3. Person Singular Maskulinum und Neutrum wurde die Genitivform des Reflexivpronomens genommen: *sīn*.

Im Singular Femininum und im Plural aller Genera gibt es im Althochdeutschen kein Possessivpronomen. Diese Funktion erfüllt hier, ähnlich wie im Latein, der Genitiv des Personalpronomens der 3. Person Singular Femininum *ira* und der 3. Person Plural *iro* (vgl. lat. *eius* bzw. *eorum, earum*).

Die Flexion der im Althochdeutschen vorhandenen Possessivpronomen richtet sich nach der pronominalen/starken Adjektivflexion. Die starke Endung steht auch nach bestimmtem Artikel. Im Nominativ Singular stehen meistens die endungslosen Formen: *thīn fater* (Tatian 12,6), *sīn fihu* (Tatian 87,3). Diese endungslosen Formen können auch in anderen Kasus auftreten.

Neben der Form *unsēr* können in flektierten Formen Varianten mit *-ar-* auftreten: so etwa *unsaremo* (Tatian 87,3). Die Form *Unsara* (Tatian 87,5) zeigt ebenfalls diese Variante auf, ferner eine alte Endung des Nominativ Plural Maskulinum der pronominalen/starken Flexion auf (*-a* statt *-e*), man vergleiche auch *sīna* (Tatian 87,3).

Übersicht Nr. 18: Adjektivflexion im Althochdeutschen

	Maskulinum		Neutrum		Femininum	
	nom./ schw.	pronom./ stark	nom./ schw.	pronom./ stark	nom./ schw.	pronom./ stark
Sing.						
Nom.	wīs-o	wīs-ēr	wīs-a	wīs-az	wīs-a	wīs-iu
Gen.	wīs-en	wīs-es	wīs-en	wīs-es	wīs-ūn	wīs-era
Dat.	wīs-en	wīs-emo	wīs-en	wīs-emo	wīs-ūn	wīs-eru
Akk.	wīs-on	wīs-an	wīs-a	wīs-az	wīs-ūn	wīs-a
Plur.						
Nom.	wīs-on	wīs-e	wīs-un	wīs-iu	wīs-ūn	wīs-o
Gen.	wīs-ōno	wīs-ero	wīs-ōno	wīs-ero	wīs-ōno	wīs-ero
Dat.	wīs-ōm	wīs-ēm	wīs-ōm	wīs-ēm	wīs-ōm	wīs-ēm
Akk.	wīs-on	wīs-e	wīs-un	wīs -iu	wīs-ūn	wīs-o

Die nominalen/schwachen Adjektivendungen stimmen vollständig mit den Endungen der ersten Klasse der Substantive (*n*-Klasse) überein.

Die pronominalen/starken Adjektivendungen stimmen beinahe vollständig mit der Flexion des Artikels *der, diu, daz* überein.

Die übrigen Formen lassen sich mit Formen anderer Pronomina vergleichen: *wīsēr* entspricht *desēr*, *wīsan* entspricht *desan*, *wīse* entspricht *dese*. Die Endung *-an* in *wīsan* begegnet darüber hinaus auch in *inan*, Akk. Sing. Mask. zum Personalpronomen *er*.

2. Mittelhochdeutsche Grammatik

Übersicht Nr. 19: Starkes Verb im Mittelhochdeutschen: Ablautreihen

Ablaut-reihe		Infinitiv	1. Pers. Sing. Ind.Präs.	1. u. 3. Pers. Sing. Ind.Prät.	1. u. 3. Pers. Plur. Ind.Prät.	Part. Prät.
I.	a)	rîten	rîte	reit	riten	geriten
	b)	zîhen	zîhe	zêh	zigen	gezigen
II.	a)	biegen	biuge	bouc	bugen	gebogen
	b)	bieten	biute	bôt	buten	geboten
III.	a)	binden	binde	bant	bunden	gebunden
	b)	werfen	wirfe	warf	wurfen	geworfen
IV.		nemen	nime	nam	nâmen	genomen
V.		geben	gibe	gap	gâben	gegeben
VI.		varn	var	vuor	vuoren	gevarn
VII.		râten	râte	riet	rieten	gerâten

Erläuterungen zu den mittelhochdeutschen Ablautreihen: Sieh oben die Erläuterungen zu den althochdeutschen Ablautreihen sowie die Tabelle Nr. 2.

Übersicht Nr. 20: Starkes Verb im Mittelhochdeutschen: Flexionsformen

Infinite Formen			Infinitiv	*werfen*
			Partizip Präsens	*werfende*
			Partizip Präteritum	*geworfen*
Finite Formen			Präsens	Präteritum
Indikativ	Singular		1. P. *ich wirfe*	*warf*
			2. P. *dû wirfest*	*würfe*
			3. P. *er, siu, ez wirfet*	*warf*
	Plural		1. P. *wir werfen*	*wurfen*
			2. P. *ir werfet*	*wurfet*
			3. P. *sie werfent*	*wurfen*
Konjunktiv	Singular		1. P. *ich werfe*	*würfe*
			2. P. *dû werfest*	*würfest*
			3. P. *er, siu, ez werfe*	*würfe*
	Plural		1. P. *wir werfen*	*würfen*
			2. P. *ir werfet*	*würfet*
			3. P. *sie werfen*	*würfen*
Imperativ			2. P. Sing. *wirf*	
			2. P. Plur. *werfet*	

Übersicht Nr. 21: Schwaches Verb im Mittelhochdeutschen

Infinite Formen	Inf.		*leben*
	Part.Präs.		*lebende*
	Part.Prät.		*geleb(e)t*
Finite Formen Präsens Indikativ	Singular	1. P. *ich*	*lebe*
		2. P. *dû*	*lebest*
		3. P. *er, siu, ez*	*lebet*
	Plural	1. P. *wir*	*leben*
		2. P. *ir*	*lebet*
		3. P. *sie*	*lebent*
Präsens Konjunktiv	Singular	1. P. *ich*	*lebe*
		2. P. *dû*	*lebest*
		3. P. *er, siu, ez*	*lebe*
	Plural	1. P. *wir*	*leben*
		2. P. *ir*	*lebet*
		3. P. *sie*	*leben*
Präteritum Indikativ	Singular	1. P. *ich*	*leb(e)te*
		2. P. *dû*	*leb(e)test*
		3. P. *er, siu, ez*	*leb(e)te*
	Plural	1. P. *wir*	*leb(e)ten*
		2. P. *ir*	*leb(e)tet*
		3. P. *sie*	*leb(e)ten*
Präteritum Konjunktiv	Singular	1. P. *ich*	*leb(e)te*
		2. P. *dû*	*leb(e)test*
		3. P. *er, siu, ez*	*leb(e)te*
	Plural	1. P. *wir*	*leb(e)ten*
		2. P. *ir*	*leb(e)tet*
		3. P. *sie*	*leb(e)ten*
Imperativ	Singular	2. P.	*lebe*
	Plural	2. P.	*lebet*

Übersicht Nr. 22: Präterito-Präsentien im Mittelhochdeutschen

Ablautreihe	Präsens Indikativ			Infinitiv	Präteritum		
	1.u.3. Pers. Sing.	2. Pers. Sing.	1.u.3. Pers. Plur.		1.u.3. Pers. Sing. Ind.	1.u.3. Pers. Sing. Konj.	Part.
I.	weiz	weist	wizzen	wizzen	wisse	wisse	gewist
					wesse	wesse	gewest
					wiste	wiste	
					weste	weste	
			eigen				eigen
II.	touc		tugen	tugen	tohte	töhte	
			tügen	tügen			
III.	gan	ganst	gunnen	gunnen	gunde	günde	gegunnen
			günnen	günnen	gonde	gunde	gegunnet
	kan	kanst	kunnen	kunnen	kunde	künde	
			künnen	künnen	konde	kunde	
	darf	darft	durfen	durfen	dorfte	dörfte	
			dürfen	dürfen			
	tar	tarst	turren	turren	torste	törste	
			türren	türren			
IV.	sol	solt	soln	soln	solde	sölde	
	sal		suln	suln	solte	solte	
			süln	süln			
V.	mac	maht	mugen	mugen	mahte	mähte	
			mügen	mügen	mohte	möhte	
			magen	magen			
			megen	megen			
VI.	muoz	muost	müezen	müezen	muose	müese	
					muoste	müeste	

Übersicht Nr. 23: Das Verb *sîn* im Mittelhochdeutschen

Präsens		Indikativ	Konjunktiv
Singular	1. P. *ich*	*bin*	*sî*
	2. P. *dû*	*bist*	*sîst*
	3. P. *er, siu, ez*	*ist*	*sî*
Plural	1. P. *wir*	*birn, sîn, sint*	*sîn*
	2. P. *ir*	*birt, bint, sît, sint*	*sît*
	3. P. *sie*	*sint*	*sîn*

Übersicht Nr. 24: Das Verb *tuon* im Mittelhochdeutschen

			Indikativ	Konjunktiv
Präsens	Singular	1. P. *ich*	*tuon*	*tuo*
		2. P. *dû*	*tuost*	*tuost*
		3. P. *er, siu, ez*	*tuot*	*tuo*
	Plural	1. P. *wir*	*tuon*	*tuon*
		2. P. *ir*	*tuot*	*tuot*
		3. P. *sie*	*tuont*	*tuon*
Präteritum	Singular	1. P. *ich*	*tete, tet*	*tæte*
		2. P. *dû*	*tæte*	*tætest*
		3. P. *er, siu, ez*	*tete, tet*	*tæte*
	Plural	1. P. *wir*	*tâten*	*tæten*
		2. P. *ir*	*tâtet*	*tætet*
		3. P. *sie*	*tâten*	*tæten*

Übersicht Nr. 25: Das Verb *wellen* im Mittelhochdeutschen

Präsens		Indikativ	Konjunktiv
Singular	1. P. *ich*	wile, wil	welle
	2. P. *dû*	wile, wil, wilt	wellest
	3. P. *er, siu, ez*	wile, wil	welle
Plural	1. P. *wir*	wellen, weln	wellen
	2. P. *ir*	wellet, welt	wellet
	3. P. *sie*	wellent, welnt, wellen	wellen

Übersicht Nr. 26: Die Verben *gân/gên, stân/stên, hân, lân* im Mittelhochdeutschen

Diese verkürzten Verben flektieren im Indikativ Präsens nach einem einheitlichen Muster. Der Konjunktiv unterscheidet sich nur in der 3. Person: *gâ* gegenüber *gât*, *gân* gegenüber *gânt*.

Präsens		Indikativ
Singular	1. P. *ich*	gân
	2. P. *dû*	gâst
	3. P. *er, siu, ez*	gât
Plural	1. P. *wir*	gân
	2. P. *ir*	gât
	3. P. *sie*	gânt

Übersicht Nr. 27: Die Substantivflexion im Mittelhochdeutschen

		1.	2.	3.	4.
Mask.	Sing.				
	Nom.	der bote		der tac	der gast
	Gen.	des boten		des tages	des gastes
	Dat.	dem boten		dem tage	dem gaste
	Akk.	den boten		den tac	den gast
	Plur.				
	Nom.	die boten		die tage	die geste
	Gen.	der boten		der tage	der geste
	Dat.	den boten		den tagen	den gesten
	Akk.	die boten		die tage	die geste
Neutr.	Sing.				
	Nom.	daz herze		daz wort	daz blat
	Gen.	des herzen		des wortes	des blates
	Dat.	dem herzen		dem worte	dem blate
	Akk.	daz herze		daz wort	daz blat
	Plur.				
	Nom.	diu herzen		diu wort	diu bleter
	Gen.	der herzen		der worte	der bleter
	Dat.	den herzen		den worten	den bletern
	Akk.	diu herzen		diu wort	diu bleter
Fem.	Sing.				
	Nom.	diu zunge	diu gebe	diu zît	diu kraft
	Gen.	der zungen	der gebe	der zîte	der kraft/krefte
	Dat.	der zungen	der gebe	der zîte	der kraft/krefte
	Akk.	die zungen	die gebe	die zît	die kraft
	Plur.				
	Nom.	die zungen	die gebe	die zîte	die krefte
	Gen.	der zungen	der geben	der zîte	der krefte
	Dat.	den zungen	den geben	den zîten	den kreften
	Akk.	die zungen	die gebe	die zîte	die krefte

Übersicht Nr. 28: Das Personalpronomen der 1. und 2. Person im Mittelhochdeutschen

		1. Person	2. Person
Sing.	Nom.	*ich*	*dû*
	Gen.	*mîn*	*dîn*
	Dat.	*mir*	*dir*
	Akk.	*mich*	*dich*
Plur.	Nom.	*wir*	*ir*
	Gen.	*unser*	*iuwer, iur*
	Dat.	*uns*	*iu, iuch*
	Akk.	*unsich, uns*	*iuch*

Im Mittelhochdeutschen wird im Akkusativ Plural der 1. Person auch die Dativform *uns* verwendet, im Dativ Plural der 2. Person auch die Akkusativform *iuch*. Zum Neuhochdeutschen hin setzen sich diese Formen ganz durch: Dat. Akk. Plur. *uns, euch*.

Übersicht Nr. 29: Das Personalpronomen der 3. Person im Mittelhochdeutschen

		Maskulinum	Neutrum	Femininum
Sing.	Nom.	*er*	*ez*	*siu, si, sie*
	Gen.	*sîn, (es)*	*es, sîn*	*ire, ir*
	Dat.	*ime, im*	*ime, im*	*ire, ir*
	Akk.	*in*	*ez*	*sie, si*
Plur.	Nom.	*sie, si*	*siu, sie, si*	*sie, si*
	Gen.	*ire, ir*	*ire, ir*	*ire, ir*
	Dat.	*in*	*in*	*in*
	Akk.	*sie, si*	*siu, sie, si*	*sie, si*

Übersicht Nr. 30: Das Reflexivpronomen im Mittelhochdeutschen (3. Person)

		Maskulinum	Neutrum	Femininum
Sing.	Gen.	*sîn*	*sîn*	*ir*
	Dat.	*im, ime*	*im, ime*	*ir, ire*
	Akk.	*sich*	*sich*	*sich*
Plur.	Gen.	*ir, ire*		
	Dat.	*in*		
	Akk.	*sich*		

Übersicht Nr. 31: Artikel und Demonstrativpronomen im Mittelhochdeutschen

		Maskulinum	Neutrum	Femininum
Sing.	Nom.	*der*	*daz*	*diu*
	Gen.	*des*	*des*	*dere, der*
	Dat.	*deme, dem*	*deme, dem*	*dere, der*
	Akk.	*den*	*daz*	*die*
Plur.	Nom.	*die*	*diu*	*die*
	Gen.	*dere, der*	*dere, der*	*dere, der*
	Dat.	*den*	*den*	*den*
	Akk.	*die*	*diu*	*die*

Im Mittelhochdeutschen existiert noch eine Instrumentalform *diu*, die jedoch fast nur noch in Kombination mit Präpositionen erscheint, z. B. *after diu* 'nachher', *mit diu* 'während'.

Übersicht Nr. 32: Das Interrogativpronomen im Mittelhochdeutschen

Das Interrogativpronomen tritt nur im Singular, und da nur in den Formen des Maskulinums und des Neutrums auf. Für das Femininum gelten die maskulinen Formen.

		Maskulinum/ Femininum	Neutrum
Sing.	Nom.	wer	waz
	Gen.	wes	wes
	Dat.	weme, wem	weme, wem
	Akk.	wen	waz

Im Mittelhochdeutschen existiert noch eine Instrumentalform *wiu*, die fast nur noch in Verbindung mit Präpositionen vorkommt, z.B. *mit wiu* 'womit'.

Übersicht Nr. 33: Das zusammengesetzte Demonstrativpronomen im Mittelhochdeutschen

		Maskulinum	Neutrum	Femininum
Sing.	Nom.	dise diser dirre	diz ditze	disiu
	Gen.	dises	dises	diser dirre
	Dat.	diseme disem	diseme disem	diser dirre
	Akk.	disen	diz ditze	dise
Plur.	Nom.	dise	disiu	dise
	Gen.	diser, dirre		
	Dat.	disen		
	Akk.	dise	disiu	dise

Die Neutrumform *diz* enthält die Affrikate *ts*.

Übersicht Nr. 34: Das Possessivpronomen im Mittelhochdeutschen

	1. Person	2. Person	3. Person
Singular	*mîn*	*dîn*	Mask. / Neutr: *sîn* [Fem.: *ir*]
Plural	*unser*	*iuwer*	[alle Genera: *ir*]

Im Mittelhochdeutschen werden die Possessivpronomen *mîn*, *dîn*, *sîn*, *unser* und *iuwer* gebraucht. *sîn* wird bei der 3. Person für Maskulinum und Neutrum Singular gebraucht, im Femininum und im Plural aller Genera steht die Genitivform des Personalpronomens: *ir*. Diese wird gewöhnlich nicht flektiert.

Auch die Formen *mîn*, *dîn*, *unser* und *iuwer* gehen auf ehemalige Genitivformen des Personalpronomens der 1. und 2. Person Singular und Plural zurück; die Form *sîn* (Maskulinum, Neutrum) lässt sich auf den Genitiv des Reflexivpronomens zurückführen.

Die Possessivpronomen zeigen die Flexion der Adjektive (pronominal/stark; nominal/schwach). Nach bestimmtem Artikel findet sich die starke (neben der nominalen/schwachen) Endung. Ähnlich wie bei den Adjektiven kann auch die endungslose Variante benutzt werden, und zwar im Nominativ Singular aller Genera und im Akkusativ Singular Neutrum.

Übersicht Nr. 35: Adjektivflexion im Mittelhochdeutschen

	Maskulinum		Neutrum		Femininum	
	nom./schw.	pronom./stark	nom./schw.	pronom./stark	nom./schw.	pronom./stark
Sing.						
Nom.	*wîs-e*	*wîs-er*	*wîs-e*	*wîs-ez*	*wîs-e*	*wîs-iu*
Gen.	*wîs-en*	*wîs-es*	*wîs-en*	*wîs-es*	*wîs-en*	*wîs-er*
Dat.	*wîs-en*	*wîs-em*	*wîs-en*	*wîs-em*	*wîs-en*	*wîs-er*
Akk.	*wîs-en*		*wîs-e*	*wîs-ez*	*wîs-en*	*wîs-e*
Plur.						
Nom.	*wîs-en*	*wîs-e*	*wîs-en*	*wîs-iu*	*wîs-en*	*wîs-e*
Gen.	*wîs-en*	*wîs-er*	*wîs-en*	*wîs-er*	*wîs-en*	*wîs-er*
Dat.	*wîs-en*		*wîs-en*		*wîs-en*	
Akk.	*wîs-en*	*wîs-e*	*wîs-en*	*wîs-iu*	*wîs-en*	*wîs-e*

Die nominalen/schwachen Adjektivendungen stimmen vollständig mit den Endungen der 1. Klasse der Substantive (*n*-Klasse) überein.

Die pronominalen/starken Adjektivendungen stimmen beinahe vollständig mit der Flexion des Artikels *diu* überein. Die übrigen Formen lassen sich mit Formen anderer Pronomina vergleichen: so entspricht etwa *wîs-e* dem Pronomen *dise*.

3. Historische Phonologie

Übersicht Nr. 36: Entwicklung des Konsonantismus

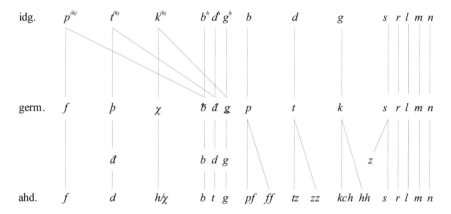

Übersicht Nr. 37: Entwicklung des Vokalismus

Kurzvokale

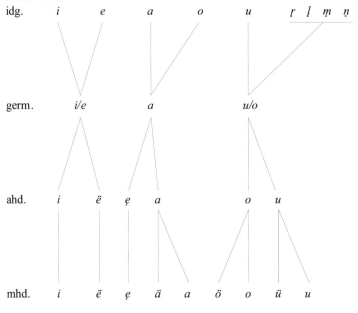

Langvokale und Diphthonge

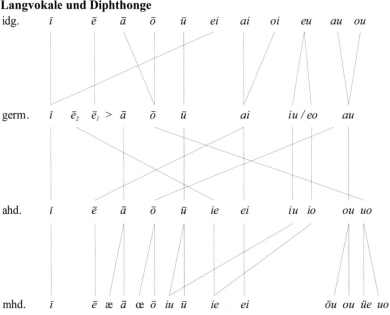

Übersicht Nr. 38: Die Struktur der Ablautreihen

I.

idg.	ei		oi		i
germ.	ī		ai		i/e
ahd.	ī	ī	ei/ē	i	i
a)	rītan	rītu	reit	ritun	giritan
b)	zīhan	zīhu	zēh	zigun	gizigan

II.

idg.	eu		ou		u
germ.	eo/iu		au		u/o
ahd.	io	iu	ou/ō	u	o
a)	biogan	biugu	boug	bugun	gibogan
b)	biotan	biutu	bōt	butun	gibotan

III.

idg.	e		o		Ø
germ.	i/e		a		u/o
ahd.	i/e	i	a	u	u/o
a)	bintan	bintu	bant	buntun	gibuntan
b)	werfan	wirfu	warf	wurfun	giworfan

IV.

idg.	e		o	ē	Ø
germ.	e/i		a	ē₁	u/o
ahd.	e	i	a	ā	o
	neman	nimu	nam	nāmun	ginoman

V.

idg.	e		o	ē	e
germ.	e/i		a	ē₁	i/e
ahd.	e	i	a	ā	e
	geban	gibu	gab	gābun	gigeban

VI.

idg.	a/o		ō/ā		a/o
germ.	a	a	ō	ō	a
ahd.	a	a	uo	uo	a
	faran	faru	fuor	fuorun	gifaran

4. Sprachgeschichtliche Grundlagen

Übersicht Nr. 39: Die Überlieferungsorte althochdeutscher Schriftlichkeit

aus: St. Sonderegger, Althochdeutsche Sprache und Literatur. Eine Einführung ins älteste Deutsch. Darstellung und Grammatik, 3. A. Berlin/New York 2003, S. 57

Übersicht Nr. 40: Gliederung der deutschen Dialekte

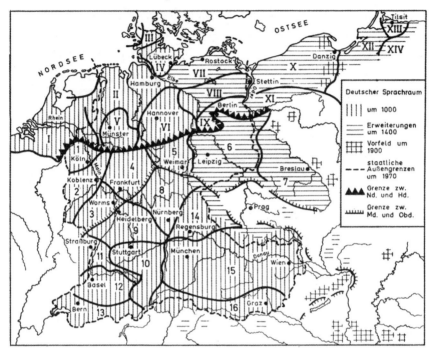

aus: C. J. Hutterer, Die germanischen Sprachen. Ihre Geschichte in Grundzügen, Nachdruck der 4. A. Wiesbaden 2002, S. 371

Niederdeutscher Raum:
Westniederdeutsch: I Niederfränkisch, II Nordsächsisch, III Schleswigisch, IV Holsteinisch, V Westfälisch, VI Ostfälisch;
Ostniederdeutsch: VII Mecklenburgisch, VIII Nordbrandenburgisch (Nordmärkisch), IX Südbrandenburgisch (Mittelmärkisch), X Nordostpommersch, XI Südostpommersch, XII Westniederpreußisch, XIII Ostniederpreußisch, XIV Südpreußisch;

Mitteldeutscher Raum:
Westmitteldeutsch: 1 Ribuarisch, 2 Moselfränkisch (1 und 2 = Mittelfränkisch), 3 Pfälzisch, 4 Hessisch (3 und 4 = Rheinfränkisch);
Ostmitteldeutsch: 5 Thüringisch, 6 Obersächsisch, 7 Schlesisch;

Oberdeutscher Raum:
Fränkisch: 8 Ostfränkisch, 9 Südfränkisch;
Schwäbisch-Alemannisch: 10 Schwäbisch, 11 Niederalemannisch, 12 Oberalemannisch, 13 Hochalemannisch;
Bairisch-Österreichisch: 14 Nordbairisch, 15 Donaubairisch (Mittelbairisch), 16 Südbairisch

Literaturverzeichnis

Althochdeutsche Grammatik und Lexikographie

Wilhelm *Braune* – Ingo *Reiffenstein*, Althochdeutsche Grammatik, I. Laut- und Formenlehre, 15. Auflage Tübingen 2004
Richard *Schrodt*, Althochdeutsche Grammatik, II. Syntax, Tübingen 2004 (umfassende Darstellung, in der auch die Besonderheiten der einzelnen Texte behandelt werden)
Josef *Schatz*, Althochdeutsche Grammatik, Göttingen 1927
Johannes *Franck*, Altfränkische Grammatik, 2. Auflage von Rudolf Schützeichel, Göttingen 1971 (Darstellung der Sprache der mittelfränkischen, rheinfränkischen und ostfränkischen Texte)
Josef *Schatz*, Altbairische Grammatik, Göttingen 1907

Althochdeutsches Wörterbuch. Auf Grund der von Elias von Steinmeyer hinterlassenen Sammlungen im Auftrag der Sächsischen Akademie der Wissenschaften zu Leipzig bearbeitet und herausgegeben von Elisabeth Karg-Gasterstädt und Theodor Frings, Iff., Berlin 1968ff. (umfassendes Werk mit Angabe aller Belegstellen und Interpretation nach Form und Bedeutung; noch nicht vollständig erschienen)
Rudolf *Schützeichel*, Althochdeutsches Wörterbuch, 6., überarbeitete und um die Glossen erweiterte Auflage Tübingen 2006 (enthält den Wortschatz der literarischen Denkmäler sowie Verweise auf den Glossenwortschatz; in der Einleitung Verzeichnis der althochdeutschen Texte mit Angabe der Handschriften, der Editionen und der Spezialwörterbücher)
Rudolf *Schützeichel*, Althochdeutscher und altsächsischer Glossenwortschatz, I-XII, Tübingen 2004
Althochdeutsches Glossenwörterbuch einschließlich des von Taylor Starck begonnenen Glossenindexes. Zusammengetragen, bearbeitet und herausgegeben von John C. Wells, Heidelberg 1990
Eberhard Gottlieb *Graff*, Althochdeutscher Sprachschatz, I-VII, Berlin 1834-1846 (immer noch unentbehrliches Hilfsmittel für den Gesamtbereich der zur damaligen Zeit bekannten Texte und Glossen)

Mittelhochdeutsche Grammatik und Lexikographie

Hermann *Paul*, Mittelhochdeutsche Grammatik. 25. Auflage, neu bearbeitet von Thomas Klein – Hans-Joachim Solms – Klaus-Peter Wegera. Mit einer Syntax von Ingeborg Schröbler, neubearbeitet und erweitert von Heinz-Peter Prell. Tübingen 2007 (umfassende Darstellung, in der auch die Besonderheiten wichtiger Texte behandelt werden)
Helmut *de Boor* – Roswitha *Wisniewski*, Mittelhochdeutsche Grammatik, 10. Auflage Berlin 1998
Victor *Michels* – Hugo *Stopp*, Mittelhochdeutsche Grammatik, 5. Auflage Heidelberg 1979

Karl *Weinhold*, Mittelhochdeutsche Grammatik, 2. Auflage 1883, Nachdruck Paderborn 1967

Georg Friedrich *Benecke* – Wilhelm *Müller* – Friedrich *Zarncke*, Mittelhochdeutsches Wörterbuch, I-III, Leipzig 1854-1866, Nachdruck Stuttgart 1990
Matthias *Lexer*, Mittelhochdeutsches Handwörterbuch, I-III, Leipzig 1872-1878, Nachdruck Stuttgart 1992
Kurt *Gärtner* – Christoph *Gerhardt* – Jürgen *Jaehrling* – Ralf *Plate* – Walter *Röll* – Erika *Timm* – Datenverarbeitung Gerhard *Hanrieder*, Findebuch zum mittelhochdeutschen Wortschatz. Mit einem rückläufigen Index, Stuttgart 1992
Matthias *Lexer*, Mittelhochdeutsches Taschenwörterbuch, 38. Auflage Stuttgart 1992 (auf dem Handwörterbuch beruhende kleinere Ausgabe ohne Belegstellen)
Beate *Hennig*, Kleines Mittelhochdeutsches Wörterbuch. In Zusammenarbeit mit Christa Hepfer und unter redaktioneller Mitwirkung von Wolfgang Bachofer, 3., ergänzend bearbeitete Auflage Tübingen 1998

Mittelhochdeutsche Wörterbücher im Verbund. Die wichtigsten lexikographischen Hilfsmittel für das Studium älterer deutscher Texte auf CD-ROM. Herausgegeben von Thomas Burch, Johannes Fournier, Kurt Gärtner, Stuttgart 2002 (sieh auch die Internetversion: www.mwv.uni-trier.de)

Altsächsische Grammatik und Lexikographie

Johan Hendrik *Gallée*, Altsächsische Grammatik, 3. Auflage mit Berichtigungen und Literaturnachträgen von Heinrich Tiefenbach, Tübingen 1993
Gerhard *Cordes*, Altniederdeutsches Elementarbuch. Wort- und Lautlehre. Mit einem Kapitel 'Syntaktisches' von Ferdinand Holthausen, Heidelberg 1973

Ferdinand *Holthausen*, Altsächsisches Wörterbuch, 2. Auflage Münster – Köln 1967
Edward Henry *Sehrt*, Vollständiges Wörterbuch zum Heliand und zur altsächsischen Genesis, 2. Auflage Göttingen 1966

Indogermanisch und Germanisch

Hans *Krahe*, Indogermanische Sprachwissenschaft, Sammlung Göschen 2227, 6. Auflage Berlin 1985
Michael *Meier-Brügger*, Indogermanische Sprachwissenschaft. Unter Mitarbeit von Matthias Fritz und Manfred Mayrhofer. Nach der früheren Darstellung von Hans Krahe. 8., überarbeitete und ergänzte Auflage. Berlin 2002
Robert *Schmitt*-Brandt, Einführung in die Indogermanistik, Tübingen – Basel 1998
Oswald *Szemerényi*, Einführung in die vergleichende Sprachwissenschaft, 4. Auflage Darmstadt 1990
Hans *Krahe* – Wolfgang *Meid*, Germanische Sprachwissenschaft, I, Sammlung Göschen 238, 7. Auflage Berlin 1969; II, Sammlung Göschen 780, 7. Auflage Berlin 1969; III, Sammlung Göschen 1218/1218a/1218b, Berlin 1967
Claus Jürgen *Hutterer*, Die germanischen Sprachen. Ihre Geschichte in Grundzügen, Nachdruck der 4. ergänzten Auflage Wiesbaden 2002

Sprachgeschichte

Sprachgeschichte. Ein Handbuch zur Geschichte der deutschen Sprache und ihrer Erforschung. Vollständig neu bearbeitete und erweiterte Auflage. Herausgegeben von Werner Besch, Anne Betten, Oskar Reichmann, Stefan Sonderegger, Teilband 1-4, Berlin New York 1998 – 2004

Adolf *Bach*, Geschichte der deutschen Sprache, 9., durchgesehene Auflage Heidelberg 1970

Hans *Eggers*, Deutsche Sprachgeschichte, I. Das Althochdeutsche und das Mittelhochdeutsche, II. Das Frühneuhochdeutsche und das Neuhochdeutsche, Hamburg 1986

Randolf E. *Keller*, Die deutsche Sprache und ihre historische Entwicklung. Bearbeitet und übertragen aus dem Englischen, mit einem Begleitwort sowie einem Glossar versehen von Karl-Heinz Mulagk, 2. Auflage Hamburg 1995

Moser–Wellmann–Wolf, Geschichte der deutschen Sprache, I. Althochdeutsch – Mittelhochdeutsch. Von Norbert Richard Wolf, Heidelberg 1981

Damaris *Nübling* (in Zusammenarbeit mit Antje Dammel, Janet Duke und Renata Szczepaniak), Historische Sprachwissenschaft des Deutschen. Eine Einführung in die Prinzipien des Sprachwandels. Tübingen 2006

Wilhelm *Schmidt*, Geschichte der deutschen Sprache. Ein Lehrbuch für das germanistische Studium, 10., verbesserte Auflage, erarbeitet unter der Leitung von Helmut Langner und Norbert Richard Wolf, Stuttgart 2007

Christopher J. *Wells*, Deutsch: eine Sprachgeschichte bis 1945. Aus dem Englischen von Rainhild Wells, Tübingen 1990

Dialektologie

Hermann *Niebaum* – Jürgen Macha, Einführung in die Dialektologie des Deutschen, 2., neubearbeitete Auflage Tübingen 2006

Linguistische Lexika und Nachschlagewerke

Lexikon der Sprachwissenschaft. Herausgegeben von Hadumod Bußmann, 3., aktualisierte und erweiterte Auflage Stuttgart 2002

Werner *König*, dtv-Atlas Deutsche Sprache, 14. Auflage München 2004

Metzler Lexikon Sprache, 3., neubearbeitete Auflage. Herausgegeben von Helmut Glück, Stuttgart – Weimar 2005

Mediävistische Lexika

Die *deutsche* Literatur des Mittelalters. Verfasserlexikon, herausgegeben von Wolfgang Stammler und Karl Langosch, I-V, Berlin 1933-1955; 2. völlig neu bearbeitete Auflage herausgegeben von Kurt Ruh, zusammen mit Gundolf Keil, Werner Schröder, Burghart Wachinger, Franz Josef Worstbrock, I-XII, Berlin – New York 1978-2006 (alphabetisch nach Verfassern oder Titeln angeordnete Einzelartikel zur gesamten deutschen Literatur des Mittelalters)

Reallexikon der deutschen Literaturgeschichte. Begründet von Paul Merker und Wolfgang Stammler; 2. Auflage, I-III, herausgegeben von Werner Kohlschmidt und Wolfgang Mohr; IV, herausgegeben von Klaus Kanzog und Achim Masser, V. Sachregister, Berlin 1958-1988 (alphabetisch nach Sachbegriffen angeordnete Einzeldarstellungen zur gesamten deutschen Literatur)
Reallexikon der deutschen Literaturwissenschaft. Neubearbeitung des Reallexikons der deutschen Literaturgeschichte. Gemeinsam mit Harald Fricke, Klaus Grubmüller und Jan-Dirk Müller herausgegeben von Klaus Weimar, Iff. Berlin – New York 1997ff.

Sachwörterbuch der Mediävistik. Unter Mitwirkung zahlreicher Fachgelehrter und unter Verwendung der Vorarbeiten von Hans-Dieter Mück, Ulrich Müller, Franz Viktor Spechtler und Eugen Thurnher herausgegeben von Peter Dinzelbacher, Stuttgart 1992
Reallexikon der Germanischen Altertumskunde, herausgegeben von Johannes Hoops, I-IV, 1911-1919; 2. Auflage herausgegeben von Heinrich Beck, Herbert Jankuhn, Hans Kuhn, Kurt Ranke, Reinhard Wenskus, Iff. Berlin 1973ff.
Lexikon des Mittelalters, I-IX, München – Zürich 1980-1998

Handwörterbuch zur deutschen Rechtsgeschichte. Herausgegeben von Adalbert Erler und Ekkehard Kaufmann, I-V, Berlin 1971-1998; 2. völlig neubearbeitete und erweiterte Auflage herausgegeben von Albrecht Cordes, Heiner Lück, Dieter Werkmüller und Ruth Schmidt-Wiegand als philologischer Beraterin, Iff. Berlin 2004ff.
Lexikon für Theologie und Kirche. Begründet von Michael Buchberger. 3., völlig neu bearbeitete Auflage. Herausgegeben von Walter Kaspar, I-XI, Freiburg/Breisgau u.a. 1993-2001
Die *Religion* in Geschichte und Gegenwart. Handwörterbuch für Theologie und Religionswissenschaft, I-VII, 3. Auflage Tübingen 1957-1965; 4., völlig neu bearbeitete Auflage, Iff., Tübingen 1998ff.
Die *Musik* in Geschichte und Gegenwart. Allgemeine Enzyklopädie der Musik, I-XVII, Kassel u.a. 1949-1986; 2. Auflage, Iff. Kassel 1994ff.
Reallexikon zur deutschen Kunstgeschichte. Begonnen von Otto Schmitt. Herausgegeben vom Zentralinstitut für Kunstgeschichte, Iff., Stuttgart – München 1937ff.

Paläographie – Handschriftenkunde – Bibliotheksgeschichte

Bernhard *Bischoff*, Paläographie des römischen Altertums und des abendländischen Mittelalters, 3. Auflage Berlin 2004
Bernhard *Bischoff*, Mittelalterliche Studien. Ausgewählte Aufsätze zur Schriftkunde und Literaturgeschichte, I-III, Stuttgart 1966-1981
Karin *Schneider*, Paläographie und Handschriftenkunde für Germanisten. Eine Einführung, Tübingen 1999

Deutsche Schrifttafeln des neunten bis sechzehnten Jahrhunderts aus Handschriften der Bayerischen Staatsbibliothek in München, herausgegeben von Erich Petzet und Otto Glauning, I-V, Leipzig 1910-1930, Nachdruck Hildesheim 1975
Hanns *Fischer*, Schrifttafeln zum althochdeutschen Lesebuch, Tübingen 1966

Handbuch der Bibliothekswissenschaft, begründet von Fritz Milkau, 2. Auflage herausgegeben von Georg Leyh, III, Geschichte der Bibliotheken, 1-2, Wiesbaden 1955-1957

Paul *Lehmann*, Erforschung des Mittelalters. Ausgewählte Abhandlungen und Aufsätze, I-V, Stuttgart 1959-1962

Karl *Löffler*, Einführung in die Handschriftenkunde, 2. Auflage von Wolfgang Milde, Stuttgart 1997

Klemens *Löffler*, Deutsche Klosterbibliotheken, Bücherei der Kultur und Geschichte 27, 2. Auflage Köln 1922

James W. *Thompson*, The Medieval Library, The University of Chicago. Studies in Library Science, 3. Auflage New York u.a. 1967

Wilhelm *Wattenbach*, Das Schriftwesen im Mittelalter, 3. Auflage Leipzig 1896, Nachdruck 1958

Handbücher und Atlanten zur Geschichte des Mittelalters

dtv-Atlas zur Weltgeschichte. Karten und chronologischer Abriß, I, Von den Anfängen bis zur Französischen Revolution, herausgegeben von Hermann Kinder, Werner Hilgemann, 37. Auflage 2004

Die verschiedenen Handbuchreihen und umfassenden Darstellungen zur europäischen und deutschen Geschichte des Mittelalters und der Neuzeit können hier nicht aufgeführt werden. Es werden lediglich drei Bücher zum Frühmittelalter und damit zur althochdeutschen Zeit genannt, mit deren Hilfe weitere Literatur ermittelt werden kann. Der Band von J. Fried enthält eine besonders umfangreiche Bibliographie, die auch die Handbuchreihen wie z.B. den 'Gebhardt' aufführt.

Johannes *Fried*, Die Formierung Europas 840-1046, 3. Auflage München 2007

Arnold *Angenendt*, Das Frühmittelalter. Die abendländische Christenheit von 400-900, 3. Auflage Stuttgart – Berlin – Köln 2001

Rudolf *Schieffer*, Die Karolinger, 4. Auflage Stuttgart – Berlin – Köln 2006

Internetportal zur deutschen und lateinischen Literatur im Mittelalter:

www.mediaevum.de

Register

Das Register ergänzt das Inhaltsverzeichnis und erschließt vor allem Termini und Definitionen. In der Regel wird vor allem auf dafür relevante Stellen verwiesen.

Ablaut 18-20, 22, 25, 27, 35, 60f., 64, 67, 69, 74, 78, 122-124, 132, 197
  qualitativer 124
  quantitativer 124
Ablautreihe 14, 34, 103, 105f., 111, 115, 117f., 122-124, 221
  ahd. 17-22, 25, 167, 170, 194-197
  mhd. 60-62, 64, 67f., 73, 75-77, 196, 208
Ablautreihe 122
Ablautreihe IV, besondere Verben 23, 65
Ablautreihe VI, umlautende Verben 24, 66
Ablautreihe VII, umlautende Verben 24, 66
'Abrogans' 146
Abstufung s. Ablaut, quantitativer
Abtönung s. Ablaut, qualitativer
Adjektiv
  Komparation 57, 95
  Stammklassen 56, 93
Adjektivabstraktum 49
Adjektivadverb 57, 94
Adjektivflexion
  ahd. 54-57, 93, 207
  mhd. 91-94, 218
  nhd. 54, 91
Adverb
  ahd. 57
  Komparation 57, 95
  mhd. 94
Affrikate 90, 109-112, 205, 217
Afrikaans 127
Akkusativ-Infinitiv-Konstruktion, lat 165
Alemannisch 113, 135-138, 149, 151, 224

Allophon 102
Alphabet, lat. 114, 139f.
Altenglisch 104, 106, 127
Altfriesisch 106, 127, 135
Althochdeutsch
  älteres 42, 52, 112, 169, 204
  Aussprache 139f.
  Schreibung 139f.
  sprachgeographische Gliederung 108, 111f., 135
  Überlieferung 111, 125, 135, 139, 142, 144, 223
  zeitliche Gliederung 112, 125, 135, 137
Altniederdeutsch s. Altsächsisch
Altniederländisch 127
Altnordisch 106, 127
Altsächsisch 14, 106, 108-111, 127, 135, 137, 148, 176, 226
Analogie 24, 66, 79, 105
Anfangsakzent, germ. 41, 101f.
Apokope 68, 84, 87f., 121, 125, 134
Artikel, bestimmter
  ahd. 45, 51-57, 176, 204, 206f.
  mhd. 89-94, 216, 218
Artikel, unbestimmter
  mhd. 94
Artikulationsart 19, 61, 98f., 101
Artikulationsstelle 98-100
Aspiration 98
Assimilation, partielle 118, 120
Auslautverhärtung 68, 78, 114, 125, 140
'Auslegung des Vaterunsers' 12

Bairisch 113, 224
Bedeutungsermittlung
  im Ahd. 151-154
  im Mhd. 159-163

Bedeutungswandel 153f.
beginnen, begunde 73f., 186
Behauchung 98f.
Benediktinerregel, ahd. 147
Benrather Linie 112f.
Berührungseffekt, primärer 35f., 73f., 76, 78f., 104f., 158
Bestimmungswort 24, 66
Bibeldichtung 137, 148
Bibelübersetzung
  ahd. 135, 147
  got. 127
Bindevokal 28, 31f., 36, 70, 73f., 79, 105f., 158
bispurnan 150, 166f.
brāht, brâht 25, 67
brāhta, brâhte 31, 74, 104, 106, 190
Brechung 115
brehhan, brechen 23, 65, 195
brestan, bresten 195
bringan s. *brāht, brāhta*
Buchdruck 144, 157
burg 49, 57, 136, 166, 168, 173
Burgundisch 127

'Christus und die Samariterin' 37, 49, 50, 52, 138, 140f., 148, 151, 171f.
Codex 144
  Codex Argenteus 127
  Codex Manesse 156

dāhta, dâhte (< *denken*) 31, 73f., 104f., 116, 118, 158
dahte (< *decken*) 158, 189
dat/das-Linie 113
'De Heinrico' 148
Dehnstufe 124, 132
Demonstrativpronomen
  ahd. 51f., 89, 204
  mhd. 90, 216
  zusammengesetztes, ahd. 52, 205
  zusammengesetztes, mhd. 90, 217
  zusammengesetztes, nhd. 52, 90
Dental 19, 36, 61, 64, 73f., 79, 98f., 104f., 119, 195, 197

Dentalsuffix 27, 32-34, 36, 69, 74f., 76, 78f.
Deutsch, Sprachstufen 125f.
Diachronie 41, 54, 83, 91, 126
Dialekte
  altgermanische 97, 127f., 135
  dt., Gliederung 111-113, 224
Diphthong 19, 25, 28, 32, 35f., 62, 67, 70, 74, 77, 79, 105f., 109, 115f., 118-121, 125, 140, 155, 220
Diphthongierung
  ahd. 118, 132, 136
  nhd. 134
Distribution, komplementäre 88, 102, 115
Doppelkonsonanz s. auch Konsonantengemination
  Vereinfachung im Auslaut 23, 34, 77, 105, 109, 111, 113, 132
  Vereinfachung im Morphemauslaut 158
  Vereinfachung nach Diphthong 36, 79, 105f., 109
  Vereinfachung nach Langvokal 106, 109, 111
Doppelreibelaut (Doppelfrikativ) 105, 109
dorp/dorf-Linie 113
dūhta, dûhte 31, 73f., 104f., 116

Endreimvers 148
Endsilbenabschwächung s. Nebensilbenabschwächung
Englisch 97, 104, 126, 132, 140, 142
ēn-Verb 28, 71, 150
  semantische Funktion 30
Erbwort 131f.
erlescan 170
Ersatzdehnung 73f., 103-106, 116
Evangelienharmonie 17, 147f.
Explosiv s. Verschlusslaut

Faktitivum 30
fehtan 195
fihu 48, 108, 168, 206
findan, finden 25, 165, 195

flehtan 195
Flexionsmorphem 18, 21, 28, 60, 63
Formenbestimmung 25, 67
Fremdwort 133
fridu 48
Frikativ s. Reibelaut
Frühneuhochdeutsch 11, 103, 125
Fulda 147f.
funtan, fundan (Part. Prät.) 25, 67, 195

Gaumenlaut s. Velar
Gemeingermanisch 103, 128f.
Gemination s. Konsonantengemination
Genesis, altsächsische 148
Genitivus partitivus 165, 167
Genus 39
'Georgslied' 148
Germanisch 23, 39-41, 46, 48f., 54, 56, 65, 73, 91, 97, 98, 99, 100-119, 122, 126-132, 137, 143, 145, 148, 224
Glossar, ahd. 146
Glosse, ahd. 146, 149
Gotisch 20, 38-41, 104, 106, 108, 124, 127-129, 132
Grammatikalisierung 87, 120f.
Graphem 133, 139, 155
Grundmorphem 17f., 20f., 23f., 27-29, 31, 35f., 39, 60, 62f., 65f., 70, 78f., 195f.
Grundstufe 124
Grundwort 24, 66

hân 81, 184, 190, 213
hant 48, 52, 166, 173, 189
Hartmann von Aue 73, 156, 186
Hauchlaut 108, 140
Heidelberg, Universitätsbibliothek, Cod. Pal. germ 848 (Codex Manesse) 156
'Heliand' 137, 148, 176
'Hildebrandslied' 135, 138, 145, 148, 182f.
Hochdeutsch 112, 137

Inchoativum 30
Indoeuropäisch s. Indogermanisch
Indogermanisch 18, 38, 41, 54, 60, 91, 97-102, 104, 115, 122-124, 129f., 132
Inschriften 127, 145, 156
Interrogativpronomen
 ahd. 52, 166, 204
 mhd. 90, 217
Isidorübersetzung, ahd. 152
i-Umlaut 15, 24, 31, 43, 48, 57, 64, 66, 68, 70-73, 78, 80, 84-88, 93-95, 117f., 120f., 158
<iu> (mhd.) 155

jan-Verb 28, 30-32, 71, 106f., 118, 121, 150
Jiddisch 126f.
j-Präsens 23, 65, 106, 111, 117, 196

Kardinalzahl 165, 167
Karl der Große 142f., 147
Kasus 39, 41f., 44, 45, 47f., 51, 53, 55, 82, 84f., 89f., 92, 206
Kausativum 15, 30, 118
kind/chind-Linie 113
Klöster 144, 145-147, 149
komen 61, 67
Konsonantendehnung s. Konsonantengemination
Konsonantengemination, westgerm. 15, 24, 31, 66, 106, 110f.
Konsonantismus
 ahd. 103, 108-111, 114, 219
 germ. 98-106, 219
 idg. 97-99, 219
 mhd. 114, 158
 nhd. 114
Kontraktion 72-74, 81, 114, 166, 169f., 172, 176, 181, 186, 201

Labial 98f.
lân 81, 213
Latein 53, 97f., 101, 111, 114, 128f., 137, 139, 143-147
Lautverschiebung
 erste 97, 99f., 110, 132

zweite (hochdeutsche) 97, 108-113, 132-137, 158
Lehnwort 97, 131-134
Lemma 146
'Lex Alamannorum' 145
'Lex Salica' 145
Liquid 19, 23, 26, 35, 61, 65, 68, 75, 77, 79, 99, 110f., 113, 115, 123f., 150, 195f.
'Ludwigslied' 148
lūhhan 195
Luxemburgisch 126f.

man 40, 49, 87
Merkmal, artikulatorisches 98
Minuskel
 angelsächsische 144
 karolingische 143
Mittelalter, frühes, Schriftlichkeit 142-144
Mitteldeutsch 112f., 224
Mittelfränkisch 113, 137, 224
'Mittelfränkische Psalmen' 137, 179
Mittelhochdeutsch
 Aussprache 114, 155
 Schreibung 114, 155f.
 Überlieferung 156f.
 zeitliche Gliederung 125
Modalverb, nhd. 80
Modus 20, 62
Monophthongierung
 ahd. 18f., 61, 118f.
 nhd. 132
Moselfränkisch 113, 127, 224
Mundarten s.Dialekte
'Muspilli' 148

naht 49, 56, 110
Nasal 19, 23, 26, 34-36, 61, 65, 73, 75, 77, 79, 99, 111, 114f., 123f., 195f.
Nasalausfall 73f., 103-106, 116, 118
Nasalvokal 133
Nebensilbenabschwächung 41, 68, 71, 79, 84, 93, 95, 118, 120f., 125, 138

Neuhochdeutsch 11, 20, 38f., 48, 51f., 54, 62f., 72, 81, 91, 97f., 101, 103, 114, 121, 125, 132, 139, 140, 153-158
 Aussprache 139, 155f.
 Dehnung in offener Tonsilbe 140, 155
 Orthographie 114, 139, 155
 s. auch Adjektivflexion, s. auch Substantivflexion, s. auch Verbflexion,
'Nibelungenlied' 64, 67-69, 72, 74-76, 80, 85, 87-90, 92, 94f., 114, 156, 184-186
Niederdeutsch 112, 137, 224
Niederländisch 126f.
Nomen agentis 48
Nordgermanisch 102, 126f.
Notker III. (der Deutsche) 11, 73, 135, 137, 140, 147, 180f.
 Anlautgesetz 138, 181
Nullelement 28
Nullendung 21, 41, 43f., 56, 63, 67, 69, 75, 93
Nullstufe 123f.
Numerus 20, 39, 45, 51, 62, 89

Oberdeutsch 24, 112f., 117, 136, 151, 158, 224
ōn-Verb 28, 71
 semantische Funktion 30
Ornativum 30
Orthographieprinzip, morphematisches 114
Ostfränkisch 113, 135-137, 147, 151, 224
Ostgermanisch 127
Ostmitteldeutsch 112, 224
Otfrid von Weißenburg 57, 114, 135f., 148, 173, 175

Partizip Präteritum
 Präfigierung 24, 66
PBE s. Berührungseffekt, primärer
Perfekt 33
Perfekto-Präsens s. Präterito-Präsens

Pergament 112, 127, 144, 146, 156
Person, grammatische 20, 62
Personalpronomen
  ahd. 51, 53, 56, 150, 165-167, 172, 175, 203, 206f.
  mhd. 89f., 215, 218
  nhd. 51, 89
'Petruslied' 148
Phonem 98, 102, 115, 133, 139, 155
Possessivpronomen
  ahd. 52, 53, 206
  mhd. 90, 218
  nhd. 52
Präterito-Präsens
  ahd. 33-37, 79, 104, 150, 200
  Bedeutung 33, 37, 75, 79
  mhd. 75-80, 104, 114, 211
Primärumlaut 117, 120
Psalmenübersetzung, ahd. 147, 179

queman 25, 61, 170

Reduplikation 19, 62, 124
Reflexivpronomen
  ahd. 51, 53, 172, 203, 206
  mhd. 89f., 216, 218
  nhd. 51, 89
Reibelaut 98-102, 104, 108, 118, 140
Relativpronomen
  ahd. 51
  mhd. 89
Rheinfränkisch 113, 136, 224
Rhotazismus 102
Ribuarisch/Ripuarisch 113, 224
Rückumlaut 30-32, 70-72, 80, 159
Runen 127, 145

Sanskrit 98, 129, 131
Sekundärumlaut 120
Senkung s. Vokalsenkung
sīn, sîn 38, 81, 167, 169, 172, 200, 212
situ 48
Skriptorium 144, 149
slân 196

Spätalthochdeutsch 73, 120, 135, 137
Speyerer Linie 112, 136
Sprachfamilie 129-131
Sprachgeschichte
  Periodisierung 125
sprehhan, sprechen 23, 65, 195
Sprossvokal 56
St. Gallen 135, 137, 144, 147
St. Gallen, Stiftsbibliothek
  Cod. Sang. 56 16
  Cod. Sang. 857 193
Stabreimvers 135, 148
Stamm 40
Stammbildungselement 39-41, 43f., 46, 48f., 56, 93, 107
Stammvokal s. Bindevokal
stân, stên 81, 201, 213
stantan 20
stehhan, stechen 23, 65
Stimmtonbeteiligung 98
'Straßburger Eide' 145
Substantivflexion
  ahd. 39, 40-50, 55f., 84-86, 202
  Feminina auf *-īn* 49
  mhd. 82-89, 214
  Neutra mit *ir*-Plural 50, 86
  schwache 40-42, 82, 85
  starke 40-50, 83, 85f.
Südalemannisch 113
Südrheinfränkisch 135f.
sūfan, sûfen 195
Suffix 28
sūgan, sûgen 195
sunu 48
Synchronie 41, 55, 82, 84f., 92, 126
Synkope 68, 87f., 121, 125

t > d 114
Tatian 147
Tatianübersetzung, ahd. 17, 20, 22f., 25, 27f., 32, 34, 44, 46, 48f., 51-53, 55, 56-58, 135-137, 139-142, 147, 150-152, 164-170, 175, 203f., 206, 236
Tempus 20, 62
Themavokal 28

treffan, treffen 23, 65, 67, 195
tuon 38, 81, 166, 170, 201, 212

u > o 34, 36, 76, 78, 80
Umlaut s. *i*-Umlaut, s. auch
  Primärumlaut; Sekundärumlaut
Urgermanisch 127-129
Urnordisch 127

vehten 195
Velar 98-100
Verb
  finites 20, 62
  Formenausgleich 22, 64, 103f.,
    111, 158, 165
  infinites 20, 62
  Mischformen 73
  nhd. 17, 59
  schwaches, ahd. 27-32, 71, 199
  schwaches, mhd. 69-74, 210
  starkes, ahd. 17-27, 68, 194-198
  starkes, mhd. 59-68, 208f.
Vernersches Gesetz 102
Verschlusslaut 98-100, 108f., 114,
  136, 140
Verstärkungspartikel 52, 90
Verwandtschaftsbezeichnung auf *-er*
  49, 87
vlehten 195
'Vocabularius Sancti Galli' 147
Vokaldreieck 117
Vokalhebung 115
Vokalismus
  ahd. 117-120, 220
  germ. 115-117, 220
  idg. 115f., 220
  mhd. 120f., 155, 220
Vokalsenkung 115, 117

vorhanden 48
Vulgärlatein 130
Vulgata 143
Walther von der Vogelweide 65, 73,
  156, 158, 189
Wechsel, grammatischer 18, 22,
  25f., 61, 64, 97, 100-104, 108, 111,
  165, 194-196

'Weißenburger Katechismus' 11
wellen 38, 81, 201, 213
werdan, werden 22, 25f., 65, 67f.,
  101f., 165, 195
wesan 22, 26, 38, 108, 165, 196
'Wessobrunner Schöpfungsgedicht'
  148
Westgermanisch 106f., 111, 126f.,
  135
Westmitteldeutsch 113
Wolfram von Eschenbach 73, 156,
  190
Wortakzent, germ. 41, 101f.
Wortbildungsmorphem 17, 28, 60
Wörterbuch
  ahd. 17, 20, 25, 33, 45, 58, 150-
    152, 175
  mhd. 59, 62, 67, 158, 161
Wulfila 127
Wurzel 17, 21, 28, 32, 34, 39f., 50,
  60, 63, 76, 105f., 132, 140
  mehrsilbige 28, 70
Wurzelnomen 40, 87
Wurzelsilbe
  kurze 28, 32, 68, 70, 87, 121
  lange 28, 31f., 70, 73f., 106

Zahnlaut s. Dental
Zischlaut 114
zuhanden 48

	& admonitus In somnis.	Inti gimanot Introumne.
	recessit In partes galileę.	fuor Inteal galileę.
	& ueniens habitauit In ciuitate	Inti thô her thara quam ar tota In cheruburgi
	quę uocatur nazareth.	thiu thar ist giheizzan nazareth,
	ut adimpleretur	zi thiu thaz gifullit uurdi
	quod dictum e(st) per prophetas.	thaz giquedan uuas thuruh thie uuizagon.
	quo(niam) nazareus uocabitur.	uuanta her nazareus uuirdit ginennit.
XII Luc .II.	Puer autem crescebat &c	Ther kneht uuas licho uuohs
	& confostabatur plenus sapientia	Inti strangeta fol spahidu
	& gratia di(ei) erat In illo.	Inti gotes geba uuas In imo.
	& ibant parentes eius per omnes annos	Inti fuorun sine eldiron gi laro
	In hierus(a)lēm In die solemni paschę.	In hierus(a)lēm In itmalemo tage ostrono.
	& cum factus fuisset	Inti mit thiu her uuard giuuortan
	annoru(m) duodecim. ascenderab; illis	zuelif laro In ufstiganten
	In hierusolymā secundu(m) consuetudinē	zi hierusalēm after thero giuuonu
	diei festi. consummatis q; diebus	ther itmalen tage. gifulten tagon
	cum redirent. remansit	mit thiu sie heim uuirbun. uuoneta
	puer ih(esu)s In hierusalem.	ther kneht heilant In hierusalēm.
	& non cognouerunt parentes eius.	Inti ni for stuontun thaz sine eldiron.
	existimantes autē esse In comitatu.	uuanun In uuesan In thero samant feru.
	uenerunt iter diei & requirebant	quamun enes tages uueg Inti suohtun
	eum Inter cognatos & notos.	Inan untar sinen magin Inti sinen kundon.
	& non Inuenientes regressi sunt	Inti Inan nifindanti fuorun uuidar
	In hierusalem requirentes eum.	zi hierusalem Inan suochente.
	& factum est post triduum	uuard thô after thrin tagun
	Inuenerunt illu(m) In templo sedente(m)	fundun Inan In themo temple sizzantan
	In medio doctorum.	untar mitten then lerarin.
	audientem illos & interrogante(m)	horantan thie Inti fragentan.
Lc XII of	Stupebant autē omnes qui eu(m) audiebant Lc of	Ar quamun thô alle thie Inan gihôstun
	super prudentiam & responsis eius; of	ubar sinan uuistuom Inti sin antuurta
	& uidentes ammirati sunt.	Inti sehente uuuntorotun.
Lc VI	Et dixit mater eius ad illum. Lc	thô quad sîn muoter zi Imo.

Abbildung: Stiftsbibliothek St. Gallen Codex 56, p. 42 (sieh Textanhang, Nr. 1)

Alle wichtigen Analysemethoden an einem einzigen Text exemplifiziert

V&R

Jörg Riecke / Rainer Hünecke / Oliver Pfefferkorn / Britt-Marie Schuster / Anja Voeste
Einführung in die historische Textanalyse
2004. 201 Seiten mit 3 Abb., kartoniert
ISBN 978-3-525-20835-9

Mit 29 Jahren schrieb Quirinus Kuhlmann im Jahr 1680 den Quinarius – eine Art Grundsatzprogramm zur Legitimation seines missionarischen Auftrags, ein neues Königreich der wahren Christen zu verkünden.

Der vollständig abgedruckte mitteldeutsche Text eignet sich hervorragend zur Einführung in die Prinzipien historischer Textanalyse und als seminarbegleitendes Übungsbuch. Die einzelnen Kapitel sind einheitlich gegliedert: Sie bieten sprachgeschichtlichen Hintergrund und kleinschrittige Analyse, Zusammenfassung und weiterführende Arbeitsfragen. Behandelt werden nach einer orientierenden Einführung die Stichworte: Textsortenbestimmung, Rhetorik und Stilistik, Syntax, Textsyntax, Wortschatz, Flexionsmorphologie, Graphotaktik und Textedition.

»Ein gut strukturiertes, leicht verständliches Studienbuch ... Es kann nicht nur von den den Studierenden seminarbegleitend oder zum Selbststudium genutzt, sondern auch den Lehrenden empfohlen werden.«
Zeitschrift für Dialektologie und Linguistik

Vandenhoeck & Ruprecht

Studienbücher zur Linguistik

Herausgegeben von Peter Schlobinski

V&R

Band 1: Klaus Bayer
Argument und Argumentation
Logische Grundlagen der Argumentationsanalyse
2., überarbeitete Auflage 2007. 247 Seiten mit 70 Grafiken, kartoniert
ISBN 978-3-525-26547-5

Band 2: Utz Maas
Phonologie
Einführung in die funktionale Phonetik des Deutschen
2., überarbeitete Auflage 2006. 392 Seiten mit zahlreichen Abb. und Schautafeln, kartoniert. ISBN 978-3-525-26526-0

Band 3: Christa Dürscheid
Syntax
Grundlagen und Theorien
4., überarbeitete und ergänzte Auflage 2007. 260 Seiten, kartoniert.
ISBN 978-3-525-26546-8

Band 4: Jens Runkehl / Torsten Siever
Linguistische Medienanalyse
Einführung in die Analyse von Presse, Radio, Fernsehen und Internet
2007. Ca. 250 Seiten, kartoniert
ISBN 978-3-525-26528-4

Band 5: Marcus Hernig
Deutsch als Fremdsprache
Eine Einführung
2005. 269 Seiten, kartoniert
ISBN 978-3-525-26522-2

Band 6: Christina Gansel / Frank Jürgens
Textlinguistik und Textgrammatik
Eine Einführung
2., überarbeitete und ergänzte Auflage 2007. 270 Seiten mit zahlreichen Abb. und Tab., kartoniert
ISBN 978-3-525-26544-4

Band 8: Christa Dürscheid
Einführung in die Schriftlinguistik
Erweitert um ein Kapitel zur Typographie von Jürgen Spitzmüller. 3., überarbeitete und ergänzte Auflage 2006. 319 Seiten mit 31 Abb., kartoniert
ISBN 978-3-525-26516-1

Band 10: Peter Schlobinski
Grammatikmodelle
Positionen und Perspektiven
2003. 268 Seiten mit zahlreichen Abb., kartoniert
ISBN 978-3-525-26530-7

Band 11: Michael Dürr / Peter Schlobinski
Deskriptive Linguistik
Grundlagen und Methoden
3., überarbeitete Auflage 2006. 301 Seiten mit zahlreichen Abb. und Schautafeln, kartoniert
ISBN 978-3-525-26518-5

Vandenhoeck & Ruprecht